基于知识链接的
数字资源整合研究

JIYU ZHISHI LIANJIE
DE SHUZI ZIYUAN ZHENGHE YANJIU

李明鑫/著

东北师范大学出版社 长 春

图书在版编目（CIP）数据

基于知识链接的数字资源整合研究/李明鑫著—2版.
—长春：东北师范大学出版社，2015．3（2025.7重印）
ISBN 978－7－5681－0376－3

Ⅰ．①基…　Ⅱ．①李…　Ⅲ．①数字技术－信息管理－研究　Ⅳ．①G203

中国版本图书馆CIP数据核字（2015）第006888号

□策划编辑：许革晨
□责任编辑：许革晨　□封面设计：张　然
□责任校对：王　丹　□责任印制：刘兆辉

东北师范大学出版社出版发行
长春净月经济开发区金宝街118号（邮政编码：130117）
网址：http：//www.nenup.com
东北师范大学出版社激光照排中心制版
河北省廊坊市永清县晔盛亚胶印有限公司
河北省廊坊市永清县燃气工业园榕花路3号（065600）
2015年3月第2版　2025年7月第3次印刷
幅面尺寸：148 mm×210 mm　印张：8.25　字数：240千

定价：49.00元

前 言

数字资源整合是一种对原生和转换的数字资源优化组合的存在状态。就是依据一定的需要，对分散无序、相对独立的数字对象进行类聚、融合和重组，使其重新组织为一个新的有机整体，形成一个效能更好、效率更高的新的数字资源体系。其目的是为了更好地揭示资源，以实现各类资源内容间的无缝关联和透明访问，同时将资源纳入到统一的文献信息服务体系中，做到资源与服务的无缝结合，从而为用户提供高效率、个性化的优质知识服务。

通过资源整合可以把不同类型、不同内容、不同组织方式以及不同获取手段的数字资源，以统一的形式提供给资源用户，缩短用户查找信息的时间，简化获取信息的途径。在对数字资源整合十几年的研究中，学者们已经注意到知识整合是数字资源整合发展的必然。资源整合体系包括数据整合、信息整合和知识整合三个层次。数据整合仅解决了异构数据库中信息实体的合并问题，无法反映信息实体间客观存在着的多种联系。如何在异构资源系统集成的基础上，揭示客观存在于不同资源系统中信息实体之间的关系，便成为信息整合要完成的任务。但信息整合的深度仅停留在信息实体层面，并没有揭示信息实体内部的概念和语义，因而从信息整合系统中所获得的还是信息的集合，而不是知识的集合。实现知识的有效获取，满足人们的知识需求，便成为知识整合要完成的任务。数字资源知识整合是整合的高级阶段，是以有效利用知识为目的，以知识管理为基础，知识组织方法为依托，在已有数据整合与信息整合的基础上，充分展示知识体系、知识内容、知识概念及概念关系的一种整合方式。知识整合是一个动态的过程，最终目标是能够有效利用知识。

随着现代网络技术、信息技术和通信技术的发展，传统的信息服务模式受到了革命性的冲击，信息环境和信息服务发生了巨大变化，用户的信息需求开始从信息服务转向知识服务。相对于通过检索方式直接获取信息的信息服务方式而言，通过链接方式获取信息更符合人类通过“关联”获取信息的天性，更为直接和准确，更接近用户问题，因而逐步成为知识整合的一个主题。相应的，知识链接的需求被提出。知识链接是知识整合的基础，能够实现多个学科、多种类型、多种媒体、多数据库存储的知识之间的无缝链接，满足知识的互联互通、准确定位和快速获取的功能。

知识链接能够有效发现知识之间的各种关联，能够将具有同一关系、隶属关系和相关关系的知识单元按照特定的需求有序地联系起来。知识链接是基于知识关联的信息组织，能显示知识元或知识信息群之间网络、结构、互动、交叉、演化或衍生等诸多复杂的关系。通过语义关联把知识体系连接为清晰的知识网络结构，为知识检索和知识共享提供知识资源，可以方便用户即时获取有效的知识。

20 世纪 90 年代末期开始，期刊价格上涨导致信息机构期刊采购量下降，新型的科研成果出版模式如电子印刷（e－print）、机构知识库等大量出现，与知识链接直接相关的新的技术标准如 DOI/CrossRef、OpenURL/SFX 的大量出现、用户日益增长的对知识全面链接的期待变得迫切等等，意味着依靠互联网有效的知识链接技术以及相关的标准和规范来解决信息的传播和服务所面临的问题，是无法回避的挑战和发展机遇，抓住了它可能前程无量，错过了它则可能后患无穷。知识链接服务是一种面向知识创新的服务体系，将集合多种知识链接方式来实现全球范围内不同类型知识资源的无缝、开放的链接，成为下一步知识整合的关键所在。

随着互联网的不断普及，数字资源的不断涌现，关联数据的逐步发展，以及信息技术和网络技术的日新月异，用户的知识信息需求和知识学习环境都发生了巨大变化，基于知识链接的数字资源整合作为知识整合的一种重要整合方式，必将成为组织信息资源以及用户获取知识信息的重要手段。在这样的环境下，本书提出基于知识链接的数字资源整合思想，不仅有助于促使数字资源整合从局部走向整体，更会促进知识的利用，为知识创新的实现提供重要的促进作用。

本书在写作中吸收和借鉴了相关学术领域研究的最新成果，在此向这些研究成果的作者致以谢忱。书中所述为近年本人在教学与研究中的初步成果和一些思考，错误之处在所难免，恳望学界同仁和读者批评指正。

目 录

1 绪 论

1.1 研究背景与意义

1.1.1 研究背景

随着信息技术的快速发展，我们现在已经处于具体且形象的知识世界当中。彼得·德鲁克指出："在新的经济体系内，知识并不是和人才、资本、土地相并列的社会生产资源之一，而是唯一有意义的资源，其独到之处，正在于知识是资源的本身，而非仅是资源的一种。"在知识经济环境下，知识已成为机构的重要资源，知识管理也成为现代管理的核心问题。知识管理作为管理学界的一个热点研究方向，已经扩大到多个学科共同研究，在图书馆学、情报学和计算机学等领域尤为显著。互联网技术的发展让人们对知识资源的相互关联和无缝链接有了一定的要求，这些资源除了包括同质资源外，还包括异质的、异构的以及异地的知识资源。人们希望能够在不同的知识平台上获取广泛链接的学术资源，并且要求将不同平台内的相关学术资源进行集成整合，实现资源检索的统一性和知识服务的协调性。这就需要对相关的学术资源进行一定的关联性分析，通过 OpenURL、网页、引文等方式实现多元、多角度、多途径的链接，实现不受出版商、图书馆等机构以及数据库收录范围限制的具备开放性和动态性的各种知识资源的有效链接、数据的跨库整合和数据集成。在这种背景下，知识链接在数字资源整合中的价值被突显出来，越来越多的学者开始展开对知识链接的研究。知识链接是知识服务的基础，能够实现多个学科、多种类型、多种媒体、多数据库存储的知识之间的无缝链接，满足知识的互联互通、准确定位和快速获取的功能。

在发达国家，经济发展更多依赖的是知识和技术的生产、扩散、应用及创新，而我国目前正在努力从“制造大国”向“制造强国”和“设计大国”方向发展，也更加需要充分利用已有的知识资源。但是，一方面日益庞大的信息资源容量使得文献、专利等显性知识范畴内的知识文献在浩瀚的知识海洋中逐步隐性化，人们在获取知识的同时，不得不被动阅读大量的无用知识、垃圾知识，很多精力消耗在知识的查找、定位以及提取上，不能一步到位，迅速找到自己需要的知识进行消化吸收并服务于设计、开发等知识增值环节；另一方面，网络信息资源的积累却在相当长的时间内处于“只填充，不维护”的恶性环境中，大量的无用、过时、重复的知识资源充斥其中，有价值知识资源的查找、定位以及提取变得很困难，严重降低了知识资源的利用效率，而且这种现象存在越来越严重的趋势。

早在 1955 年，美国的尤金·加菲尔德博士首次提出了“引文索引”的概念，即将一篇文献作为检索词，通过收录其所引用的参考文献和跟踪其发表后被引用的情况来掌握该研究课题的来龙去脉，从而迅速发现与其相关的研究文献。这可以看作通过知识链接进行文献整合的最早形式。同期的知识组织方法，如体系分类法、标题词法、单元词法、关键词法以及叙词法等对知识管理起到了很大的作用。但是，面对剧烈增长的文献数量，此类以文献单元（文献、标准、专利等）为管理单位进行知识组织研究的方法无法有效地归结文献内容，这就使每个人都去重新学习自己感兴趣的每篇文献，从中提取出对自己有用的东西，甚至有时发现不了对自己有用的内容，从而造成脑力资源的严重浪费，也降低了知识资源的利用效率。因此，单纯以文献单元作为知识管理的基础是远远不够的。20 世纪 70 年代后期，美国专家指出：文献数量膨胀之后，知识的控制单位将从文献深化到文献中的数据、公式、事实、结论等最小的独立的“知识元”，知识元可以被称为文献管理的最小单位。知识元不仅可以用于情报管理中的文献处理，而且可以表示其他种类知识载体，如专利等，将其中所涉及的概念、论据、论证以及创新点等知识核心以知识元的方式呈现，以此作为知识管理、知识评价及知识发现的最小单元。按照这样的理论，如果将文献管理的单位缩小至知识元级别，人们在获取知识的时候就可以剔除尽可能多的垃圾信息，使信息的纯度更高，知识资源的利用效率也就更明显地提升了。但目前对于知识元的理解存在差别，而且建立在知识元基础上的知识链接也并未得到足够的重视。

数字图书馆是一个数字化系统，它将分散于不同位置、不同载体的信息资源以数字化形式储存，以网络化形式连接，及时提供文化、信息的传递与服务，实现网络用户的资源共享，其关键是资源的数字化和传递的网络化，其实质则是形成有序的信息空间，提供可靠的信息保障。但是客观上，大量数字资源来自不同的检索平台、不同的数据库类型、不同的检索语言、不同的语种、不同的服务形式，并且各数据库的内容也存在着一定的重复和交叉，因此用户在使用时，不但要掌握多种系统的使用方法，而且要反复登录不同数据库，重复输入检索策略，既浪费了大量的时间和精力，检索效率也比较低。

要解决上述问题，就必须进行数字信息资源整合。而将知识链接与资源整合集成，建立基于知识链接的数字资源整合属于资源整合的高级阶段，也是今后的发展趋势。通过知识关联关系分析，借助链接的手段直接将相关资源提供给用户，提高整合的效果，促进用户的资源利用，通过对异构的数字资源进行整合，对比较有效的整合方式进行研究，最终制订出一套的适用的规范标准，这些工作在资源整合的研究方面的意义是重大的。

1.1.2 研究意义

1. 理论研究意义

情报学的理论、方法和技术是进行数字资源建设的重要支柱。信息与情报是情报学的核心问题，由事实、数据、信息、知识、情报五个链环构成。此链环中，“信息”的下游是面向物理属性的，上游是面向认识属性的。作为中心环节的“信息”既有物理属性也有认知属性，因此成为这一链环的核心。这条链环是从信息的形态出发，它们之间的关系是并列、转化或层次关系。链环所要表达的思想是怎样将信息转化为情报，而本研究谈及的知识链接是知识的分析和深度加工的过程。其要素有三个：链接源、链接目标和知识关联。知识链接技术是数字资源信息处理技术的重要技术，能够通过思维抽象和思想升华使知识增值。

本研究以知识关联为中心，围绕知识关联方式，探讨从物理属性到认知属性的揭示方法。整个过程包括出版商、数据库商、图书馆内部以及之间的知识链接模式。通过对比其他学者提出的数字资源整合方案，提出本文基于知识链接的数字资源整合内容。继而，从理论上构建数字资源整合模式。

2. 现实研究意义

（1）加强不同类型知识之间的联系

研究知识关联的类型，通过一定的链接方式将不同类型的知识联系起来，可以揭示知识之间的内在关系，最大限度地保持知识体系的完整性，使之成为一个有机的整体。它打破了不同类型知识之间存储与检索方式不同的壁垒，可以全方位地为用户提供知识资源保障。

（2）提高知识资源的利用率

通过具有链接功能的数字资源整合系统，为用户节省了大量的检索时间，使用户可以致力于对知识资源本身的利用。同时，由于各类知识资源之间交叉链接的实现，用户可以得到许多以往可能忽略掉的资源，这样无论从效率方面还是效果方面都大大地提高了知识资源的利用率。

（3）实现真正意义上的数字资源整合

数字资源整合就是信息资源优化组合，根据用户的需要，把相互独立的信息资源之间的关系进行融合和重组，从而形成有机的整体。在知识经济时代，基于知识链接的数字资源整合研究是以数字图书馆为中介，以知识为中心，围绕知识关联，在不同资源之间提供便捷访问通道，推进知识组织，使信息资源能够被高效吸收和利用，在知识型和创新型社会中将发挥越来越大的影响和作用。主要表现在：一方面，剔除重复信息，提高知识含量。避免重复建设和投入，删除垃圾信息和没有价值的信息，构建完整的知识体系。另一方面，实现效益最大化，满足用户需求。基于知识链接的数字资源整合是信息资源效益最大化的保障，用户可以根据需要在一个界面以统一的标准检索到相关的知识，达到用户的最佳满意度。

1.2 国内外研究现状

本研究将知识链接与数字资源整合进行集成，此提法在现有研究中还不能直接找到相关文献，因此下面分别从数字资源整合的研究现状以及知识链接的研究现状进行介绍。

1.2.1 数字资源整合的研究现状

数字资源整合近年来作为一种研究方法，在理念和情报学等的研究领域进行了大量的论述。从简单的了解、逐渐的认识一直到实际的应用整个过程，数字资源整合的思想精髓和轮廓在我们的眼前逐渐地展现。近年来，人们对于数字资源整合的实际研究和理论理解达到了前所未有的热度。与此同时，数字资源的整合以及对信息检索结果的可视化、元数据、网格等也成为情报学领域当今的前沿课题。

1.2.1.1 国内现状

在国内的图书情报界，以“整合”为研究内容开始于 2000 年。台湾的陈昭珍教授所著《电子图书馆整合检索之理论与实践》一书分析了数字资源整合检索的需要与模式，介绍了 Z39.50 协议在图书馆数字资源整合中的应用，并对今后整合检索发展趋势作了一些宏观上的展望。在该研究内容发展初期，在图书情报类杂志上刊登的相关文献数量较少，如：2002 年文献大约 10 余篇，2003 年文献大约 30 篇。随后几年，在图书情报类杂志上刊登的相关文献数量逐年增多，每年的发文量能达到上百篇。可见，有关数字资源整合的研究越来越受到图书情报界，特别是国内学者的重视。从研究内容看，文献的研究内容也越来越深入，从理论研究到模型构建，再到系统、技术实现的实践等。具体研究主题涉及以下几个方面的内容：

1. 整合理论方面

整合理论的研究集中于初期，主要围绕数字资源整合的概念提出数字资源整合标准、整合原则和整合的必要性。在马文峰发表的《数字资源整合研究》① 中，谈到了资源整合的含义、理论基础、原则、主要特征、动因、缘起、立足点和整合方式。该文对数字资源整合的基础理论进行了较为全面的阐述，指出数字资源整合是数字图书馆建设的关键，也对以后其他学者的研究起到了很大的引导和借鉴作用，数字资源整合的研究也逐步走向成熟，并开始向其他领域渗透。王善平②从理论上探讨了数字资源整合中标准化的重要性，认为实现数字信息资源整合的关键在于标准化，所以应围绕标准化来推进信息资源的整合。

2. 整合技术方面

数字资源整合技术并非只涉及许多计算机界研究课题，也涉及图书情报界的研究课题。信息资源整合技术在研究初期，多是和网络技术有关，随后开始在整合系统的标准和特点、自动标识及整合界面等进行了研究。金更达③探讨了整合检索界面的设计，并提出了智能型 Agent 界面的设计思想和实现方法。李勇文、张晓林④分析了跨网关整合检索和整合浏览的机制，并介绍了涉及的计算机技术。

3. 整合方式方面

许萍华⑤总结国内数字资源整合方式主要有四种：基于 OPAC 的整合，基于资源导航的整合，基于系统的整合和基于服务的整合。赵建

---

① 马文峰．数字资源整合研究［J］．中国图书馆学报，2002（4）：64—67.

② 王善平．论数字信息资源的整合与标准化［J］．情报资料工作，2002（6）：19—21.

③ 金更达．网络资源界面整合和 Agent 界面实现探讨［J］．大学图书馆学报，2002（1）：30—34.

④ 李勇文，张晓林．跨网关整合检索和整合浏览机制［J］．图书情报工作，2002（9）：74—78.

⑤ 许萍华．国内数字资源整合理论研究和工作开展的现状分析［J］．图书情报工作，2005，1（5）．

平[①]认为数字资源整合的方式可分为宏观和微观两个方面：宏观上分为实体法和虚体法；微观上分为物理整合和逻辑整合；基于数字图书馆的整合方式；面向内容的整合方法；面向对象的整合方法；面向任务的整合方法。其中，基于数字图书馆的整合方式为四个层次：汇合整合方式；组合整合方式；重组整合方式；一体化综合整合方式。

4. 整合模式方面

章成志、苏新宁[②]在《信息资源整合的建模与实现方法研究》中给出信息资源整合的基本框架，信息资源整合的三维模型及各个维度的含义和功能，给出信息资源整合实现的四层体系结构，分别说明各个层次的整合方法，并提出信息资源整合的原则和方法。王爱丽[③]将数字资源整合模式分为四种：基于 OPAC 系统的资源整合；基于数据源的整合；基于知识整理的数字资源整合；OAI 标准整合模式。

5. 知识整合方面

当知识逐渐成为数字图书馆发展的主题，将知识相关理论和方法应用到数字资源整合中是一种必然趋势。围绕基于知识的整合研究内容分为：基于知识组织的整合研究、基于知识管理的整合研究、基于知识本体的整合研究、基于知识服务的整合研究和知识需求的整合研究、基于知识集成的整合研究等。马文峰在《基于知识组织理论之上的数字资源整合》一文中，对比信息组织与知识组织差异性，数字资源整合是数字图书馆建设的关键，应将知识组织理论与方法运用于数字资源整合实践中。邓三鸿等人[④]结合知识集成的内容、特点、要求，提出了知识管理理念下的数字资源整合策略：基于主题的资源整合，面向问题的资源整合和基于知识地图的资源整合。

---

① 赵建平．数字信息资源整合方式比较研究［J］．情报科学，2008（12）：1787－1791.

② 章成志，苏新宁．信息资源整合的建模与实现方法研究［J］．现代图书情报技术，2005（10）：60－63.

③ 王爱丽．数字资源整合技术与模式研究［J］．图书馆学研究，2006（3）：60－62.

④ 邓三鸿，金莹，秦嘉杭．基于知识管理的数字资源整合策略［J］．情报科学，2006，24（10）：1489－1493.

国内相关学科领域对数字资源整合的研究主要集中在数字资源整合概念、基础理论、整合方式、整合技术及体系结构等方面，并取得了较为丰硕的研究成果。但数字资源整合是一个新的跨学科研究领域，存在理论认识不够深入理性、应用研究相对薄弱、方法单一及重视不够等诸多问题，很多研究才刚刚起步，这需要我们在理论与实践的结合上进行更深入的研究。

1.2.1.2 国外现状

国外有关数字资源整合的研究和建设始于 20 世纪 80 年代，从研究文献数量上看，其研究一直处于波动上升的状态。早期的主要研究集中于计算机界和企业界的“数据集成”。如 1987 年美国学者 Cheng Hsu 就构建了一个概念框架，提出了制造型企业进行信息集成的基本方法。20 世纪 90 年代，数字资源整合对象扩展到各种分布式、异构网络数据库、网络上的网页、文件等半结构化和非结构化信息。进入到 21 世纪以后，随着信息通信技术的发展以及对“整合”概念理解的加深，数字资源整合对象由数据、信息逐渐扩展到应用程序、服务等。例如，Waring 和 Wainwright 将“整合”由技术维度扩展到了技术的、组织的、系统的以及战略的整合等四个维度；Gulledge 认为“整合”包括六种类型：点到点的整合、数据库到数据库之间的整合、数据仓储的整合、企业应用的整合、应用服务整合以及企业到企业的整合①。

国外数字资源整合的研究主题广泛，主要涉及数字资源整合必要性及其作用、整合影响因素、整合实践等方面。②

1. 在数字资源整合必要性及其作用的研究方面

主要涉及企业管理、物流管理、电子医疗记录管理、城市规划、地

---

① 马文峰，杜小勇．数字资源整合：理论，方法与应用［M］．北京：北京图书馆出版社，2007：47.

② 肖希明，唐义．国外数字资源整合在多领域的研究进展［J］．中国图书馆学报，2013（1）：1—11.

理信息系统等。Boone 和 Ganeshan① 的研究表明，已经成为生产流程一部分的信息技术与生产力的提高存在着密切的联系。生产信息整合建设体现了信息的本质，信息在供应链中不同的机构实体之间进行分享，且被不同机构的合作努力所支持，从而导致生产信息准确性的提高。Sarv Devaraj 等②探讨了在供应链中生产信息整合对企业经营业绩的作用。英国学者 Alshawi 等③提出了健康医疗部门客户关系管理应用中的病人数据质量及其整合评价框架。

2. 在整合的影响因素方面

数字资源整合涉及不同的行为主体（主要包括企业、政府、图书馆以及医疗机构等），这些主体都存在于一个复杂的社会网络中，主体系统内部以及主体之间存在着各种各样的利益联系。因此，对数字资源整合不仅仅涉及技术问题，还涉及很多诸如法律、组织业务流程、政策、文化等方面的问题。国外学者对影响数字资源整合的因素展开了较多研究，其研究角度主要分为两种：一种是详细探讨一种或者两种影响因素，二是全面探讨该研究者发现的所有因素。

3. 在整合实践方面

美国强调基于数字图书馆的信息资源建设与整合。2000 年开始由美国国家科学基金会（NSF）资助的美国国家科学数字图书馆（The National Science Digital Library，简称 NSDL ）第一个焦点领域就是核心集成，即对图书馆分布式信息资源、技术基础设施、不同领域的管理及日常操作等业务进行整合。第二个焦点领域便是资源建设，NSDL 集成了来自教育学、数学、工程等领域的文本、图像、视听资料、展览和新闻等类型的信息，将多个分布式学科信息门户的资源与服务进行整

---

① Boone，Ganeshan. The effect of information technology on learning in professional service organizations ［J］. Journal of Operations Management，2001，19（4）：485－495.

② Devaraj，Krajewski，Wei. Impact of eBusiness technologies on operational performance：the role of production information integration in the supply chain ［J］. Journal of Operations Management，2007，25（6）：1199－1216.

③ Alshawi，Missi ，Eldabi. Healthcare information management：the integration of patients' data ［J］. Logistics Information Management，2003，16（3/4）：286－295.

合，允许用户通过一个中心门户检索和调用各种不同的信息服务，给用户提供一个跨越资源类型和学科限制的一站式资源获取平台。其中最为突出的是：美国加利福尼亚大学的数字图书馆项目开发的 Searchlight 系统，整合了商业数据库和自建数据库 55 个。

由英国 7 所大学合作构建的 RDN（网络资源发现门户），整合了 AIt is、Artifact、B IOME、EEVL、GE source、Humbul、PS Igate、SOS SIG 等 8 个著名的学科信息资源门户。欧盟自成立以来，已制定推出了关于构建新型信息社会的一整套政策，如《有关实施对电信管制一揽子计划的第 5 份报告》、《电子通信服务的新构架》、《电子欧盟：一个面向全体欧洲人的信息社会》等政策性文件。2005 年 6 月，欧盟公布了本国信息政策框架。

现在，欧盟正在筹备第 7 个研究与发展框架计划（2007—2013 年），要集合欧盟不同成员国的研究机构，共同完成科学研究。提出了整合欧洲研发机构，强化研发基础建设等具体行动。该计划强调整合知识信息对于科研创新的作用。

日本目前正完成第三阶段科学技术基本计划（2006—2010），建设适应社会信息化发展的信息服务体系，强调为不同的创新主体提供针对性很强的信息服务，使面向研发的信息提供途径更加畅通，以适应依赖于自主创新的经济发展需要。

国外已经成立了不少对数字资源整合进行研究的科研机构，这些机构与连续性的国际会议共同推动了该领域的研究。

国外在数字资源整合方面的研究主要呈现出以下特点：

第一，研究领域甚广。国外在数字资源整合的研究领域涉及图书情报、计算机、企业管理、物流管理、城市规划、化学工程、电子医疗记录管理、地理信息系统、农业食品经济、生物信息学、数字政府等，几乎涵盖了所有可以进行数字资源整合的行业领域。正因为其研究领域广泛，才能够指导各个行业领域数字资源整合实践的开展。

第二，研究主题深入。国外在数字资源整合方面的研究主题包括整合的必要性及作用，整合的影响因素，以及基于数据、信息、知识三个层次的整合方法等。每一研究主题都有较多的文献进行深入的探讨。例如，在对整合影响因素的研究方面，有的学者详细探讨一种或者两种影响因素，有些学者则全面探讨该研究者发现的所有因素。这就可以确保研究成果能够最大限度地穷尽影响某个行业领域数字资源整合的所有因素。可以说，国外从整合的必要性、可能存在的障碍以及整合的实现方法等角度进行了全面且深入的研究。

第三，研究成果的实践指导性很强。研究成果的实践指导性强度取决于研究领域的广度和研究主题的深入程度。国外在数字资源整合方面的研究领域广泛、研究主题深入，决定了其研究成果具有很强的实践指导性。这些研究成果不仅是从理论上分析了整合的必要性、影响因素，而且通过语义网、本体等技术实现了特定行业领域的数字资源整合，并进行了实验。这些研究成果在具体的行业领域里进行数字资源整合的实践过程中能够起到极大的指导作用。

1.2.2 知识链接的研究现状

知识链接理论建立在知识组织理论基础上。目前，知识组织理论研究主要集中在以下三方面：

①以文献单元为研究基础的知识组织理论与技术研究，主要集中在以体系分类法、标题词法、单元词法、关键词法和叙词法等传统方法为基础编制各种目录、索引、文摘等。

②以专家智能系统为基础进行知识组织研究，借助人工智能系统进行联想、判断、比较、推理分析和学习，如语义网、智能系统等。

③从人类创造过程利用知识的特点出发来组织知识，建立知识系统，如知识元理论等。

三种研究方向相比较而言，第一种以文献单元为组织单位的方法效率最低；第二种融合人工智能技术进行知识组织的方法研究范围最广，当前具体实例更多，但是其知识组织管理的基础单位仍然是文献、专利等粒度的知识载体；第三种降低知识使用粒度的组织方式效率最高，这样以类似基因方式组织知识，不仅可以对知识进行更好的管理，更重要的是有利于知识发现、组合以及增值，其应用前景更为美好。

1.2.2.1 国内现状

关于知识链接方面的研究，国内主要是对知识链接进行理论层次上的研究。贺德方在《知识链接发展的历史、未来和行动》中介绍了知识链接的发展历程以及 Web 环境下知识链接在图书馆服务中的作用，分析了新的标准和技术、学术出版领域的变革对知识链接发展所产生的影响。陈定权在《论知识链接的建立规则》中重点分析了参考文献知识链接以及知识元链接这两种链接的建立规则、方法及技术难点。周晓英在《知识链接的发展阶段、发展动因和类型特征分析》一文中介绍了知识链接的内涵和类型，并将知识链接分为五个发展阶段，同时阐述了知识链接新发展的主要原因。滕广青等在《知识链接的内在机理及学源演变研究》中对知识链接的学源演变过程进行了分析，并从哲学、情报学等其他相关学科领域的角度对知识链接的内在机理和本质进行了探析。周晓英 2010 年参加了第十届海峡两岸图书资讯学学术研讨会之后，撰写了《知识链接和知识组织研究》一文，文章认为知识链接和知识组织之间存在着紧密的关联，两者都是在知识关联的基础上对知识关系的一种重新整理，并对知识链接的发展阶段和知识链接的表现形式进行了分析。温有奎等在《知识元语义链接模型研究》中归纳了已有的知识元研究方法，并从情报学的角度探讨了知识元的概念和组成结构。曾建勋在《知识链接的研究现状与发展趋势》一文中对知识链接的理论研究现状进行综述概括，从而提出了知识链接未来的发展趋势。①

从研究文献的数量上可以发现，最近几年围绕知识链接的研究内容不断增加，综观近年来有关知识链接的研究，主要集中在以下三个主题：

1. 基于引文的关联检索和聚类分析

自 20 世纪 60 年代 Garfield 创立引文索引法以来，ISI 建立 SCI 成为引证关联检索的研究和应用典范。1973 年 Small 提出共引分析概念，

---

① 付旭雄. 基于关联数据的知识地图中知识链接构建研究 [D]：[硕士学位论文]. 武汉：华中师范大学信息管理系，2012.

利用聚类分析、多维尺度等多元统计分析方法，展现了众多分析对象之间错综复杂的共引网状关系。国内目前建立的相关引文分析工具有中国科技论文与引文分析数据库（CSTPCD）、中文科学引文数据库（CSCD）、中国社会科学引文索引（CSSCI）。在引文链接方面，建立了CNKI 数字图书馆、万方数据知识链接系统等。

人们利用学术信息资源之间存在的引用、共引、同被引、相关等各种错综复杂的关联关系，发展了知识链接的理论与实践。网络链接与科学文献的引文之间的天然相似性，使研究者们将文献计量学中的引文分析法应用于网络信息计量研究中，由此产生了网络信息计量学的链接分析法（Link Analysis）。[①] 目前许多学者将引文分析与链接分析结合起来，利用 Bibexcel、Pajek、Ucinet 和 Citespace 等各种可视化软件进行共被引分析，以图谱的方式展示热点主题和核心作者，反映学科领域的发展和纵深演化过程。

2. 基于参考链接技术的文献交叉揭示与集成整合

20 世纪 90 年代，伴随数字出版出现的数字对象唯一标识符 DOI，使数字资源具有唯一性和可跟踪性。建设 CrossRef 联盟，对 DOI 进行代理与应用，提供已注册 DOI 的信息存储、解析和检索服务，方便了跨出版商、跨数据库的知识互联。OpenURL 标准的出现又为建立无缝的、上下文敏感链接提供了可能。SFX 的成功开发和应用，解决了封闭式静态参考链接技术存在的问题，提供基于多样性信息环境的参考链接服务，成功地证明了开放式链接框架的可行性，成为参考链接技术发展过程中的重要里程碑，也为系统平台的集成与数字图书馆资源整合提供了工具和方法。围绕这些技术与标准，国内学者在进行介绍引进的同时，也努力探索在我国实际环境中的应用。

3. 基于关系的信息组织与知识概念关联

主题分类作为信息组织的主要工具和方法，在网络时代也得到新的发展。知识元、知识元链接、知识元挖掘、知识链、知识标引、知识网

---

① 曾建勋．知识链接的研究现状与发展趋势［J］．情报理论与实践，2011（02）：119—123.

络等新概念的论述，不仅填补了国内知识组织研究的空白，也丰富了知识链接的理论和方法。由主题、关联以及资源出处组成的主题图创造了一种知识链接的表示和构建方式。温有奎等①以知识的内部结构单元为基础研究单位，创建了知识元理论以及知识元链接理论，并在此理论基础上，使用引文链接以及自然语言标引为线索，进行知识元标引以及链接方面的实践探索，填补了知识组织微粒化理论的空白。与以上方式相比较，利用知识元以及知识元链接理论进行知识组织，知识元的知识粒度与文献管理相比更为微粒化和精准化。知识元建立的标准没有元数据那样严格，也没有本体那样宽泛，并且在通过知识元之间链接为用户提供知识发现工具的同时不会形成知识孤岛，在为知识资源提供导航的同时可以体现知识元的可分解性与可组合性。

近年来，尽管有关知识元链接、本体转换与构建、引文分析的理论研究比较多，但是却没有将引文链接、知识元链接较好地引入到知识服务领域。主要原因在于：

①知识链接服务模式研究不够深入。引文服务中没有利用知识构建理念构建基于引文的知识链接服务系统，国内相关的知识服务平台系统处于模仿阶段，利用引文数据开展的知识服务不多，引文数据的应用效果不好，很多基于引文的知识服务功能和模式没有得到充分开发并应用于知识服务领域。

②基于引文的链接规范还没有系统建立起来。受规范标准研究制定缺乏的影响，数据库知识要素的规范度不高，归一性不强，链接效率不高。

③有关知识链接的原理和机制研究不够，对知识要素词典的结构体系研究缺乏，有关知识的链接源和链接目标的抽取和标引方法缺失，更缺乏基于知识要素本体的相关链接算法的研究，导致无法完整地构建基于引文的知识网络。

---

① 温有奎，焦玉英．知识元语义链接模型研究［J］．图书情报工作，2010（12）：27—31.

1.2.2.2 国外现状

与国内知识链接研究相比，国外直接以 knowledge link 作为研究对象的研究几乎没有。分析其原因主要在于研究内容接近，但叫法不同。比如作为知识链接基础的知识表示方面，语义网和本体的研究、知识地图、关联数据、RDF 等，都最早起源于国外。在链接实际应用方面，开放链接、资源推荐等也可以看作知识链接的具体表现。另一方面，对于知识链接所包含的范围太过于宽泛，因此在这样一个较为宏观的概念界定内还难以实现真正有效的实用系统。因此，国外的研究还是在更加具体的筹备阶段进行研究。但这样也暴露出了一个弊端，没有或者缺乏关于知识链接的明确目标会对中间过程带来影响。反之，我国现在对于知识链接的研究虽然以理论研究为主，但这是后期实践的必要指引。

主题图、语义网以及搜索引擎等技术手段是现阶段研究较多的知识组织方式。主题图是国外比较成熟的知识组织方法，以传统的专业叙词表为基础，使用推理引擎进行概念与知识资源之间导航的主题图技术，构建专业领域的主题图网站已经很成熟，这种知识组织方式同样是以文献单元粒度作为知识管理单位。主题图是一种在已有的知识有序化方法基础之上，融合文档文献的数字化趋势形成的组织信息资源知识结构的新型工具，有知识资源导航仪的美称。它可以定位某一知识资源所在的位置，也可以表示资源间的相互联系。因此，在网络信息的组织与检索方面，主题图便很有优势。ISO（ISO/IEC13250）已经发布了关于主题图语法、主题图数据模型、主题图参考模型、主题图约束语言、主题图查询语言、主题图数据模型转换至 XML 等的标准。主题图技术可以应用于语义索引（分类法管理、元数据管理、语义门户）、企业知识集成、知识管理以及 E-learning 系统应用。例如，挪威政府部门知识管理以及中学教学课程均采用了主题图技术，通过积累发布的主题构建国家知识基础设施的基石，甚至成为中学生自己知识积累的“脑库”；挪威为美国海军情报局提供的主题图软件 OSK，帮助他们提高情报检索的效率与精度。主题图技术的局限性在于：①在某个学科或者某个小范围的群体内，可以较好地完成知识组织架构。但由于文献资源之间通过主题词进行间接链接，文献积累到一定程度之后，鉴于知识粒度的局限，知识的定位难度增强。②知识资源之间的链接关系逻辑性差，并且限于知识粒度，资源之间的逻辑关系难于界定，容易形成隐性的信息孤岛。③知识组织架构维护困难，缺少动态性、更替性与交互性。

以 W3C 为龙头，聚集了一批世界一流的研究团队，一起致力于将 Internet 从互联网推入语义网的轨道，届时人与计算机之间可进行类似人与人之间的沟通，其理论成果包括元数据理论以及体系架构、本体理论以及本体库构建等等。语义网的概念是由万维网之父——英国人 Tim Berners Lee 提出。现在万维网已成为人们获取知识的主要手段，但其在信息表达和检索方面存在缺陷，原因主要在于其设计目的是为人类提供直接阅读与处理的工具，而没有提供计算机可读的语义信息，因此限制了计算机在信息检索中的自动分析处理以及进一步智能化的信息处理能力。而语义网的目标是提供具有计算机可理解的语义信息，满足对万维网上异构信息的有效检索和访问，从而消除信息孤岛，实现网络信息的语义互联。ontology（本体）理论与应用方面的研究还处于上升阶段，本体理论以及本体库的构建方法的研究很多而且成熟。但是，本体库的内容积累需要专业领域内多年协作完成。现阶段，虽然语义网的基础设施已经很完善，如 URI、Unicode 以及 XML 等完备的技术标准，但是语义网的发展是一个长久的过程。

信息整合实现了信息实体关系的整合，但没有对信息实体内部概念和语义进行揭示。知识整合则是对内在于信息实体中的概念及概念之间的关系进行表征。本体技术的发展为知识整合提供了强有力的工具，本体是知识整合的核心。国外关于知识整合的研究主要也是基于本体的知识整合。国外在这方面的研究成果丰富，研究领域广泛，涉及计算机、地理信息系统、化学工程、生物信息学等领域。计算机领域出现了许多描述和分析语义匹配即本体匹配的方法、框架和系统的调查。例如，Kalfoglou 作了基于本体的数据集成系统调查。墨西哥研究人员介绍了一种轻量级本体 OntOAIr，它是一种可由机器自动学习的轻量级本体学习方法，几乎不需要人工干预。与其他本体学习方法相比，OntOAIr 的优势体现在：使用通用领域文档、产生标记簇的层次结构以及支持可扩展的信息检索模型。但它也存在诸如对关键词权重的分配没有考虑文献结构等问题。他们的实验结果表明，OntOAIr 在利用开放档案协议提供的文献方面有着积极的作用，这种方法允许人工或软件自动组织及检索来自于多种来源的文献。

1.3 研究目标与结构

1. 目标

本研究以图书情报领域中的知识整合为出发点，在现有信息整合研究的基础上，通过分析知识表示以及知识关联揭示的技术，整理知识链接的层次，最终构建基于三层知识链接的数字资源整合框架，即基于文献单元知识链接的数字资源整合、基于信息单元知识链接的数字资源整合和基于知识单元知识链接的数字资源整合。

2. 基本结构

本书共六章。

第一章主要介绍本文的研究背景、研究意义、国内外研究现状、研究内容和论文基本结构。

第二章主要阐述数字资源整合的理论研究基础，包括数字资源整合的必要性、数字资源整合的关键技术、数字资源整合的方式以及数字资源整合的发展趋势。

第三章介绍了作为数字资源整合基础的知识关联的内容，主要探讨了知识关联的三种结构：链表结构、树结构和图结构。

第四章对知识链接进行了介绍，重点解释了知识链接的含义以及知识链接的类别、特征和发展趋势。

第五章是本研究的核心内容，从文献信息知识元三个层面分析知识链接的构建模式，提出了基于三层知识链接的数字资源整合框架。

第六章介绍了出版商、数据库商和图书馆三个核心资源领域对知识链接的实际解决方案，并进行了比较分析与预测。

2 数字资源整合概述

数字资源整合是数字资源优化组合的一种存在状态，是依据一定的需要，对各个相对独立的数字资源系统中的数据对象、功能结构及其互动关系进行融合、类聚和重组，重新结合为一个新的有机整体，形成一个效能更好、效率更高的新的数字资源体系。① 在数字资源整合过程中，综合运用各种技术、方法和手段对数字资源进行系统化和优化，目的是将所有的数字资源透明地、无缝地集成在一起。最终，用户在统一的检索界面中检索、浏览和使用所有数字化资源，数据来源对用户是透明的。资源整合实现了不同文献资源之间的沟通，保证了知识体系的完整性。

理想的数字资源整合目标是：

① 提供所有数字资源统一的检索界面；

② 在一个集成的服务系统中，灵活运用各种链接技术；

③ 保证用户的无缝下载操作；

④ 有效管理和维护图书馆所有数字资源；

⑤ 充分展示通过图书馆可以利用的所有数字资源；

⑥ 提供定制个性化服务；

⑦ 有机地将现有的各个层次的服务整合在一个框架内；

⑧ 同数据商提供的各种服务平台与工具相结合。

随着信息资源的不断膨胀，各种功能各异而且平台异构的数字资源

---

① 马文峰．数字资源整合研究［J］．中国图书馆学报，2002（4）：64－67.

纷纷涌现。由于这些数字资源之间检索平台各异，给当前用户的检索带来极大的不便。如何让用户快速地检索到海量数字资源中的信息与资源，成为当前学界的一大研究热点。对数字资源进行整合是解决用户检索效率低下的最有效、最可行的方式。数字资源整合不仅可以消除不同资源之间的异构问题，而且可以最大限度保证知识体系的连续性和完整性，使用户得到更有效的资源与信息，保证用户能够获得更加完美的用户体验以及更加智能的资源检索方式。

2.1 数字资源整合的必要性

随着数字资源的不断增加，资源整合与重组问题亟待解决。从数字资源本身来看，其内容交叉重复，存在着大量的冗余信息，而且知识关联程度较低，影响到用户的利用与获取。从技术角度来看，不同的数字资源系统之间数据结构不同、发布方式不同、检索方式也不同，用户需要在不同系统间来回切换，还需要掌握不同的检索方法。从用户角度来看，大量数字资源如果都是以“孤岛”的形式存在，用户就必须分别进入到各个系统中查找资源，这些形式各异的资源在给用户提供丰富信息的同时，也带来检索上的不便。用户希望通过统一的检索界面和统一的检索语言，方便快捷地检索到图书馆的所有分布式资源（书目、图像、音视频、档案资源、电子图书、电子期刊和会议录等），同时检索本地和异地各种资源系统，希望图书馆提供一站式服务。因而，如果不对数字资源进行合理有效的整合，就会影响数字资源的有效利用。采用现代的信息技术来整合信息资源是图书馆馆藏管理的主要研究方向，也是社会发展的必然要求。对图书馆的信息资源体系进行评价的时候，需要考察的关键要素是信息资源的整合化程度和信息资源的整合能力。

1. 信息完整性、知识体系化的要求

伴随着社会电子信息化的发展，数字资源种类和数量不断扩大，大量的异构资源以书目、索引和独立数据库的形式存在，只能单纯地呈现出资源的链接或出处，只能实现用户使用资源时的分别获取，而不能体现资源之间的联系。对数字资源的整合可以使不同类型，甚至不同载体的信息资源内部得以建立联系，实现了信息、资源间的沟通，提供了知识体系的完整性。

2. 用户使用的要求

数字图书馆的本质是其开放性和公众性，也就是说数字图书馆中所有形式的信息资源都是用来提供给用户查询和使用的，数字图书馆中的信息资源必须保证用户的有效获取和利用，而图书馆所面对的用户差别很大，要满足不用年龄层和不同文化程度的用户的检索要求，就必须对数字图书馆的数字资源进行整合，从而使用户可以从统一的检索入口查询到尽可能全面的结果，提高用户的检索效率和资源利用率。

从用户需求的角度看，首先，用户的需求不再局限于某一个学科专业领域，而是跨领域跨学科的检索需求。其次，用户的需求也有越来越多的层次性。不仅只满足一个信息资源，比如用户不仅关心图书报纸杂志这些信息资源，而且关注期刊优秀硕士论文等，表现出对信息资源多种类多层次的要求。再次，用户对信息的新颖性以及更新的高效性越来越关注，其主要原因是用户不想获得的是淘汰的落后的信息资源。此外，用户对操作简单的信息资源导航检索系统越来越满意，用户只需要进行简单的输入即可获得满意的检索内容，这种需求也是推动数字图书馆信息资源整合的规模不断发展壮大的原因所在。

3. 数字图书馆建设的要求

数字图书馆的建设过程中，由于数字资源种类多数量大，录入时容易造成重复录入，这样不仅耗费了大量的人力物力，而且造成了数字图书馆中数字资源的大量资源冗余和混乱。为避免数字资源的重复建设，提高数字资源的建设质量，必须对数字资源进行整合和重组，这样不仅能保持图书馆信息资源建设的可持续性，使数字图书馆的信息资源建设得以健康发展，还能够提升数字图书馆的创新和科研能力。

2.2 数字资源整合的关键技术

2.2.1 整合技术的基础——Metadata

元数据（Metadata），该词最早出现于美国航空与宇宙航行局NASA的《目录交换格式》DIF手册中。简单地说，元数据是“关于数据的数据”。它是面向某种特定应用的用于描述资源属性的机器可理解的信息。通过规范语法结构和语义结构，使得机器能够无二义性地表现和获取信息。元数据可以用于各类资源的标识、集成、交换、检索等工作。利用元数据机制，可以更加精确地描述源的语义，从而使数据从机器可读转化为机器可理解。

目前来说，对于元数据还没有统一、严格的定义。关于元数据的一个有名的陈述是：关于数据的数据（data about data）。单从这一定义来看，我们无法弄清元数据的内涵所在。于是，一些专家和学者就把此定义进行了扩展和深化。下面是具有代表性的几种定义：

1. 国际图联IFLA的定义：“元数据就是关于数据的数据，此术语指任何用于帮助网络电子资源的识别、描述和定位的数据。”这个定义意味着元数据能够采用多种形式，以不同的级别存在，为了满足不同的目的，可以通过多种方式生成。

2. 在哈佛大学数字图书馆项目里，其定义为：元数据是帮助查找、存取、使用和管理信息资源的信息。在这个定义里，元数据既适合于电子资源，又适合于非电子资源；不仅包括编目信息，也包括其他管理和存取资源的信息。

3. 元数据是关于数据的结构化的数据。这个概念突出了元数据的结构特征，从而使采用元数据作为信息组织的方式同全文索引有所区分。

4. 元数据是对信息包裹的编码描述（如用MARC编码的AACR记录、都柏林核心记录、GILS记录等），元数据的目的在于提供一个中间级别的描述，使得人们就此可以作出选择，确定何为其想要浏览或检索的信息包，而无需检索大量不相关的全文文本。

从以上定义我们不难看出，元数据所揭示的内涵似乎与传统的图书馆卡片目录、MARC 数据极其相似，都是关于对象数据或资源重要特征的描述，以促进信息对象的发现和检索。这样的理解可以帮助消除元数据在许多人头脑中的神秘感，但是，元数据的内涵不仅仅局限于书目记录，它是包含书目记录层次的一种新概念、新事物，它的内涵比书目记录要丰富得多。

张晓林在其《开放元数据机制：理念与原则》① 一书中，对元数据定义及性质作了如下描述：元数据是关于数据的数据。作为元数据描述对象的"数据"实际上可以是任意层次的数据对象，例如传统的内容对象（图书、期刊、文件等），也包括内容对象组合（例如由若干文本、图像和音像组成的课件）、资源集合知识组织机制（分类表、叙词表、语义网络等）、基于资源集合的信息系统管理机制（使用控制、个性化定制、知识产权管理、长期保存等）以及信息系统本身。元数据就是对这些数据对象规范描述所形成的数据集合，通过计算机可读的开放语言来标记这些元数据，就能在系统间发现、交换和理解相应的数字对象，支持系统间互操作。从其描述中，我们可以看出他已将以往人们对元数据的狭义理解"描述基础信息内容对象的工具"，拓展到了广义的范围："元数据是一种基本信息组织方法，为信息系统各个层次的内容提供规范的定义、描述、交换和解析机制，为分布的、多种和多层内容构成的信息系统提供互操作和整合的纽带，为计算机智能地识别、处理、集成各种信息内容、信息过程和信息系统提供工具"。

随着资源的无限增长，网络信息的有效管理将越来越依赖于元数据的管理。在因特网环境下，元数据服务的需求也越来越明显，并且随着因特网逐渐发展成一个采用多种应用协议和格式的混合型信息经济实体，这种需求将会更加强烈。元数据不仅将成为资源发现的关键，它还可通过建立一定的技术或商业结构，成为有效应用资源的基础，并在各种协议之间进行交互操作。

---

① 张晓林．开放元数据机制：理念与原则［J］．中国图书馆学报，2003，29（3）：8—13.

形态不同的信息资源可以通过元数据得到普遍、规范的检索工具和描述方法，为由不同资源构成的、分布的信息系统提供整合的工具。没有元数据的数字图书馆或许将成为一盘散沙，无法提供较为有效的信息检索和处理。同样，在数字资源整合中也一定需要元数据进行资源的统一描述。

2.2.1.1 产生背景

随着计算机网络技术的飞速发展，各种信息资源呈海量增长。网络信息资源正在呈几何级数增长，因此，对这些海量信息资源进行有效的组织和管理日显重要。虽然网络上已有多种组织工具及搜索引擎对网络信息资源进行组织，并且发挥了积极的作用，但由于其工作方式是通过自动搜索程序来抓取网页，然后使用全文检索的技术，以自动抓字（或词）做索引的方式来建立其数据库，作为检索的基础，所以，尽管可满足部分检索需求，但是无法有效地过滤资源，造成检索结果数量多而有用信息少的弊病。因特网的快速发展使得人们不能够在短时间之内找到所需要的信息，人们开始对图书馆管理图书的方式进行研究，试图模仿其进行网页的管理。另外，传统信息资源也越来越多，为了更好地组织和利用它们，已有的信息描述机制也需进一步完善。因此，信息组织和描述日益成为信息资源应用的瓶颈与焦点。为了信息检索和管理的需要，现代元数据应运而生。元数据的出现有以下几个方面的原因：

1. 组织庞大的文献信息资源

若要组织庞大的文献信息资源，现有的 URL 方式显然不能满足需要，虽然可以借鉴国际上图书情报领域实施多年的分类法和主题词法组织文献资源，但分类法和主题词法主要适用于图书情报领域的专业技术人员，如何将这种分类和标引技术普及到一般普通的网页制作者，是一个亟待解决的问题。

2. 在庞大的资源中发现所需要的信息和数据

像雅虎、搜狐这样的搜索引擎，单纯抓取网页，然后通过分析组织建立数据库的方式虽为用户提供了各种检索服务的方式，但其结果是提供了大量无用的信息。

3. 有效地管理庞大的信息源

从传统的管理信息系统到新兴的联机数据分析、数据仓库、数据挖掘，甚至专家系统、决策支持系统等，对此都一筹莫展。因为上述大部分系统的管理方法都是建立在相对单纯、结构化较强的数据基础之上的，对于网页这种集文字、图片、多媒体等链接于一体的“混血儿”，多数系统只是局限在简单的文字层次上的管理。如何实现基于文献内容的智能检索或者内容管理，并在此基础上实现有效的管理，也是一个亟待解决的问题。

元数据的基本原理就是在这样的条件下提出的。它借鉴了图书馆情报人员处理图书资料的方法，在现有的网页上（通常在 head 段）用添加一组 meta 标记的方法来描述该网页的作者、关键词等基本信息。这个过程十分类似图书馆员的编目过程，不同的是图书馆员操作的对象是图书和资料，而这个过程的主要对象是网页；图书馆员一般要依赖某种分类和标引工具（如分类法和主题词表），而这个过程则大多凭网页作者的经验。

因此，从某种意义上说，元数据方法是一种扩大化、普及化的“编目方法”。元数据的设计目标是：①提高因特网信息资源检索的准确性；②对包括计算机科学家、图书馆员、数据提供商在内的所有因特网用户开放，而不是仅仅局限在参考书目领域；③既可以嵌入现有的文档，又可以作外部链接。

2.2.1.2 结　构

元数据格式一般通过三层结构来完整定义：

1. 内容结构：对元数据的构成元素及其定义标准进行描述。

元数据的构成元素包括：描述性元素（如题名、作者）、技术性元素（如扫描分辨率、压缩方法、使用软件等）、管理性描述（如有效期、使用权限等）、复用元素（指该元数据集从其他元数据集中复用的元素）。在内容结构定义中，需要进一步规定元素的选取使用规则，例如是必备或可选元素、可否重复、取值基数、选择规则、子元素组成等。人们一般根据特定应用领域的成熟信息处理框架或标准来决定元数据的内容结构，并在元数据定义中对此进行说明，例如 MARC 依据 ISBD，EAD 依据 ISAD（G）等。

2. 句法结构：定义元数据格式结构以及如何描述这种结构。

具体包括：

① 元素的分区、分层及分段组织结构。例如 MARC 分成头标区、目次区和数据字段区，EAD 分为头标段、前面事项段和档案描述段；

② 元素结构描述方法，一般用 XMLDTD 来定义，有些也用到 XML Schema、RDF 或 SGML DTD 来定义；

③ DTD 描述语言；

④ 元数据复用方式，例如通过 Name space 链接相关 DTD、Ontology 或内容规范。

此外，句法结构还可以定义元数据与被描述数据对象的捆绑方式，如元数据与数据对象捆绑在一起、元数据独立于数据对象存在或元数据作为单独数据存在但以一定形式与数据对象链接。

3. 语义结构：定义元数据元素的具体描述方法。

主要包括四个层次：

① 元素定义，即对元素本身有关属性进行明确定义。一般采用 IS011179 标准，该标准规定，通过 10 个属性（元素名称、元素标识、版本、登记机构、描述元素本身的语言、定义、使用约束、数据类型、最高出现次数、注释）来界定任何元素。在实际元数据记录中，常通过 XML Namespace 链接定义文件。

② 元素内容编码规则定义。元素内容编码规则确定在描述元素内容时应该采用的编码规则。内容编码规则可以是特定标准，或是最佳实践，或是自定义的描述要求。为了准确使用元数据，应该在定义元素时明确定义相应的编码规则，例如 DC 建议日期内容编码采用 ISO8601，资源类型采用 DC types，主题词可使用 LCSH、MeSH、DDC 或 UDC。元素定义时可能允许一个元素使用多个编码规则，但具体单位在使用时，应从格式允许的多种编码规则中选取一种作为实施标准，或从格式没有明确指出的其他编码规则中选取一种（如我国应用 DC 时，规定用《汉语主题词表》中的词汇描述主题），这时的实施规定被称为应用

规范。

③ 元素语义概念关系。元素本身的语义实际上已经在元素定义中予以描述，但这些元素并不是孤立存在的，而且这些元素就其名称而言，可能在不同的领域有不同含义。如 Tile 在文献领域是文献题名，在社交领域则是人的职衔。因此，需要把元素放在一个概念体系中来说明它的上下文关系，说明它与其他概念的关系，例如 part－of、caused－by、written－by 等关系。可利用 RDF/RDFS 技术来定义元素概念的类属关系，通过 XML Namespace 技术将元素与相应的语义定义、语义网络和语义概念集链接起来，从而支持对语义及语义关系的进一步解析。

④ 元数据版本管理。元数据是动态变化的，因此必须明确描述元数据版本的变化情况，并通过开放登记系统发布。

2.2.1.3 类　型

对元数据类型有多种划分方式。最简单也最粗略的分类方法是将元数据分为传统元数据和现代元数据。传统元数据主要指机读目录(MARC)，适宜的数据对象为印刷文本及有形电子资源（包括磁盘、光盘、录像带等）。而现代元数据特指网络时代产生的（如 DC、TEI、EAD 及 FGDC 等）元数据，其适宜数据对象为数字资源。这一划分方式过于简单，不足以揭示各种元数据的区别。

另外一种常见的划分方法是按照元数据的具体应用将其分为描述型元数据、结构型元数据、存取控制型元数据、评价型元数据等。

① 描述型元数据：用于描述、鉴别和发现数字化信息对象，主要用来描述信息资源的主题与内容特征。

② 结构型元数据：用来描述数字信息资源的结构。

③ 存取控制型元数据：用来描述能够利用的数字化信息资源的基本条件，以及该资源的使用权限和知识产权特征。

④ 评价性元数据：用来描述且管理信息评价体系中数据的位置。

根据功能可以将元数据划分为管理型元数据、描述型元数据、保存型元数据、技术型元数据和使用型元数据，其区别如下表所示：

表 2—1 元数据功能分类表

元数据类型	定 义	图书馆中的使用实例
管理型元数据	用于管理与控制信息资源的元数据	采购信息；版权及复制记录；获取权利控制（密级）；馆藏信息；数字化的标准选择；版本控制。
描述型元数据	用来描述或识别信息资源的元数据，一般为手工制作的元数据	编目记录；查找帮助；专门索引；资源之间的超链接；用户的注释。
保存型元数据	与信息资源的保存管理相关的信息	资源的物理状态描述文档；有关保存资源的物理或数字化版本的文档。
技术型元数据	与系统功能相关的元数据或元数据行为模式	硬件和软件文档；数字化信息；系统响应时间的记录；许可和安全性数据。
使用型元数据	与信息资源利用的等级和类型相关的元数据	展出记录；用户及利用记录；内容再利用和多版本的信息。

除了以上的各种分类方法，还可按照元数据描述对象类型的不同将内容对象元数据划分为：通用元数据（DC、ROADS、RFC1807）、描述数字文献的元数据（TEI Header、MARC、ONLX）、描述数字图像的元数据（MOA2. CDL、Niso/CLIR/RLG）、描述博物馆藏品的元数据（VRA Core、CDWA、REACH）、描述音像资料的元数据（MPEG7. Music Brainz）、描述教育资源的元数据（IEEE LOM、GEM、DC - Education）、描述政府信息资源的元数据（GILS）、地理空间信息元数据（FGDC/CSDGM）、档案编码描述格式（EAD）等。

从以上的元数据分类，我们可以看出，元数据的发展呈“百花齐放”之势，而研究和探讨最多的是内容对象元数据和描述型元数据。

2.2.1.4 标　准

为了充分挖掘元数据的应用潜力，对资源的描述必须经过标准化的控制，我们将这种控制称为元数据标准。缺乏相关标准的元数据描述和查询效果将受到影响。元数据的基本组成部分是方案和元素。元数据的元素是指封装描述信息体的一条一条信息的类目或字段。典型的元数据元素包括题名、创建者、创建时间、主题标识等。元数据方案是为了满足特定组织需求而设计的元素集或者元数据标准。尽管有些元数据标准本质上是通用的，但绝大多数元数据标准都是为特定类型的信息制定的，因此存在多种元数据标准，因为不同组织的需求各不相同，因此无法创建一个完善的、可以满足所有目的的元数据标准。元数据标准的可变空间都很大，这些变化主要体现在元数据元素的数量、强制性和复用性元素的使用、编码、受控词表的使用等多个方面。绝大多数标准都把支持资源发现的描述型元数据作为关注的焦点。

元数据标准是适用于某一类型的信息对象的。元数据标准框架由已有的核心元数据标准及其扩展原则构成。元数据的研究者根据已有的元数据标准框架制定出专门领域的元数据标准。因此，元数据标准最终会形成一个元数据标准体系。

国外的元数据研究工作起步较早，目前已经有相当数量的极具影响力的元数据标号问世，有些标准已经成为国际标准，许多元数据标准的制定也是以这些元数据标准为蓝本扩展出来的。目前国际上比较有影响的元数据标准有：

① CDWA（Categories for the Description of Works of Art）艺术作品描述类目，元数据标准是为从事艺术史研究、艺术品管理人员，以及信息技术专家而设计的元数据标准，用来描述艺术品，主要在博物馆界使用；

② DC（Dublin Core）都柏林核心元素集，元数据格式描述的对象是网络资源，是旨在推动电子资源发现的最小的元数据元素集，目前在国际上较为通用；

③ EAD（Encoded Archival Description）编码档案描述，主要用于描述档案和手稿资源，包括文本文档、电子文档、可视材料和声音记录；

④ FGDC（Federal Geographic Data Committee）数字地理元数据，是一个描述数字地理空间数据的术语及其定义的集合；

⑤ GILS（Government Information Locator Service）政府信息定

位服务，是为公众提供可以方便地检索、定位、获取公共联邦信息资源的服务；

⑥ TEI（Electronic Text Encoding and Interchange）电子文本编码和交换，是一套用于电子形式交换的文本编码标准，规定了对电子文本的描述方法、标记定义、记录结构、文本编码方式；

⑦ VRA（Virtual Resources Association Data Standards Committee）视觉资料核心类目，是为在网络环境下描述艺术、建筑、史前古器物、民间文化等艺术类可视化资源而建立的元数据标准。

我国元数据标准研究起步较晚，多集中在网络资源组织和挖掘、数据仓库技术和数字化图书馆技术等方面。具有一定影响的元数据标准有：

① 地理信息元数据（Geographic Information－Metadata），由全国地理信息标准化技术委员会提出，标准定义描述地理信息及其服务所需要的模式，现已经颁布为国家标准 GB/T 19710－2005；

② 中科院科学数据库核心元数据标准（Scientific Database Core Metadata），建立了一套用以描述数据集的元素集合和一个描述服务的元数据模型，以及若干数据集服务元数据实例；

③ 基础教育教学资源元数据规范（Basic Education Teaching Resources Metadata Standard）CELTS－42，是结合我国基础教育的特点和中小学教育教学应用状况，提炼出中小学教育教学资源的一组基本元数据；

④ 国土资源信息核心元数据（Core Metadata Standard for Land Resources Information），规定了描述国土资源空间与非空间数据集、数据集系列及提供信息服务所需要的最少数据素即核心数据素的集合；

⑤ 中文元数据方案，其目标是为海内外中文数字资源建设保存服务和交流提供一个统一的可供参考的中文元数据方案，促进中文数字资源的共建共享。

2.2.1.5 特点与功能

元数据具有以下特点：

① 描述性

这是所有元数据最本质的特征。元数据是描述数据的数据，它通过按一种约定俗成的规则来描述对象的手段来组织和管理信息资源。只有先描述才会有组织和管理功能的发挥。

② 动态性

元数据不是静止不变的，而是随着描述对象的变化而变化。

③ 多样性

指元数据的类型多样，一个描述对象的元数据会有各方面的特征，我们从不同的角度对其进行划分会产生不同的结果。

④ 复杂性

一方面，元数据既可以是集合概念，也可以是个体概念，元数据中还可以包括其他的元数据。另一方面，对不同的描述对象，有些元数据项是必须有的，而有些却不一定强求，即强制性的元数据与选择性的元数据共存。

⑤ 多层次性

一方面是由元数据所描述对象的多层次决定的，另一方面是由元数据使用对象的多层次性决定的。

⑥ 支撑性

从某种程度上来说，元数据相对内容而言，处于次要的地位，但又是必不可少的，起支撑作用，它有效地维护所描述对象的原始性和完整性。另一方面，元数据的支撑性还表现在它与所描述对象的共存，能保证资源的长期使用，在产生它的人、计算机系统乃至标准停用后，仍可继续使用。

有学者认为元数据的功能主要在于：找到信息的位置（Location）、搜寻信息（Discovery）、记录信息（Documentation）、评估信息（Evaluation）、选择信息（Selection）、其他。也有人将元数据的功能概括为描述、定位、检索、评估、选择和管理。其中，描述功能是基础，其他功能都是在此功能上引申出来的。具体相关功能如下：

描述：对信息对象的内容、属性等的描述能力，是元数据最基本的功能，应当能比较完整地反映出信息对象的全貌。衡量描述能力最重要的一点是它能否准确地区别不同的具体信息对象。这是元数据标准制定工作中最困难的一部分，针对每一类具体的资源对象需分别研制。

检索：支持用户发现资源的能力，即利用元数据来更好地组织信息对象，建立它们之间的关系，为用户提供多层次、多途径的检索体系，从而有利于用户便捷、快速地发现其真正需要的信息资源。

选择：支持用户在不必浏览信息对象本身的情况下，能够对信息对象有基本的了解和认识，从而决定对检出信息的取舍。

定位：提供信息资源本身的位置方面的信息，如 DOI、URL、URN 等信息，由此可准确获知信息对象之所在，便于信息的获取。

管理：保存信息资源的加工存档、结构、使用管理等方面的相关信息，以及权限管理（版权、所有权、使用权）、防伪措施（电子水印、电子签名）等。

评估：保存资源被使用和被评价的相关信息。通过对这些信息的统计分析，方便资源的建立与管理者更好地组织资源，并在一定程度上帮助用户确定该信息资源在同类资源中的重要性。

交互：有些信息资源的元素内容需经过专家考据才能确定，尤其是在描述比较复杂的对象（例如古籍）的时候。对使用元数据的专家学者提供专门的元素，允许他们对某些数据项的内容进行反馈，有利于建立更为准确的元数据，提供更为良好的服务功能。

元数据提供了一系列有关信息对象的内容、形式特征及使用权限的元素，利用这些元素可以对信息对象进行或简或繁的描述。依此描述，我们可以获取信息对象在资源体系中的位置，从而促进信息对象的发现与检索。而且，由于元数据所提供的有关信息对象基本属性的描述，使得用户在无须浏览信息对象本身的情况下，就能够对信息对象具备基本的了解和认识，参照有关标准，即可对其价值进行必要的评估，从而作出对信息对象取舍的决定，筛选出适合自身的信息资源。既然在元数据中记录了信息对象如何被制作和维护、如何运作、所要求的系统软硬件参数以及版权、用户使用权限等信息，这些都是对信息对象进行管理不可或缺的重要数据，因此说元数据也具有管理的功能。

鉴于元数据的多种功能，现在被广泛应用于各个领域：数字图书馆、档案馆、出版发行、教育领域、政府部门、地理和环境信息系统及电子商务环境下的知识产权管理等。

2.2.2 异构数据库资源整合技术

1. Z39.50

Z39.50 协议是美国国家标准，协议全称为 American National Standard Information Retrieval Application Service Definition and Protocol Specification for Open System Interconnection，中文的全称是“信息检索应用服务定义与协议描述”。

1984 年提出了这个标准，主要是解决书目信息检索系统之间的通讯问题，并于 1988 年正式推出第一版，又称为 Z39.50－1988。在 Z39.50 维护局的领导协调下，对 Z39.50－1988 版进行了修订，并推出了 ANSI Z39.50－1992 版。在 1992 版修订过程中，有很多扩充标准的建议。目前，Z39.50 的最后版本是 ANSI Z39.50－1995 (version 3)，它是 ANSI Z39.50－1992 的修订版。不过第四版的修订也已进行多年了。与 Z39.50 相应的国际标准代号为 ISO23950。近几年推出了 Z39.50 协议适用 Web 资源的版本 ZING (Z39.50 International：Next Generation)，称为下一代版本。

Z39.50 是一种基于 C/S 的网络通讯协议。由于客户端与服务器的功能相对独立，因而提供使用者的接口具有很大的弹性。Z39.50 还是一种开放网络平台上的应用层协议。它能支持计算机使用一种标准的、相互可理解的方式进行通讯，并支持不同数据结构、内容、格式的系统之间的数据传输。可以实现异构平台、异构系统之间的互联与查询，而且作为一种基于网络的信息标准，它还允许读者检索远程数据库。理论上 Z39.50 可用于检索各种类型的数据资源。

在异构资源整合系统中，可以借助 Z39.50 完成资源整合的过程，如图 2－1 所示。

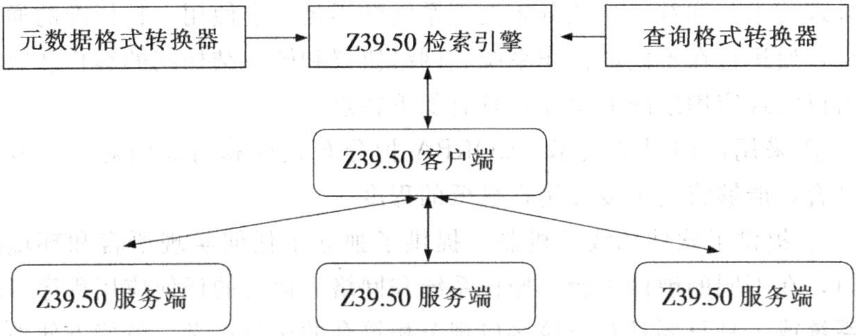

图 2—1 Z39.50 链接器逻辑结构

Z39.50 检索引擎是 Z39.50 连接器的入口和中间枢纽，负责接收上层各协议连接器引擎的检索请求，并通过查询格式转换器将检索请求的查询格式转换为 Z39.50 协议支持的查询格式，然后由 Z39.50 的客户端转发给各个 Z39.50 服务器，接下来 Z39.50 客户端将 Z39.50 服务器返回的结果转发给 Z39.50 检索引擎，最后由元数据格式转换器将 MARC 格式的结果转化为 DC 格式的元数据返回给上层的各协议连接器引擎，由各协议连接器引擎对结果进行处理以统一的形式显示给用户。

Z39.50 协议虽然是当前图书馆界采用最多的资源整合技术，但是它仍然不能成为普遍的技术被采用。作为一个结构相对严谨而又复杂的数据库通讯接口标准，它对社会产生的影响和普及的范围在某些方面与机读目录格式的发展有相似性，由于这个标准在软件实现方面的难度较高，在图书馆界之外成功的应用案例并不多见。

2. CORBA

CORBA（Common Object Request Broker Architecture）是在面向对象的技术兴起，客户/服务器模式普遍得到应用的前提下，由对象管理组织 OMG 于 20 世纪 90 年代初为解决分布异构环境对象互操作而提出的一种开放的、分布式对象计算结构。CORBA 任何一个部分的制订都经过了 800 多个成员充分的讨论，因此该规范从一开始创建就是开放的、标准化的、广泛的。CORBA 很好地结合了面向对象技术和分布式处理技术，弥补了传统分布处理系统的不足。它使用一种标准的通信模型，使运行在不同的操作系统、网络协议和硬件结构间的客户和服务器可以实现应用层间的交互，具有如下特点：

① 采用面向对象技术，CORBA 把分布式计算与面向对象的概念相结合，能够将冗余度控制在最低的程度。

② 提供了软件总线的机制，提供了独立于任何实现语言和环境的接口，在不同的硬件平台、操作系统和网络上运行的任何应用程序、软件系统或工具只要具有与该接口规范相符合的接口定义，就能方便地集成到 CORBA 系统中，实现应用软件在“软件总线”上的“即插即用”。

③ 具有良好的语言无关性，CORBA 定义了 IDL（接口定义语言）及映射。客户机与服务器可以用多种编程语言来编写应用，却不会影响相互之间的通信。

④ 提供 ORB 对象请求代理，ORB 在不同对象之间建立链接，并对请求和返回值进行编解码，使之符合 IIOP 协议，适合在网络中传输，因而数据传输与对象所在机器的操作系统的种类无关，具有平台无关性；ORB 完成对客户方提出的抽象服务请求的映射，自动寻找和定位服务器方的对象，自动设定路由，实现到服务器方的执行，这样用户在编制客户端程序时就可以避免了解过多的细节，只需要完整地定义和说明客户端需要完成的任务和目标；实现了客户端程序与服务器端程序的完全分离，这与面向过程调用机制为基础的客户/服务器模式有根本不同。

CORBA 作为分布式环境下的理想体系结构，几乎支持所有的操作系统，而且支持多种编程语言。用 CORBA 创建的系统采用基于组件的思想，系统内的各组件可以轻易替换和修改，从而减轻了系统维护的负担。因此，CORBA 技术在实现构建异构平台，实现跨平台检索方面可以发挥重要的作用。CORBA 日益成熟的技术得到业界的广泛支持，使它已经在分布式异构环境下得到最为广泛的应用和研究，成为建立应用系统集成框架和标准构件的核心技术。从 20 世纪 90 年代初期至今，出现了许多成功的 CORBA 实现系统，在制造业、电信、金融、计算机等领域的分布式应用系统的开发中都得到了广泛的应用。在图书馆信息资源整合中可以利用 CORBA 开发出既具有面向对象又具有可重用性、可移植性、可扩展性、可伸缩性以及互操作性等的异构信息资源整合软件。

3. 中间件技术

中间件是一种位于操作系统和分布式应用系统之间的、具有标准协议与接口的通用软件层。简单说，中间件位于应用层和数据资源层之间，它的任务是完成在不同的信息资源间必要的信息转换和数据映射，能够方便地实现分布式软件模块之间的交互。采用中间件技术，无须针对不同系统平台设计不同的管理软件，只需要采用标准的中间件基础结构，就可以把多个异构数据源封装在中间件中，实现异构环境中的工具、应用和服务的分布式管理。

中间件具有以下几个主要特性：

① 封装性。通过封装技术，屏蔽分布式系统的异构性。

② 独立性。可以实现对象的跨平台应用。

③ 兼容性。支持标准协议和标准接口，具有强大的互操作功能。根据功能及采用技术的不同，中间件包括数据库中间件、远程过程调用中间件、面向消息中间件、事务处理中间件和面向对象中间件五种类型。

基于中间件整合的体系结构由异构数据源层、数据源集成中间件层和应用层组成，如图 2 2 所示。

各层的组成和基本功能如下：

① 数据源层。数据源层处于系统最低层，由各种分布、异构的数据库组成，是在基于中间件集成系统的使用过程中的主要数据来源。

② 数据源集成中间件层。中间件层位于操作系统和分布式应用系统之间，其功能是屏蔽数据源的异构性，构造一个虚拟的、逻辑的全局数据模式，提供统一的查询界面。主要包括包装器、数据模式转换器、查询转换器和具有统一的数据模式的虚拟数据库。用户查询请求先提交至查询转换器，查询转换器根据转换规则将查询转变为对各异构数据库的查询模式，在得到各数据库返回结果后进行综合并映射转换为统一的

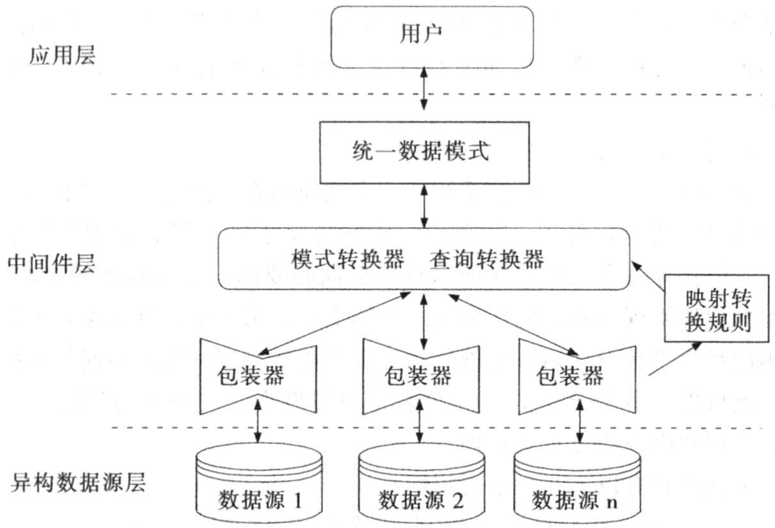

图 2—2　基于中间件整合的体系结构

格式显示给用户。

③应用层。即用户界面层，展示虚拟数据库检索界面，提供查询工具，为用户和应用程序查询虚拟数据库提供服务。

基于中间件整合的核心是通过资源与利用之间的中介媒介完成异构数据的集成，用户不必关心每个数据源的查询特征便可一次集成检索多个数字资源系统。其主要特点是中间件层并不存储具体的数据，只存储所有数据的逻辑集成模式，因此无需改变原数据库数据的存储和管理方式，是一种集中式管理分布式存储的数据集成模式。这种整合方式更适宜于数据源数量较大、数据变化频繁、集成系统对数据源没有控制的集成环境。基于中间件的数据逻辑集成方式的优点在于，所获数据与异构物理数据源的数据之间没有时滞，保证了数据的新颖性和时效性；但其不足也很明显，即对于一个查询请求，中间件需要访问多个分布的物理数据库，检索效率较低；而且交互的基本形式不是对等使用多种资源，没有提供多组织之间的资源共享通用框架，不能实现大规模的信息资源共享。

2.2.3 链接访问技术

链接技术有动态和静态两种。前者的链接两端随着链接环境的改变而改变，不会导致死链问题；但后者的链接状态是固定的，容易产生死链。静态链接的基本特征是将链接属性直接写为某一固定 URL，用户直接点击就可链接到对象。为了克服静态链接先天上的不足，共享库出现了，共享库（动态链接文件）是一个目标模块，运行时可以加载到任意存储器地址，并在存储器中和一个程序链接起来，这个过程叫动态链接，是由动态链接器完成的。当前已开发出了一些动态链接整合协议与技术，但各有优缺点。本节对这些技术作简单介绍，在第六章会作详细介绍。

1. OpenURL 协议

OpenURL 即开放链接，是美国国家信息标准组织标准委员会（NISO）2001 年 5 月提出草案建议的一个正在讨论确定的标准，OpenURL 框架是一种信息资源与查询服务之间的通信协议标准，是开放的、动态的上下文相关的链接框架，它是在 URL 基础之上发展起来的，与静态的 URL 相比，它克服了 URL 的诸多缺陷。它的发展为上下文敏感链接提供了条件。

2. SFX

SFX（Special Effects）是以色列 ExLibris 公司推出的新的网络电子资源无缝链接整合软件系统。SFX 可以把不同来源和不同通信协议的信息完全融合，使不同类型、不同格式的数字资源实现无缝链接，其技术为机构提供特制的链接，实现在异构的分布式信息系统之间无阻碍导航。SFX 的最大优势是不仅能完成从二次文献到全文的链接，还能实现从文摘到文摘、全文到全文的链接，也就是各种类型数字资源的融合。它还能够实现在数据库中点击一篇文章的记录后显示所有能够得到的与这篇文章相关的服务选项列表，实现了在知识整体层面对信息资源进行管理的整合。但是，在实际的应用中也依然存在一些问题：它基于一定的 OpenURL 协议标准，对于发展比较规范的国外数据库资源比较适用，但是对于早期遗留数据库和资源数据库构建技术不同、标准不统一的国内数据库存在着很大的难度。

3. Web Bridge

Web Bridge是美国Innovative公司推出的一款链接产品，它提供各类资源的动态链接，并可对各个资源进行注释。也提供到电子全文的直接链接。Web Bridge同时支持OpenURL及CrossRef标准。只要对各个类型的资源进行相应的设置就可通过WebOPAC检索各类资源。Web Bridge的智能链接功能，可以将多家图书馆的信息资源链接在一起。它可以从Web Bridge驱动的图书馆馆藏的任何电子信息资源中建立相关信息资源列表。这些信息资源可以是图书馆的OPAC，以及其他任何数字资源。

Web Bridge有两种使用方式：一种是接受来自集成管理系统（Mellenium）之外的请求并返回适当的匹配结果；另一种是在Mellenium系统之内，根据实际情况和预先设定，将书评和图书的封面图片链接，还可以链接到合适版本的全文电子论文或电子图书、书评、相似题名、其他图书馆的馆藏、全文以及封面图片等各种类型信息。

2.2.4 元数据整合技术

跨库访问技术解决了分布式异构型数据库的访问，链接技术提供了动态和静态的链接机制，但都无法实现数字资源中的知识发现。数字资源整合中的知识发现技术属于比较深层的整合技术，目前各种元数据层的创建和应用是这类整合技术的核心。

1. XML

可扩展标识语言XML是万维网联盟（W3C）开发的用于网络环境下网页设计和数据交换、管理的新技术，已成为推荐标准。XML是一个精简的SCML。它将SGML的丰富功能和HTML的易用性结合到Web应用中。XML保留了SGML的可扩展功能，比HTML强大得多。它不再是固定的标记，而允许定义数量不限的标记来描述文档中的资料，允许嵌套的信息结构。HTML只是Web显示数据的通用方法，而XML提供了一个直接处理Web数据的通用的方法。

由于 XML 技术不断进步，组织、处理和交换信息正在以 XML 作为元数据的编码语言。采用此种技术，人们可以组织和整理各种信息类型的资源，组织和整理这些资源集合模式及其片段的定义、筛选、链接、集成，组织和整理这些资源集合的数字加密机制，组织和整理各类型资源信息的开放式的处理界面，组织和整理各模式类型的信息资源的查询机制。

2. OAI－PMH

OAI－PMH 是开放档案计划组织（OAI）发布的基于元数据的收获互操作框架。该框架涉及两类角色：OAI 数据提供者和 OAI 服务提供者，前者负责元数据的建立和维护，并按 OAI－PMH 的要求将元数据暴露给外界；后者负责从众多的 OAI 数据提供者那里通过 OAI－PMH 收割元数据，经过加工处理后为用户提供增值服务。

OAI 的核心思想非常简单：在 HTTP 协议的基础上，服务提供方使用 OAI 规定的 6 个命令动词，按照一定的条件收割来自不同数据提供方中的元数据，将所收集来的 XML 格式编码的元数据集中保存在一个中心库中，并在此基础上提供增值服务。OAI 实现了异构、分布元数据资源的收割、集中和交换，并凭借其简单易用、低门槛、低成本以及它使用了 HTTP、XML 等通用技术作为基础，使其在许多数字图书馆项目中得到了广泛的认同和使用。但由于 OAI 协议的简单，也使它存在着一些明显的弱点。

2.2.5 基于 Web 的资源整合技术

1. Web Service

Web Service 是由 W3C 标准组织定义的。它是一个采用 XML，通过 URL 来发布接口和应用绑定的软件体系结构。基于 XML 技术的 Web Service 是解决异构平台集成的最佳手段。它采取简单的、易于理解的标准 Web 协议作为组件界面描述和系统描述规范，完全屏蔽了不同软件平台的差异。能够统一地封装信息、行为、数据表现以及商务流程，无需考虑何种应用环境下应该使用何种系统和设备。无论是 CORBA、DCOM 还是 EJB，都可以通过这个标准协议进行互操作，实现了在当前环境下最高的可集成性。构筑 Web Service 技术的主要成员有 XMLSchema、SOAP、WSD 和 UDDI，它们都是基于 XML 技术的。Web Service 除了具有业务逻辑处理功能的发布能力，更有强大的编程和自动处理功能。

2. RSS

RSS 技术是 Web 资源的聚合技术。它是典型的 Web2.0 技术，可以说 RSS 是 XML 的第一个具有广泛社会意义的成功应用。OPML (Outline Processor Markup Language) 技术是 RSS 的集合描述，主要用于导入导出特定的 RSS 列表。RSS 包含一套用于描述 Web 内容的元数据规范，并提供一种新颖的 Web 内容联合机制，包括内容整合者、内容提供者和最终用户三个组成部分。内容提供者在更新网站的同时生成网站内容描述文档 RSS Feed 并予以发布，内容整合者利用 RSS 聚合器参照 RSS Feed 内容收割网站信息（网站内容摘要或全文），并建立本地数据库，支持用户对多个网站内容的集成检索。RSS 适合于对已知网站的信息整合。

现有的数字信息资源整合技术都有各自的优缺点，对于同一问题的解决一般采用不同的方式。但一些技术协议之间可以互为补充，协同使用，以更好地实现数字资源的整合和共享。

2.3 数字资源整合方式

2.3.1 基于 OPAC 的整合方式

OPAC 即联机公共检索目录，是图书馆数字化建设中的最基础的一项建设。用户利用网络可以实现对分布式网络中的信息资源的查找，它是文献层次整合的典型。基于 OPAC 的整合应具备如下功能：

① 能提供准确的信息，保证用户能快速地检索到分布式网络中的数据，而不需要返回大量的无用信息；

② 支持多途径搜索，可以通过多条途径对信息进行检索，保证信息检索通道的顺畅；

③具有灵活的屏幕实现功能，能够灵活地返回数据到用户界面当中。

目前，我国的数字图书馆数字资源整合的最基本方式是基于OPAC资源的整合方式。在OPAC中有图书馆所有的馆藏目录。以OPAC系统为基础，整合其他文献资源是提高图书馆数字资源利用率的有效方法。利用它可以解决数字图书馆内信息资源和书目资源的局限性，并使用户可以方便地快速地查询到馆外以及分布在不同网络的数字图书馆的信息与资源，这样也可以有效地避免因使用新系统还需要进行熟悉的障碍。将更多的资源、信息和智能服务整合到OPAC的系统中，能够在很大程度上提高数字图书馆数字资源的利用率。

基于OPAC信息资源的整合方式可以实现多种整合，主要包括：数字图书馆与数字图书馆之间的信息资源整合；数字图书馆中的图书与随书光盘资源的整合；数字图书馆图书与电子图书的整合；数字图书馆期刊与电子期刊的整合；数字图书馆与其他数据库的整合。

这种整合方式存在的主要问题是检准率偏低，耗时长，智能化检索能力弱。检索与匹配效率比较差的主要原因在于基于OPAC系统信息资源整合的设计不合理性，当用户去检索的时候会得到大量的无用信息。基于OPAC系统信息资源整合的设计初衷就是检索的绝对全面性，当用户检索的时候它会返回大量的不相关信息，所以效率比较低下，耗时也比较长。

2.3.2 基于数字资源导航的整合方式

基于数字资源导航的整合方式是形式层的整合。主要是基于表现层的信息资源之间的整合，指将数字信息资源与检索入口整合在一起，建立比较完善的高效的数字资源导航库，用户通过数字资源信息导航库能够很方便地对信息进行检索，可以按书名、摘要、关键词、文献等相关信息进行检索与查询，保证用户能够更加有效地检索到数据。并可根据不同类型的数字资源，分别建立相应的资源导航系统。数字资源导航系统一般具有字顺浏览、分类浏览与关键词浏览三项功能。数字资源信息导航系统功能主要是让用户能够全面了解数字图书馆中的数字信息资源。这一功能保证用户能够一目了然地看到该数字图书馆中的信息与资源，即可以按照需要来进行个性化搜索，这样的搜索比较简单方便，用户通过统一的检索入口就可以实现检索了。目前国内外图书馆导航整合使用较为普遍的主要是按字母和主题的入口方式。

基于数字资源导航的信息整合的局限性主要在于：数字资源导航只关注资源形式层之间的联系，而不是内容层的资源关联。因此，不能将所有分布在不同网络节点的异构数据库系统资源发布到统一的用户操作界面中。由于目前在技术上依然无法实现仅依靠一个中间件来操作基于分布式异构数据库的数据透明访问与传输，这就决定了基于数字资源导航的信息整合的未来并不是很明朗。另外，数字信息资源导航系统仅是提供了进入各个信息检索系统的操作界面，并没有提供统一的智能化检索入口，因此需要用户按照自己的需求进行关键字的输入以及分类选择和其他选择等。当用户需要搜索其他的基于数字信息资源导航系统时，还需要退出原界面，再登陆其他界面，这对用户操作来说非常繁琐。基于数字资源导航的信息整合方式仅适合于对资源状况缺乏了解的偶然用户使用。

2.3.3 基于跨库检索的整合方式

跨库检索平台，也称为统一检索平台。跨库检索平台是指用户在同一个检索系统的平台上面进行相关的检索，就可以实现对其分布在不同网络、不同环境、不同操作系统、不同的数据库存储系统中的数据进行统一数据检索，并将数据集成显示在用户的操作界面上。在信息资源不断膨胀的今天，用户通过基于跨库检索的信息资源整合的系统就可以实现资源的快速定位，并且能够快速检索到并返回用户的界面。这样的好处是省去了用户大量不必要的登录，只需要一次登录就可以实现全库检索。

目前，跨库检索信息资源整合系统可以分为两个层次：

1．界面整合

主要是对其界面的整合，就是将各个信息资源整合系统的界面整合在一起，这样整合非常方便，但是检索效率比较低下。这是因为对底层的数据源没有进行很好的控制。

2. 异构整合

实现数字资源信息系统间的分布式异构整合检索，这样可以利用分布式管理的相关算法，实现针对于底层数据库的分布式异构性的管理，极大地提高用户检索的效率，但是操作起来比较麻烦。

基于跨库检索的信息资源整合系统用户可以通过统一的操作界面进行数据库的检索。当用户点击提交按钮就可以实现对基于跨库检索的信息资源整合系统中的所有分布式异构数据库中的信息资源进行检索了。但由于目前网络带宽有限，不能在很短的时间将所有基于跨库检索的信息资源整合系统中的数据库数据返回到用户统一操作界面，就导致用户需要等待很长的时间才能得到需要的信息。基于跨库检索的信息资源整合方式虽然方便了用户操作，但是浪费了用户的等待时间。

2.3.4 基于超级链接的信息资源的整合方式

基于超级链接的数字资源整合就是利用网络超文本链接特性，将文献的有关知识点链接起来，达到将有关的信息资源链接在一起的目的，形成一个具有内在联系的有机整体，以方便读者利用各类信息资源。用户获取资源的正常流程是用户在存储信息资源的数字图书馆数据库中查到相应的信息与资源后，再进入不同的数字图书馆检索界面去查找相应的全文的数据库。而基于超级链接的信息资源整合，会直接从相应的检索工具链接到全文，从而实现数字图书馆数据库信息资源的一站式检索。学术论文通过引用与被引用关系形成复杂的引文网络，如果能在信息资源中利用超链接的特性通过参考引文把所有资源都联系起来，形成一种反映各知识点之间直接和间接关系的知识结构性网络体系，对于学术研究将是非常有价值的。理想的引文链接以参考文献为线索，将所有的信息资源都整合成一个具有知识关系的网络，是一种非常理想的、独特的整合方法，这种方法解决了资源整合层次中的信息整合问题。

基于超级链接的信息资源整合方式的优越性，是能从信息资源的各个角度出发整合数字图书馆的数字信息资源，还能更加快速高效地揭示某个信息资源研究的过去及现状。基于超级链接的信息资源整合是指通过某种知识链接的形式去检索信息与资源，例如网页上的 URL，用户可以根据这些知识链接去检索数字图书馆的数据，这样做的好处就是用户可以一目了然地观察到数据库中的数据，但是因为数据库的数据量的不断增加将导致知识链接的不断增加，最终使用户的链接界面太混乱，也会出现一些无用的知识链接。

2.3.5 基于知识本体的数字资源整合

要想实现资源整合层次中的知识整合问题，必须构建基于本体的数字资源整合模式。作为信息资源分类的基础，本体的目标是捕获相关领域的知识，提供对该领域知识的共同理解，确定该领域内共同认可的词汇，并从不同层次的形式化模式上给出这些词汇和词汇间相互关系的明确定义。基于本体论的知识组织理论能揭示主客观知识及其相互关系，知识本体的实质是反映概念及其之间关系的知识系统。

基于知识本体的数字资源整合模式的作用：一是知识本体提供了对领域知识的规范描述和共同理解，使得知识可以共享，并可对这些知识进行重用或复用；二是知识本体使得不同领域的知识体系化、结构化、形式化，为实现数字图书馆数字资源的整体化、一体化整合奠定了基础。

本体的引入使得自动化加工处理从传统的语法层次上升到语义层次。通过各知识库的基于本体知识关联和逻辑推理等知识链接手段形成知识网络。在人与软件代理之间、人与人之间建立知识链接，使本领域的知识得到共享和重用，使领域内不同的系统、模型之间能够进行互操作，为各领域或领域之间通过概念体系提供一种语义路径图，实现数字资源基于语义的整合和利用。基于本体的数字资源整合是一种基于语义的信息集成，是数字资源组织的理想境界。未来的基于本体的知识网格为用户提供基于语义的服务，大大提高了信息加工和服务的知识含量，为知识创新提供了坚实的基础。

2.4 数字资源整合的发展趋势

随着信息组织方式的不断变化和更新，数字资源整合的方式也随之变化。在上述分析之后，对数字资源整合的发现趋势总结如下：

2.4.1 数字资源整合范围与规模不断扩大

1. 由对规范性资源的整合到注重对非规范性资源进行整合

数字资源包括规范性和非规范性两类，前者经过一定程度的人工处理，格式相对稳定，对其整合也相对容易实现；后者则多为半结构化和非结构化的资源，对这类资源的整合相对困难。网格为数字资源整合提供了更为广阔的空间，同时信息技术的发展为数字资源整合范围的不断扩大提供了有利的技术实现手段。对 Web 动态的、非规范性资源整合系统的构建将成为人们关注的焦点。

2. 由对资源的整合逐步扩展到对应用程序、服务等功能进行整合

随着网格、SOA、Web Service 的相继出现，国内外学者对整合的研究不再局限于资源本身，而是开始探索如何重组、集成与资源相关的应用程序和服务，扩展其可重用性，避免重复开发，提高网络的运行效益。

3. 与个性化需求更加紧密地融合

其主要特点表现为服务方式从简单的请求/应答式转变为定制/服务式，整合目标不再是为了解决单个的检索需求，而是面向用户的个性需求提供持久的跟踪服务，支持主动的推送服务与知识检索服务。目前构建的数字资源整合系统非常关注资源的集成与整合，而较为忽略用户需求方面的差异性和个性化。然而，用户需求是多样的，面向个性化用户需求构建的整合系统将成为未来趋势。信息资源整合的目的不再是简单的单一的检索模式，而是多资源信息资源导航模式的检索，即使用户简单地输入，也能迅速地判断出其真正检索目的，并给出更加智能的检索结果，将信息资源快速地推送给用户，满足用户的个性化定制要求。

2.4.2 知识整合是数字资源整合的主流趋势

理想的数字资源整合的目标是：提供所有信息资源的统一界面；在一个集成的服务系统中，采用各种链接技术；有效管理和维护图书馆的所有信息资源；充分展示数字图书馆中可使用的所有信息资源；有机地将现有的各个层次的信息资源整合在一个框架内供用户使用。基于此，数字资源整合应立足于数字信息资源系统结构性能的优化。结构决定性能，结构是数字信息资源性能的基础。要发挥数字资源系统的整体性能，必须合理地整合数字信息资源。构建出能够有效发挥其性能的数字信息资源体系结构是数字信息、资源整合的目的。

数字资源整合要建立在知识组织的基础之上，以知识组织原理为指导。知识组织是对知识的本质以及知识之间的关系进行有序的揭示，能够对异构数据对象内容进行整合，实现不同资源系统间的资源共享，其目的是组成结构优化的知识库，提高知识的利用，促进知识的创新。知识整合模型强调系统化地处理和利用信息，发掘知识内涵，是理想的信息资源整合模式，也是今后数字图书馆信息资源整合的发展方向。

1. 更加注重新型知识组织体系在知识整合中的应用

面对具有多样性、复杂性特征的数字资源，传统的知识组织工具显得力不从心，由此促进了对新型知识组织体系的研究和应用。人们意识到，传统知识组织和网络时代的知识组织存在共性，都是对人类知识结构进行表达和有组织的阐述的语义工具，但后者并不是前者的简单重复或改良，而是螺旋式上升的质的飞跃。目前，对本体、主题图、概念图、词网等概念关联类知识组织体系的研究成为新的焦点，包括新型知识组织体系和传统知识组织体系间的集成与互补，新型知识组织体系间的内在联系和功能整合等。

2. 领域本体的构建将成为知识整合的研究重心

领域本体构建研究与应用的重心包括以下四个方面：

① 对本体构建的理论、方法与技术进行深入研究，建立领域公认的核心概念和完整的本体构建理论体系，以及具有适用性、针对性的本体构建技术体系。

② 面向某一应用领域进行领域本体系统的构建实验，包括初始本体的建立、本体的语义标注、本体的进化与学习、本体的管理、本体的展示与服务等整个过程。

③ 在此基础上，总结经验，寻找规律，将其提升为理性认识，再进一步指导实践，以促进领域本体的实验研究更快、更有效地走向应用。

④ 引入新的研究方法和手段，以增强本体系统的功能。

3. 语义标引是研究与应用的重中之重

怎样按照已构建的本体概念体系，对资源对象进行概念抽取、分析、分类、描述和处理，是本体建设的重中之重。国外许多大学和研究机构正在研究和开发 Web 内容的语义标注工具，语义 Web 标注与编辑网（SEMANTIC WEB Annotation&Authoring）发布了 13 种基于本体的语义标注工具。[①] 理想的本体标引系统应该具有通用性，支持协同编辑，具有知识表达能力，支持多语言标引，具有自动分类、自动或半自动的知识获取与标引，还应该支持本体的学习与进化。

---

① 杜小勇．数字资源整合的发展趋势［J］．图书情报工作，2007（07）：66—70．

3 知识关联及其分析方法

3.1 知识关联的内涵

3.1.1 知识的界定

“知识”这个术语在当今时代人们已经耳熟能详。知识的内涵十分丰富，外延非常广阔，不同时期、不同领域的研究者对知识有不同的理解。从古希腊人开始，对于知识的研究与探索一直是人类追求的目标。知识由于是一个发展中的概念，不同历史时期的人们对知识有不同的概念和理解，对知识及其价值有不同的认识。知识本体、知识组织、知识管理、知识经济、知识关联、知识网络等研究都是围绕知识而展开的，知识是这些研究的基础和逻辑起点。随着知识相关研究的兴起，知识再一次引起了人们的高度重视和关注，而且被赋予了新的内涵。但迄今为止，人们还是很难说清楚“知识”到底是什么，对知识作一个较为明确的定义是十分困难的。正如英国哲学家波普尔所说：“人类知识现象无疑是我们宇宙中最伟大的奇迹。”人们对知识的定义已不下百余个，不同领域的研究者在不同的研究阶段对知识的理解和定义各不相同。毫不夸张地说，有多少个知识研究者就有多少个对知识的理解，并从各自的认知立场和研究角度出发对知识进行了定义，构成了一个庞大的知识定义集。但是，不管人们对知识的定义如何理解、如何界定，都万变不离其宗，对知识的认知都是一个学习、感悟与升华的过程。进入21世纪，整个社会处于一个崭新的、伟大的历史变革时期，知识经济成为新世纪主导的经济管理模式，知识成为最有价值和最难获得的资源之一。知识对人类社会生活的这种巨大影响，使人们更加迫切地不断探索知识。

图书情报学中的“知识”不是指哲学意义上的“知识”，也不是人工智能中所定义的“知识”，即“知识＝客观事实＋主观信念＋主观信念与客观事实之间的一致性关系”，而是除去内涵的更加抽象化的知识，即着重从微观角度对知识进行认识。能够组织知识和提供知识是图书情报学“与生俱来”的历史使命与价值目标，研究知识组织与知识服务的理论与方法以指导图书馆实践，是图书馆学情报学的主要使命与价值目标。

知识在《现代汉语词典》中的解释为：“人们在社会实践中所获得的认识和经验的总和。”

在《图书馆学情报学词典》中的解释为：“人类对客观事物的认识、实践经验的总结。解决问题的方法属于认识的范畴。”一般意义而言，知识既是人类社会实践经验的总结，是人的主观世界对于客观世界的概括和如实反映；也是人类通过信息对自然界、人类社会以及思维方式与运动规律的认识与掌握，是人的大脑通过思维重新组合的、系统化的信息集合。[①] 简单地说，知识是人们对事物的认识过程和经验积累。也可以说，知识是对客观存在的认识与了解，是对自然界、人类社会和人类思维活动规律的认识。

在对知识的各种解释中，有些提到了知识产生的过程。《韦伯斯特词典》（webter，1977）中的解释：“知识是通过实践、研究、联系、调查获得的事实或状态的认识，是对科学、艺术或技术的理解，包括人类获得的关于真理和原理的认识的总和。”

托马斯·达文波特（Thomas H. Davenport）[②] 对知识的定义是：“知识是结构性经验、价值观念、关联信息及专家见识的流动组合。知

---

① 严怡民主编．情报学概论［M］．武汉：武汉大学出版社，1994：15.

② Davenport 著．营运知识：工商企业的知识管理［M］．王者，译．南昌：江西教育出版社，1999：7.

识为评估和吸纳新的经验和信息提供了一种构架。知识产生于并运用于知者的大脑里。在组织机构里，知识往往不仅仅存在于文件或文库中，也根植于组织机构的日常工作、程序、惯例及规范之中。”

英国著名情报学家布鲁克斯认为“知识是由相互关系连结起来的结构”。

这些对于知识的解释说明：人们对于知识的认识不只停留在“什么是知识”，而是关注到“怎样产生知识”的层面。关联与知识联系密切，知识内在关联既是知识本质特征的体现，也是知识结构组成的要素之一。知识并不是单纯或简单的，知识是不同成分的组合，它既是结构性的，又是流动的。知识存在于人们中间，是人类复杂性和不可预测性的重要部分。从这层意义上理解，知识是信息之间的关联，关联的存在以及发展是产生新知识的源泉。从本质上讲，知识是事物间普遍存在的联系，是客观世界发展的规律。

知识的存在形态可以分为两种：一种是主观知识形态，是指存在于人类大脑中的知识形态，以人的脑细胞为载体而存在；一种是客观知识形态，是指外化于物质载体上的知识形态，即大脑中能够外化输出的知识内容表征和记录在物质载体上，成为公共能够理解、传递的，独立于主观知识之外的客观知识。主要以纸张、胶片、磁盘等物质为载体而存在。图书情报工作处理的都是客观记录下来的知识。王子舟认为知识的基本组成分为两类：一类是具有硬性特点的、独立载体形态的知识组分，即文献单元；一类是具有软性特点、无独立载体形态的知识组分，即知识单元。[①]

由此，在基于知识关联与链接的数字资源整合中，我们给出了对“知识”新的解释：知识是通过探寻各种关联而获得的、物化在各种载体中的事实或状态的经验。

3.1.2 知识单位

伟大的科学家爱因斯坦曾经说过：“理论物理学的完整体系是由概

---

① 王子舟．图书馆学基础教程［M］．武汉：武汉大学出版社，2003：120.

念、被认为对这些概念是有效的基本定律以及用逻辑推理得到的结论三者所构成的。”[①] 诺贝尔奖金获得者李政道教授在一次谈话中指出：“最重要的东西往往都是最简单的，就拿物理来说，它的研究对象大到恒星、宇宙，小到微观粒子。但是这些对象总是由几条基本原理管住，那些基本的东西恰恰是最简单的，但却最重要。”可见，知识的组成中客观存在着基本、重要且具有层次性的概念，知识可以是由基本概念、基本定律、基本理论组成。这些最基本的要素就是现在学者们描述知识所称的知识基本单位。人们对知识的研究，已经从知识个体的研究深入到组成知识的基本单位研究。

布鲁克斯知识地图的思想开创了图书情报领域探究知识结构的先河，知识地图的思想对知识关联与链接理论和方法的形成及发展起到了积极地推动作用。布鲁克斯认为要在对世界充分调查的基础上，组织、加工和整理客观知识，选定那些紧密相关的若干科学领域中的固有联系，将各概念联结成网络，形成表示科学认识结构的一张地图，即知识地图。通过分析文献中的逻辑内容，找出人们进行创造和思考的相互影响和联系的结点，按知识的逻辑结构找出人们思维相互影响的连接点，像地图一样把它们直观标示出来，展示知识的有机结构。

布鲁克斯知识地图的思想假设学科之间存在固有的联系，而且这种联系是可以认识和表达的，这种联系就是知识关联，关联的结点则称为知识结点。完整的知识体系是由众多的知识结点与知识关联构成的集合。其中知识结点由概念或事物组成，是组成知识的基本单位。从结构的角度看，知识由知识单位和知识关联组成。作为构成知识的元素，知识单位从一定程度上决定了知识关联。通常学者们对知识单位没有再细分为不同的级别，目前不同的认知角度对其有不同的叫法，如“知识元”、“知识单元”、“知识点”、“知识节点”、“知识因子”等。从知识的产生与组成来看，知识可以由最小的知识单位直接组成，也可以经由最小的知识单位聚合成一定规模的中型知识单位，进而组成知识。

---

① （德）爱因斯坦著．爱因斯坦文集 第1卷［M］．许良英，范岱年，编译．北京：商务印书馆，1976：313.

借助基因学的理论以及上述有关知识概念的解释，我们把最小的知识单位称作知识基因，由知识基因聚合形成知识元，而知识个体则是包含多个知识元且附着在某种载体上的显性知识。这种划分既可以统一目前关于知识单位的不同称谓，又可以与大多数的研究内容相兼容。以下分别对知识基因、知识元和知识个体的含义和特点进行分析。

1. 知识基因

“知识基因”由生物遗传学中“基因”一词移植过来。与生物遗传学相似，知识基因是知识遗传与变异的最小功能单元。正像“文化基因”① 是文化计算研究的基础一样，“知识基因”也可以看作知识研究的源。刘植惠从 1998 年起连续发表了以“知识基因探索”为题目的关于知识基因的系列论文，从知识基本单位中分离出知识基因的概念，并对知识基因的内涵、类别等进行了详细深入的阐述，提出知识基因若按生物遗传学的术语来定义，它是知识遗传与变异的最小功能单元。若按通俗的说法，知识基因就是知识继承与发展的最小功能单元。②

人类知识是一个庞大的概念系统，科学概念大都从本源发展起来的，而且是可以分解的。目前问世的近一万个学科，按其基本概念的性质，都可归属于某一个大的学科门类。以数学而论，每出现一个新的分支学科，总可以划归为以空间形式为研究对象的几何类、以离散系统为研究对象的代数类和以连续现象为研究对象的分析类。人类知识归类的可能性和现实性，从另一个侧面证实了知识的演化是有基本源的。恩格斯在考察科学发展时曾明确指出：“古代科学差不多包含着后来全部科学思想的胚胎和种子。”这里的胚胎和种子就是知识基因的形象说法。

知识基因有别于普通的知识单位，就功能而言，知识基因可以说是不可再分解的独立单元，但就结构而言，知识基因是可分解的。知识基因与普通知识单位的定义角度迥然不同，前者是从知识遗传与变异功能出发的；后者是从概念量化出发的。在此研究中，我们借用知识基因一

---

① LI, et al. Semi-structured Storage Model for Culture Calculation of Paper-cut [J]. Journal of Computational Information Systems, 2012, 8 (10): 4347-4354.

② 刘植惠．知识基因探索（一）[J]．情报理论与实践，1998 (01): 63-65.

词，但其含义与刘植惠的知识基因说有区别。我们定义知识基因为知识的基本单位和结构要素，是不可再分割的具有完备知识表达的知识单位。知识基因说重点阐明的是知识“遗传”与“变异”的机制和规律性，进而探索知识产生发展变化的规律，而我们更加关注的是知识基因的稳定性和统摄性。

知识基因的稳定性主要表现为基本概念或观念在知识体系中持久地存在、不易变化，具有反外来入侵的特征。基本概念或观念在较长的一段时间内保持原有的涵义和实质，反映出人类在一段时间内对自然界、社会和思维的某种客观规律的认识。在知识体系中，相关概念和观念繁多，但作为知识基因的概念大都为最基本的概念或观念。它们经受时间的考验，为多数人所接受或公认。在人们对其认识水平没有提高的情况下，它们是稳固、持久的，成为某一门学科的骨架。例如新兴学科控制论中信息、控制、系统、反馈等概念即属于此类基本概念。自从维纳20世纪40年代提出控制论以来，这些基本概念很快被学术界接受。人们发现在自然界、社会和人类思维活动中都有控制问题。因而信息、控制、系统、反馈等基本概念在许多知识领域中得到广泛应用，它们稳定地持久地生存下去，作为知识基因一代一代地传下去。以这些基本概念为导向的古典控制论逐渐演化成具有庞大系统和分支的现代控制论。知识基因的稳定性、持久性寓于基础性、基元性之中。同时，概念的基础性、基元性是知识基因的判据之一。

知识基因具有高度的统摄性。一般说来，凡是概念都具有统摄性。因为概念是以压缩形式表现大量科学事实的，它可以消化、融合大量的具体概念。作为知识基因的概念或观念，不仅以稳定的外壳概括了大量的科学事实，有着广阔的统摄范围，而且隐含着导向促动的种子。通过这一种子，知识基因就会分出越来越细的分支概念，乃至生成众多的具体概念。

2. 知识元

学者们习惯将知识元定义为“不可再分割的具有完备知识表达的知

识单位”[①]。目前，国内学者对知识元的关注及其研究越来越多，但对知识元的概念并没有一个统一说法。

温有奎在其《知识元挖掘》一书中认为：知识元是知识系统的最小元素，每篇文献的知识是人类知识系统中的一个知识单元，知识元的不同排列构成不同知识单元之间的差异。在知识系统中，可以由知识元直接组成新的知识单元。即知识元是不可再分割的具有完备知识表达的知识单位，是构成知识结构的基元。知识元的不同排列组合可构成不同知识单元，不同知识单元按照不同逻辑关系可组成不同的知识元链接，无数的知识元链接构成知识网络。[②]

文庭孝在《知识单元的演变及其评价研究》中认为，知识元是指文献中相对独立的、表征知识点的一个元素，它可以是一段文字、一幅图表、一个公式、一章或一节、一段动画、一个程序等。也往往直指知识产品（图书、论文、专利等）中的概念、论点（观点）、论据（数据、资料）、论证（方法、模型）、结论等知识核心和知识创新点，也可称为元知识，是知识管理、知识计量与知识评价的最小单元。[③]

文庭孝对知识元概念的界定虽没有温氏概念严谨和自成逻辑，但却通俗具体。两者对知识元概念的表述虽不相同，但有一点是共通的，即知识元是知识系统中不可再分割的具有完备知识表达的最小知识单位。

这一解释与上面知识基因的概念颇为相似。本研究将知识元视作一个相对概念，是介于知识基因与知识个体之间的一种完整概念或理论。知识元是完备的，即一个知识元在逻辑上是完整的，能表达一个完整的事实、原理、方法、技巧等。知识元具有层次性，距离树根越近，其层次越高，统摄力越强。知识元是有一定结构的，而且这种结构性导致了知识表达的一系列方法仍对表达知识元适用。也可以说，知识元是可以表达的。众多的知识元通过一定的语义连接在一起，可以产生知识价值

---

① 杨丹．社会科学知识创新方法研究［J］．国外社会科学，2008（3）：85－89.

② 温有奎，等．知识元挖掘［M］．西安：西安电子科技大学出版社，2005：19.

③ 文庭孝．知识单元的演变及其评价研究［J］．图书情报工作，2007，51（10）：72－76.

的增值，甚至催生新的知识。通过知识元的链接和发掘各知识元的相关联系，可以创造新的知识。

由此，我们可以将文献视为同时是由几个、一个甚至零个知识元组成，这些知识元可以表达出概念、图表、论据、定义定理以及创新点等知识内核。在此之后，知识元可以作为知识管理、知识评价、知识发现以及知识创新的最小单位。例如，知识元：牛顿第一定律，一切物体没有受外力作用时，总保持匀速直线状态或静止状态，直到有外力迫使它改变这种状态为止。知识元的范畴并不是将文献排除在外的，一篇废话很少、言简意赅的文献也可以作为一个知识元进行管理。文献只是知识元组合的形式，有些文献甚至连一个有价值的知识元都没有，完全可以作为知识垃圾将其剔除。知识元在划分时，虽然对知识的纯度要求高，但是对知识的表现形式要求比较宽泛。

3. 知识个体

知识个体是知识的具体表现形式，包含两个层面的内容：其一是指以某种载体形式存在的、包含完整知识内容的知识体系，通常我们所指的文献即为一种知识个体；其二是指由若干知识元联合构成的某种相对独立的知识内容。

作为一门学科，其结构是一个庞大的概念系统，具有层次性。最有统摄力的概念位于概念系统的根部（知识基因），逐渐成长出统摄范围较窄的和越来越分化的概念，最后是具体概念（知识元）。犹如一颗大树，最底层为树根，其次为树干、树枝，再次为树叶。尽管树叶很多，但总有一个树枝支撑着它。众多的树枝长在树干上，树干下面有一个树根。这种层次结构一般称为树状结构。学科概念的层次系统即属于此类结构。除最下层的最基本概念（树根）称为知识基因外，上面各层概念（树干、树枝）大都是知识元，最上面的树叶则为经过发展最终形成的知识个体。

如果按照概念、定律和理论这三层知识体系区分，知识基因属于概念级别，由概念级的知识基因组合成定律级别的知识元，最后构成理论级的知识个体。目前，人们对知识的控制还停留在知识个体的层次，对知识个体内包含的知识元缺乏应有的揭示，对知识基因的揭示则只限于理论研究。知识元具有完备性、层次性、结构性和关联性等特征。

图 2—1 展示了上述三种知识单位的关系。

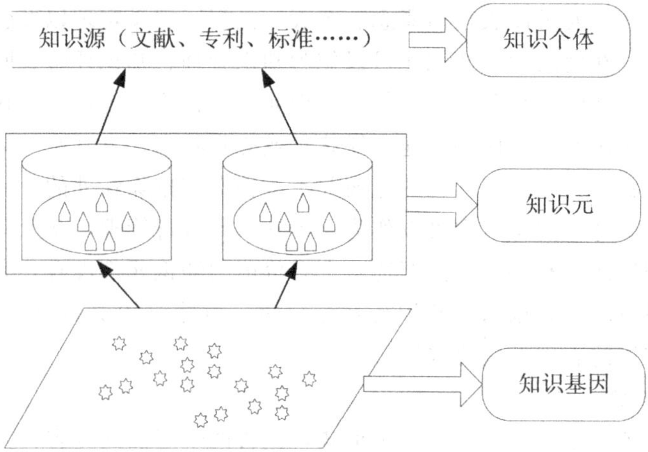

图 2—1 三种知识单位的关系

由图可知，人类知识管理与引用的粒度发展，从以知识个体层的文献为知识单位的管理方式，如典型的图书馆管理方式等，到以相互间有链接关系的文献为知识单位进行管理，如引文关系管理等，再到以知识元为知识单位进行管理。以知识元为单位对知识单元进行分解、转换、存储，还可在知识元间建立相互之间的链接关系。这是对传统的关键词、引文及全文搜索等知识发现方式的深层次补充，将对知识载体以及知识载体属性特征的管理过渡到对知识内容本身的管理，从而可以促进知识资源的管理、知识挖掘发现以及知识增值服务的发展。

3.1.3 知识关联的内涵

人们对“关联”的理解通常就是事物之间的联系。现代汉语词典中“关联”词条的解释是“关联是指事物相互之间发生的牵连和影响”，与“联系、干系、相干、相关、关系”等是近义词。从认知的角度来说，关联就是人们理解问题时，在新出现的信息与语境假设之间寻求联系，关联就是指其中的认知与推理过程。从语言学的角度来说，关联会由新信息在旧信息中的语境化过程中产生。[①] 由于知识是人的大脑思维活动的产物，大脑思维活动具有联想、跳跃、非线性等特点，因此，人类的思维活动所产生的知识体系是一个复杂的网络系统。这个知识网络系统由知识节点（指各类知识单元）以及节点之间的关联构成，如文献知识网络由文献（图书、期刊、报纸、论文等）和文献之间的关联（包括学科关联、主题关联、字顺关联等外形特征信息关联和知识内容特征关联）组成；人际知识网络由人（专家、学者等知识拥有者）及其相互关系构成[②]。

可见，知识关联是组成知识网络的基本要素之一，也是进行知识组织、知识检索和知识服务等知识管理活动的基础。随着知识关联的发展，它又超出了知识组织和检索的范畴，表现为揭示知识之间隐含的关联与寓意，发现更有价值的知识。

从知识组织、检索、管理与利用的角度来说，关联就是通过知识甲找到知识乙，通过知识乙可以找到知识丙，通过知识丙找到知识丁等等，如此层层递进，最终找到知识之源。但关联也并非都是这种线性关联，更多的时候是网状结构。从知识网络的角度看，如果把网络看作“节点”与“边”的集合[③]，那么“关联”就是网络中的“边”。Etemad[④] 认为知识网络是一个“相互联结”的“节点”之网，装载了分散在一个较大的空间中的资源集。知识网络被看作是一个存储包含了各个部分的大量的、复杂的专业技术、经验和知识积累的知识库，内部和外部人员都可以使用这个知识库。

因此，知识网络具有以下特征：①“节点”中装载了知识资源；②当需求产生时，这些“节点”间开始产生交叉联系和链接；③这些联

---

① 何自然．语用三论：关联论·顺应论·模因论［M］．上海：上海教育出版社，2007：23.

② 刘晓英．知识关联及其应用研究［D］．湘潭大学，2010.

③ 钟义信．论网络文化［J］．北京邮电大学学报：社会科学版，2003，5（004）：3－6.

④ Etemad，Lee. The knowledge network of international entrepreneurship：Theory and evidence［J］. Small Business Economics，2003，20（1）：5－23.

系使得知识资源相互补充和丰富，反过来，不管是对每个网络成员还是整个网络来说，这种联系使得每个功能更加强大、广泛和深化。赵蓉英①将由知识元素、知识点、知识单元、知识库作为“节点”，以知识间的关联作为“边”或“链”而构成的网络称为知识网络。图书情报界布鲁克斯最早对知识关联作出了解释，他指出：“图书馆学者和情报学者的实际工作可以归结为收集和组织即客观知识的记录，以资利用。”他认为“知识是由相互关系连结起来的结构”，图书情报科学的真正任务应是组织、加工和整理客观知识，绘制以各个知识单元为节点的知识地图。在这里，可将知识视为一种网状结构，这种特定意义上的知识是由众多结点和结点间的联系两个要素组成的。

由上面对关联的说明可以看出，不同学科的学者对知识组成的认识是基本一致的，关联在知识系统中是一种重要的组成要素。关联产生于“节点”之间，而这些“节点”虽然叫法不同，但都是前面所说的知识基因和知识元。知识关联除了具有传递知识的功能外，还能对知识节点产生影响，进而促进新知识的产生。知识具有非线性特征。不同的应用目的可以产生不同的知识组合。学科的知识元不是孤立的，同一学科的知识元之间存在一定的联系，不同学科的知识元之间也同样存在着联系。这种联系表现为知识元之间的逻辑依存。知识关联使知识从散乱、无序、自发整合为集成、有序和自觉的新的知识。不同层次知识元的关联、不同学科知识元的关联是实现新知识生产的基础和保障，是实现科学创新的一种方法。

在知识关联的类别方面，赵蓉英②将知识关联分为知识内联关联和知识外联关联两种类别。知识内联关联构成个体知识，链接知识的内含联系；知识外联关联是知识个体间的外延联系。将知识关联区分为内联和外联有助于理解知识内外的联系。本研究中，我们将知识关联在两级的基础上进一步区分为多层结构。

根据前面对知识基因与知识元的解释，在知识个体内部，知识元由

---

① 赵蓉英．知识网络及其应用［M］．北京：北京图书馆出版社，2007：53，56.

② 赵蓉英．知识网络及其应用［M］．北京：北京图书馆出版社，2007：178.

一个或多个知识基因关联组成，知识个体由一个或多个知识元关联组成。知识关联在网状结构中扮演了重要的角色。正因为知识关联的作用，使得知识基因、知识元以及知识个体形成有机联系的网状结构，而不是散乱分布的状态。在知识个体外部即知识个体之间，知识呈现出来的是一种立体存在。知识有着广泛的空间属性，如知识的类型、知识的发布人、知识所针对的业务、知识所针对的使用对象、知识的部门属性等等。基于这些属性的存在，知识个体之间也就有着千丝万缕的联系。这些联系同样是知识关联的基础。由此，根据关联对象的不同，知识关联可分为知识个体层关联、知识元层关联和知识基因层关联。

表 2—1　知识关联层次

知识级别	关联层次
知识个体	知识个体层关联
知识元	知识元层关联
知识基因	知识基因层关联

综上所述，我们认为知识关联是存在于知识个体、知识元以及知识基因之间，通过某一中介为纽带所建立起来的，具备参考价值的关联关系。这种联系表现为以拓扑结构形式存在的网络结构，既包括显现的使知识序化的联系，又包括隐藏的、可理解的、最终可用的联系。在这个概念中有三个重点：其一，这种关联关系既包含知识外部关联，也包含知识内部关联。其二，关联是依靠某一中介来建立的。其三，关联是序化的过程，能够产生价值。

3.2 知识关联的类别与特征

3.2.1 知识关联的类别

知识关联可以看作是各种知识形态按照需要的因素、层次、结构和功能等关系组织成的有序知识系统。也就是把具有联系的知识节点按照一定的需要有序地关联在一起，形成序列化或结构化的知识集合或知识集成的单体形态。知识关联是普遍存在的、多重的、复杂的、累积的、动态的知识关系，因此知识之间存在很多有用的关联。从不同的角度出发来认识，会发现知识关联有多种类型。

3.2.1.1 相容关联与不相容关联

根据逻辑关系划分，知识关联可以分为两大类，一类是相容知识关联，一类是不相容知识关联。

1. 相容关联

形式逻辑中全部或部分外延相同的两个概念之间的关系是相容关系。具有相容关系的两个知识节点是相容知识关联。[①] 相容关联有同一关联、从属关联、交叉关联三种。

（1）同一关联

同一关联又叫重合关联。两个概念虽然内涵不同，但外延完全重合，则这两个概念之间的关系是同一关联。有同一关联的知识是同一知识。如概念“北京”和“中华人民共和国的首都”，“母亲”和“妈妈”。同一概念是从不同角度概括同一事物的不同本质属性而形成的概念。同一概念之间可以用“是”、“就是”等词语相连接。同一关联可以使具有相同性质的知识节点以同一性构成联系并相聚形成学科、专业的知识集合。知识节点的同一性是指各个节点间在主题因素、概念中所蕴含的形象、属性、关系所具有的某种程度的相同或相通相似之处。例如在学科结构方面：当科学知识刚刚产生时，没有学科之分，所有知识都“堆”在一起，系统是混沌的。随着知识的增长，同类知识间的同一关联性显现出来，使得联系较直接和较密切的知识能够与其他知识得以区分，形成了系统的学科结构。

知识节点间的同一性关联，可以消解知识内容的离散性、重复性，即将大量离散的具有同一性的知识单元聚合在一起，通过比较，使同一

---

① 余清逸主编．实用语文知识词典［M］．南京：南京大学出版社，1988：436－443.

性更加精练、准确、丰富、完整，从而获得优化的同一性或是由同一性量变积累而达到质变。同时，也对大量重复性的同一知识内容进行简化或精化，以消除泡沫性的知识内容。知识单元间的同一性关联并不排斥在同一中的差别，而恰恰是通过对同一中的差别的整合、重组，来丰富、延展同一性。

(2) 从属关联

从属关联又叫主从关联、属种关联、包含关联或隶属关联。一个概念的外延包含在另一个概念的外延之中，则这两个概念之间的关系是从属关联。其中外延小的概念包含在外延大的概念之中，称为被包含概念或种概念、从概念；那个外延大的概念称为包含概念或属概念、主概念。如“学生”和“中学生”，“成绩”和“好成绩”，第一个概念是属概念，第二个概念是种概念。

知识节点的从属关联是由知识本身具有的性质决定的。即将具有从属关系的知识节点，按照一定的属种、总分、包含的抽象思维或形象思维的逻辑关系进行关联，使各个知识节点在属种、总分、包含关系中扩大或缩小适用功能和范围，以使知识单元在纵向认识上获得扩大或缩小、泛指或专指、泛化或深化、丰富或发展的推理性认识结果，即可以通过一般和个别、总体和部分的内在关联性，使已知知识关联后重组为再生性知识。

(3) 交叉关联

交叉关联又叫“部分重合关联”。两个概念的外延有一部分重合，另一部分不重合，则它们之间的关系是交叉关联。有交叉关联的概念是交叉概念。如“学生”和“共青团员”是交叉概念，有的学生是共青团员，有的学生不是共青团员，有的共青团员是学生，有的共青团员不是学生。

知识节点的交叉关联可以实现知识扩散和共享，从而使知识得到合理使用。当代科学和知识的发展，正呈现着各学科知识相互渗透和交叉的趋势。这正是科学和知识发展到今天的一种必然，也是科学和知识进一步发展的需要。因此，从根本上说，这种交叉关联更符合客观实际和改造客观世界的实践需要。

2. 不相容关联

形式逻辑中将外延没有任何部分相同的两个概念之间的关系称为不相容关联。具有不相容关联的两个概念是不相容概念。不相容关联有并列关联、对立关联、矛盾关联三种。

(1) 并列关联

同一个属概念之下各个种概念之间的关系称为并列关联。具有并列关联的概念称为并列概念。如属概念"学生"之下，有种概念"小学生"、"中学生"、"大学生"，它们之间是并列关联。

(2) 对立关联

对联关联又叫反对关联。同一个属概念之下的两个概念，其内涵基本对立，其外延互相排斥，两个种概念的外延相加，小于属概念的外延，则这两个种概念之间称为对立关联。具有相对关系的两种概念称为对立概念。

(3) 矛盾关联

同一个属概念之下的两个种概念，其内涵互相否定，外延互相排斥，它们的外延相加与属概念的外延相等，则这两个概念之间的关系是矛盾关联。具有矛盾关联的两个概念是矛盾概念。

不相容关联是指由知识节点间具有的某种对立性质所形成的关联。张君劢①以折中、持平为核心的方法论说"天下之事理，每有两方面，两个方面既是对立的，又可以融合"，强调研究者"应求其正反两面而知彼此长短"。可见不相容关联同样是一种重要的知识关联类别。一些在相容关联层面上不能形成必然联系的知识节点，借助于不相容关联，可以"千里有缘来相会"，而一旦得成配偶，就可能产生知识创新。这种交叉比较、联结、限定、组配式的知识关联，是目前知识获取和知识创新的重要途径及思维方式。

3.2.1.2 显性关联与隐性关联

这里的显性关联与隐性关联并不是显性知识之间的关联或隐性知识

---

① 吕希晨，陈莹著．张君劢思想研究［M］．天津：天津人民出版社，1996：237—238.

之间的关联。根据关联是否清晰的表述和有效的转移，可以把关联分为显性关联和隐性关联两种类型。后者是一种非常重要的知识关联类型，它能反映出深层次的知识关联，支配着人的整个认识活动，对于知识的创新和价值的创造发挥着重要的作用。

1. 显性知识关联

显性知识关联也称为直接知识关联，是指知识节点间表现出来的易于识别和发现的关系，如知识节点间的学科关系、主题关系等，都是基于概念逻辑的、固定的静态关系，并可用事先规定的知识符号系统来表达和反映知识关系，如分类法和主题法等。通过人们事先对知识载体的外部特征和内容特征（分类号、作者、引文、标题、关键词、机构、期刊来源、主题词）的提取，可以容易地发现这些特征中显露出的知识关联。如通过分析主题词特征，可以发现该领域中的研究热点，而通过分析作者机构特征，可以发现该领域中的核心作者和核心机构。

2. 隐性知识关联

隐性知识关联也称为间接知识关联或隐含知识关联，是指知识节点间潜在的、未表现出来的难以识别和发现的隐含关系，如共引关系、共词关系、组配关系等，都是基于不同知识节点的、变化的动态关系，无法用事先规定的知识符号系统来表达和反映知识关系，需要利用一些科学方法、信息技术和知识工具来挖掘这些潜在隐含的知识关联，如文献计量、知识计量等方法，数据库、搜索引擎、知识仓库、人工智能等技术和工具。隐性知识关联是显性知识关联的基础，一切显性知识关联都有其隐性知识关联的根源。在解决科学问题的时候，隐性知识关联常常起着决定性的作用，因此有关隐性知识关联的研究从范围到深度不断在加大。目前在情报学、信息管理和计算机科学等领域，正在广泛展开着各种基于知识关联的知识发现和挖掘研究，并取得了可喜的研究成果。如相关文献与非相关文献知识发现，隐含知识关联发现与挖掘，基于关键词与主题词关联的知识关联挖掘，共引分析与共词分析，知识地图与科学知识图谱等。

3.2.1.3 外在关联与内在关联

在前面关于知识关联的定义中，我们已经提到，知识关联既包括外在联系也包括内在联系。关联是普遍存在的，独立的知识个体之间的联系就是一种知识的外在关联。由于“文献是记录有知识的载体”，知识个体的外在联系主要表现为文献之间的关系，如文献类别、语种、引文等。知识个体中各个组成要素之间的关联作用结果构成了完整的知识个体。内部各要素的关联集合构成了知识的内在关联。

此外，知识关联的类型还有根据关联的明确程度区分的精确关联与模糊关联；根据相关关系的表现形式分为线性关联和非线性关联；按相关关系的密切程度分为完全相关、不完全相关和不相关；按语言分区可分为语法知识关联、语义知识关联和语用知识关联；按知识关联的稳定程度区分为固定、静态知识关联和可变知识关联等。这些知识关联交织在一起构成了复杂的知识关联网络。

3.2.2 知识关联的特征

知识关联是联系知识节点、组织知识元素、构建知识网络、管理知识系统、发现和创造新知识所不可缺少的基本要素。因此，需要从多个角度、多种视野、多种层面来认识、发现知识关联。知识关联具有一些显著的特征，是我们认识和利用知识关联的基础。

1. 普遍性

联系是普遍的，这已为人类的实践经验和科学发展所证明。从宏观世界到微观世界，从无机界到有机界，从自然界到人类社会，任何事物都处在普遍联系、交互作用中，不存在完全孤立的事物。整个世界是一个相互联系的统一整体，任何事物都是统一的联系之网上的一个网结。[①] 知识关联作为一种特殊的网结也是广泛、普遍存在的。知识关联的普遍性是我们研究知识、管理知识、创造知识的逻辑起点。我们所从事的一切知识活动都是为了发现这种普遍存在的知识关联。

---

① 王翠英主编．马克思主义哲学原理［M］．甘肃：兰州大学出版社，2006：79.

2. 层次性

知识关联的层次特征表现在两个方面，一个是关联语义的层次性，另一个是知识节点的层次性。关联语义层次主要体现在语义分辨率上，如八方向关系中的“北”、“西北”和“东北”等三个概念在四方向关系中合并成为“北”一个概念。也就是说，四方向中的“北”比八方向中的“东北”的语义层次高。关联语义层次最终表现为语法知识关联、语义知识关联和语用知识关联三种层次关系。知识节点层次是由知识基因、知识元和知识个体组成。这些不同的层次常常并存交织在一起，形成复杂的网络关系。

3. 不确定性

知识关联的不确定性源自知识的不确定性。波普尔所说的“常识的二重性”，一是指我们的一切认识只能从常识出发，二是指常识是不可靠的。“所有知识的增长都在于修改以前的知识，或者是改造它，或者是大规模地抛弃它。知识绝不能始于虚无，它总是起源于某些背景知识（即在当时被认为是理所当然的知识）和某些困难以及某些问题。这些困难和问题通常由两个方面的冲突产生，一方面是我们背景知识中的内在期望，另一方面则是某些新的发展，诸如我们的观察或由观察所提示的某些假设。”① 同样，对于知识关联来说，我们认识关联的出发点是常识，但常识的含糊性和不可靠性使追求确定的知识关联是不可能的。

4. 传递性

知识关联的传递性表现为知识节点之间的相互传递性。不相邻的或不具有显性知识关联的知识节点可能通过中介知识节点间的关系而发生关联。“小世界现象”的存在、“引文链关系”以及“非相关文献中的知识发现”等都说明知识节点间的知识关联是可以传递的。这种传递是双向的，因为知识节点之间的关联是双向、互联和对等的。

5. 隐含性

知识关联有显性关联与隐性关联之分，更多的知识关联往往不是直

---

① （英）波普尔（Popper，K. R.）著. 客观知识：一个进化论的研究［M］. 舒炜光，等译. 上海：上海译文出版社，1987：75.

接的、显在的、直观的，而是间接的、隐含的、难以直接和直观表达。而且，随着科学技术的迅猛发展、科学综合发展程度的不断增强、科研领域的不断细分和专业化程度的加深，以及科技知识的爆炸性增长，知识及其载体中可能存在着被人们忽视的某种能导致新知识产生的潜在的关联关系。发现这种新的知识关联是知识创造的源泉。

6. 动态性

知识关联不是静止和固定不变的，而是随着新知识的产生不断更新，处于动态变化之中。新知识的引入会改变原有的知识结构和知识关联，并从中可以不断发现和产生新的知识关联，这些新的知识关联又可产生新的知识。为了研究知识、管理知识、利用知识并创造知识，人们采用了不同的方式对知识进行重组，不仅利用了知识间原有的知识关联，而且创造了大量的知识关联。知识关联就是在这种动态循环变化中不断累积，新知识也被源源不断地创造出来。

3.3 知识关联的理论基础

揭示和利用知识关联是知识组织、知识管理、知识发现和知识创造的起点。世界普遍联系的观点、小世界现象、科学发展的统一性和继承性、学科综合与交叉、知识引用理论和相关性原理等为我们探讨知识关联提供了理论依据。

3.3.1 唯物辩证理论

辩证法是关于事物（包括自然界、社会和人类思维）的联系和发展的最全面最深刻的学说。辩证法把联系的观点和发展的观点作为自己的基本观点和总的特征，并以一系列基本规律和范畴的科学体系揭示联系和发展的基本内容。

辩证唯物主义指明世界是物质的统一体。在这个统一体中，无数的多种多样的事物相互有机地联系着、变化着和发展着。恩格斯说："当我们深思熟虑地考察自然界或人类历史或我们的精神活动的时候，首先呈现在我们眼前的，是一幅由种种联系和相互作用无穷无尽地交织起来的画面，其中没有任何东西是不动的和不变的，而是一切都在运动、变化，产生和消失。”① 这就是说，辩证唯物主义关于世界的物质的统一性的观点，是和辩证法的观点，即事物的普遍联系和发展的观点分不开的。世界的物质的统一性，同时也是辩证的统一性。世界的一切事物不是统一在固定不变的状态中，而是统一在一切事物的普遍的联系和发展的过程中。这种辩证统一的观点是我们研究知识关联的基本出发点和理论依据。唯物辩证法认为，世界是普遍联系的，没有孤立存在的事物和现象。世界上的一切事物、现象、过程彼此相互联系，整个世界是一个相互联系的统一整体；每个事物、现象、过程、内部的各个部分、要素、环节也是相互联系的，彼此制约的；任何事物都是由各要素或部分彼此联系组成的有机整体。

从辩证角度看，所谓联系就是指一切事物、现象之间及其内部诸要素之间的相互影响、相互制约和相互作用。事物之间的联系具有客观性，联系是事物本身的联系，是事物固有的本性，是不依人的主观意志为转移的客观存在。② 人们既不能任意创造事物的联系，也不能任意消灭事物的联系，只能实事求是地反映客观事物的联系。事物联系的普遍性是指任何事物的内部和外部都处在相互联系之中，整个世界是一个由无数相互联系的事物所构成的统一整体，任何事物和现象都是这个统一整体中的一个部分或环节。世界上的一切事物都是普遍联系的，从宏观世界到微观粒子，从无机界到有机界，从物质生活到精神生活，事物无不处于普遍联系之中。

唯物辩证法关于事物的普遍联系的观点可以这样来理解，即世界上的每一事物、现象都不是孤立存在着，它和其他的事物、现象有着交互作用，它们互相依赖，互相制约。事物、现象之间的这种交互作用，就构成每一事物、现象具体的、历史的条件，规定着每一事物具体的历史的特点。同样的事物、现象在不同的具体历史条件下，就会发生不同的

---

① （德）恩格斯著．社会主义从空想到科学的发展［M］．中共中央马克思恩格斯列宁斯大林著作编译局，译．北京：人民出版社，1997：49.

② 艾思奇编．辩证唯物主义纲要［M］．北京：人民出版社，1978：138.

特点。在我们观察任何事物的时候，如果我们不注意它与其他事物辩证的联系，就不可能对这一事物获得正确的理解，就不能真正认识这一事物的意义。

唯物辩证法关于事物的发展的观点与关于事物的普遍联系的观点是分不开的。当我们把事物之间的联系作深入一步的观察时，就会发现事物的联系绝不是存在于静止状态中，而是存在于不断地运动变化之中；事物相互联系的一种状态不断地推移到另一种状态没有任何停顿不变的时候。在这中间，任何事物都不是以固定不变的特性来和其他事物发生交互作用的，在和其他事物发生交互作用的过程中，自己本身就不断地在运动着、变化着和发展着，就由一种状态推移到另一种状态。

客观事物通过信息反映到人的大脑中，人的大脑通过对信息的整理和加工并转化为知识。从事物间的关联到信息间的关联再到知识间的关联，是我们认识客观世界的基本路径。知识是人们对自然现象和社会现象的客观描述，因此自然现象和社会现象间普遍存在的各种联系必然会反映到知识上。由于知识无法脱离物质载体而独立存在，所以知识间存在的普遍联系必然会投射到知识载体上，因此知识载体之间也是普遍联系的。知识分为显性知识和隐性知识两类，记录显性知识的载体称为文献，记录隐性知识的载体主要是人脑，文献和人脑是记录知识的最重要载体。文献和文献中的知识内容存在着广泛的联系，形成文献知识网络和显性知识网络。人和人脑中的知识存在着广泛的联系，形成人际关系网络和隐性知识网络。文献内部的知识节点也存在着广泛的联系，形成知识节点网络。

3.3.2 系统论

系统论作为一门现代科学思维方式，是由美籍奥地利生物学家贝塔朗菲于1948年创立的，至今已走过了半个多世纪的发展历程。1969年比利时物理化学家普利高津首次提出了耗散结构理论；1972年法国数学家托姆创立了突变论；1973年联邦德国物理学家哈肯创立了协同论。应该说，系统论发端于贝塔朗菲的类比型系统理论，历经普里高津的耗散结构理论、托姆的突变论、哈肯的协同论等，形成了相对完善的基本理论、范畴和方法，并随着时间的推移，越来越深入到现代社会的科学和实践中，为人们所熟知。[①] 系统概念的提出是科学研究方法的一个发展。系统概念的出现，不再把事物看成孤立的、不变的，而是看成发展的、相互关联的一个整体。

恩格斯指出："我们所面对着的整个自然界形成一个体系，即各种物体相互联系的总体，而我们在这里所说的物体，是指所有的物质存在，从星球到原子，甚至直到以太粒子，如果我们承认以太粒子存在的话。这些物体是互相联系的，这就是说它们是互相作用着的，并且正是这种相互作用构成了运动。""我们抓不住整体的联系，就会纠缠在一个接一个的矛盾之中。"[②] 科学研究的成果表明，系统性是客观事物联系和发展的重要特征。任何事物都是作为系统而存在的，事物不但同周围的事物相互依存、相互作用，而且其内部各个要素之间也相互依存、相互作用。相互依存、相互作用的若干要素按一定方式组成的具有特定功能的整体，就是系统。系统论的研究方法最根本的特点在于，它始终把对象当作多方面联系、多要素构成的整体来研究。系统论是现代社会发展的极其重要的思维方式。它使唯物辩证法普遍联系的观点更具体化。系统的特征体现在下面四个方面：

1. 整体性

整体性是系统的首要特征。系统的整体性主要揭示了系统和要素之间的关系。系统是由要素组成的有机统一体，而要素则是这个有机统一整体的部分。因此，系统与要素的关系本质上是整体与部分的关系。系统与要素之间、整体与部分之间存在着一种"非加和"、"非还原"的关系。就是说，系统作为整体，它的性质和功能不是各个要素分别存在的性质和功能的简单相加，而是一个整体的性质；也不能把整体的性质功能简单还原为要素的性质和功能。系统论的基本思想核心就是"整体大于部分之和"。

---

① 叶青著．马克思主义哲学基础理论研究［M］．北京：中国社会出版社，2007：66—71.

② 恩格斯著．自然辩证法［M］．于光远，等译编．北京：人民出版社，1984：125.

2. 结构性

系统的结构性揭示的是系统中诸要素之间的关系。结构是要素相互联系、相互作用的方式，其中包括一定的比例、一定的秩序、一定的结合方式等。要素是指系统由哪些因素组成，结构是指这些因素如何结合在一起。从形成系统整体的性质的功能来看，结构比要素更重要，起着主要的决定作用。甚至有些系统的要素完全相同，只是由于结构不同才形成性能截然不同的系统。

3. 层次性

系统的层次性揭示的是系统的层次结构及层次的关系。所谓层次，是指系统和要素之间的地位、等级和相互关系。任何系统都是有层次的，其中的子系统还可再分下去，自成系统。在一定范围内是系统，在更大的范围内则是要素；反之，在一定范围内是要素，在更小的范围内则是系统。

4. 开放性

系统的开放性是说系统与周围环境的关系。每个具体的系统都有开放性，都与周围环境即其他系统处于相互联系和相互作用之中。环境是系统存在的不可缺少的外部条件。一个具体系统如果不同周围其他系统发生相互联系和相互作用，即进行物质、能量、信息的转换或交换，它既不能存在，也不能发展。

知识系统是由各个知识节点组成的有机整体，而知识节点则是这个有机整体的部分。所有知识个体关联组合构成一种知识群集。从层次结构看，知识系统分为知识基因层、知识元层和知识个体层。在分清知识系统的结构层次后，就需要对结构进行优化，以发现更多隐性知识关联。处理并调整好结构，协调各层次之间的关系，对现实知识管理具有重要意义。

3.3.3 小世界现象

早在 1929 年，匈牙利作家付立叶·卡林惕（Frigyes Karinthy）就曾论断：地球上任何两个人可以通过一条由五位联系人组成的链条来达到相识或联系。这一论断反映了人际关系中存在着普遍联系，被称为

"小世界现象"或"小世界网络"。1967年，哈佛大学一位心理学家斯坦利·米尔格拉姆（Stanley Milgram）通过著名的信件投递实验证明了小世界现象的存在。他随机选择了内布拉斯加州和堪萨斯州的近300人，让他们把信件传递给一位在波士顿的他们都不相识的目标人，米尔格拉姆告诉每个发信者有关目标人的姓名、年龄、职业、住地等背景信息。如果发信者不认识目标人，他们可以将信件交给他们认识并且认为最有可能认识目标人的人。实验结果为：有64封信件被送达目标人，平均传递次数为5.2次。这个实验结论被称为"六度分离（six degrees of separation）"理论。"六度分离"实验从实践上再次证明了小世界现象和小世界网络的广泛真实存在。

小世界现象被揭示出来后的30多年时间里，并未引起人们的广泛关注。因为当时在研究方法和研究工具上尚存在着较大局限，尤其是在研究对象数量十分庞大的情况下，人们很难将所有相识的人都列出来，判断其与目标人的联系，界定相识的范围。正是由于在技术和计算方法方面的局限，人们也无法对大规模的数据进行收集和计算，并在此基础上跟踪全部"相识"链条。直到20世纪90年代末，由于大规模数据采集实现了计算机化，人们开始对真实世界的各种网络拓扑结构形成了更为丰富的认识，并且随着计算能力的提高和计算方法的突破，使得人们研究拥有上百万个节点的复杂网络成为可能，小世界现象的研究才有了突破性进展。

大量实验进一步地证明了小世界现象和小世界网络中存在这一有趣现象：网络中两点的平均距离L与网络中节点数N呈对数关系。这一发现说明网络节点数量N增长很快时L变化相对较慢。对数增长的情况在很多网络模型中都得到了可靠证实，并在大量现实世界网络中也可以观察到。如"六度分离"实验证明人际网络中信息的平均传递次数约为6次，1999年万维网的网络直径或特征路径长度约为19次链接（在这个网络中，要想达到任意一个目标网页，最多需要通过19次链接）；具有153127个节点的万维网的平均最短距离为3.1；大肠杆菌的代谢网络的平均最短距离为2.46。

小世界现象具有十分明显的社会含义和现实意义。小世界现象研究表明，在大多数现实世界网络中，信息、知识或其他任何物质载体都是一个快速的传播过程。例如，一个谣言从一个人传播到任意其他人只需要六步，这说明为什么“坏事传千里”；因特网上数据包从一台计算机传递到另一台计算机所需经过的节点数为 19；小世界现象还会影响到乘坐飞机、火车、汽车或轮船的旅行者途中所需经过的中转站数，影响到一种疾病在人群中传播所需的时间长短，影响到获得一篇急需的文献需要查看多少篇其他相关文献（或通过引文追溯的次数），等等。这实质上是一个相互关联的、庞大的社会网络和知识网络，随着研究对象的不断增加，整个对象网络就像滚雪球一样，迅速膨胀扩大。

小世界现象反映了人类社会活动中普遍存在着各种网络关系，被广泛运用于社会学、经济学、管理学、情报学、传播学、人类学、心理学以及计算机科学等学科领域，用于研究“人际关系”、“社会群体关系”、“社会网络结构”、“输电、输油线路”、“知识网络”、“引文网络”、“信息网络”、“人际情报网络”、“人际传播”、“计算网络规模与结构”、“神经网络”等方面。小世界现象实质上揭示和反映的是人类信息与知识的联系以及信息与知识对象之间的相关性。也就是说，无论世界多么大，人口怎样多，分布如何广，网络结构多么复杂，节点数如何巨大，都可以通过相关的信息达到最短的路径联系。如果我们以知识体系、知识载体、知识系统、知识网络、知识结构或用户群体中的独立元素（知识单元）为节点，都可以通过有限的路径将它们联系或整合到可识别和交流的范围内。信息的人际传播、引文分布和引文网络早已证实了知识利用中的小世界现象，互联网上的各类网站、网页、网络目录和上网用户之间的有效链接更加有力地展现了知识载体和知识传递方式上的小世界现象。小世界现象告诉我们，知识关联可以表现出某种特定的结构特征。

3.3.4 科学统一性原则

恩格斯在 19 世纪就敏锐地意识到自然科学发展所引起的边缘科学问题和交叉科学问题，他倡导边缘科学和交叉科学研究，并指出：“在分子科学和原子科学的接触点上，双方都宣称无能为力，但恰恰就在这个地方可以期望取得最大的成果。"[①] 交叉的科学问题与科学统一性原则密切相关。科学是统一性，尤其是自然科学的统一性。一般来说，从统一的科学观出发，自然会把人们的眼光引向学科之间的关系问题。

虽然科学有不同的学科之分，但科学是一个有机整体，具有统一性。[②] 科学学科之间相互存在着各种关联，而这种学科关联是通过科技文献之间的关联来反映的。文献计量学家布拉德福早在研究文献分散分布规律（又称为布拉德福定律）时验证了这一原则。布拉德福认为，按照科学统一性原则和原理，科学技术的每一个学科都或多或少、或远或近地与其他任何一个学科相关联，因此才会有一个学科的文献出现在另一个学科的期刊之中这种现象。学科与学科之间的相互关系到底如何影响文献与文献？布拉德福通过研究得出结论：一种专门面向一个专业学科的期刊，可以含有对别的学科有用的论文。换句话说，对一个专家有用的论文，不仅仅会出现在这个专家所在学科内的专业期刊上，而且时时可能出现在其他学科的期刊上。布拉德福在这种学科文献关联的基础上进一步研究了学科文献分散的比例以及分散的特点问题，这就是著名的"布拉德福定律"。学科文献的分散与交叉的这种错综复杂的关联是科学统一性的表现。

现代科学技术发展突飞猛进，日新月异。一方面学科分化越来越细，学科数量越来越多，表现出明显的纵向发展趋势。另一方面大量的边缘学科、综合学科、横断学科、交叉学科纷纷诞生，突显出横向综合、交叉、渗透趋势。科学技术的相关生长还表现在与社会科学的相关生长上，一些重大社会课题的解决需要把现代科学技术与社会科学知识紧密结合起来。学科高度分化和高度综合使学科之间的联系日益密切，从而使整个科学技术体系（即知识系统）成为更加紧密联系的系统整体。

---

① 恩格斯著. 自然辩证法［M］. 于光远，等译编. 北京：人民出版社，1984：273.

② 邱均平主编. 信息计量学［M］. 武汉：武汉大学出版社，2006：99.

3.3.5 科学继承性原则

科学发展的另一个特点和规律就是累积性、连续性、继承性。正如著名科学家牛顿所说："我之所以比别人看得远，那是因为我站在巨人的肩膀上。"任何科学创造活动和知识生产活动都是在知识积累和继承基础上的创新。在科学研究活动中，这种继承与创新表现在科学家对前人创造的科学知识的引用上，科学文献的引用与被引用是科学发展规律的重要表现，体现了科学知识的积累性、连续性和继承性，也体现了科学的统一性原则以及多个学科之间广泛的交叉、渗透。科学文献的作者在创作科学论文或著作时，不可避免地要引用他人的成果，汲取别人的经验和知识，因此对前人科学知识的引用是科学活动中的一种普遍现象。科学文献的作者一般不会在科学研究中无缘无故地引用与其论述主题无关的知识，科学文献的相互引用有多方面的原因，加菲尔德曾将文献相互引用的原因总结为十五种，归纳起来主要有四个方面：①归誉与起源；②提供背景知识和阅读材料；③提供证据和说明；④评价或更正以前的著作。无论出自什么原因，被引文献和引用文献之间具有的联系是显而易见的。这种文献相互引用行为揭示了知识生产过程中的复杂联系，形成了一个以知识引用为纽带的庞大知识网络。

科学研究反复表明，科学知识具有明显的累积性、继承性，任何新的学科或新技术，都是在原有学科或技术的基础上分化、衍生出来的，都是对原有学科或技术的发展与创新，也就是说，科学技术的发展是连续的。同时，由于科学的统一性原则，现有的各个学科之间都是彼此联系、相互交叉、相互渗透的。因此，任何一项科学研究都必须在前人成果的基础上吸取他人的经验来进行。正因为如此，作为科学知识的记录和科研成果反映的科学文献也必然是相互联系的。这样，就在科学知识系统与科学文献系统之间建立了广泛的关联。这也正是我们研究知识关联的理论基础之一。

3.4 知识关联的方式

知识关联的方式是指构成知识系统的知识节点相互作用的形式，各知识节点通过具体的关联形式发生关联。从系统科学的角度看，系统由要素与结构组成，要素与结构是两个紧密联系而又不同的概念，要素是指系统的基本组成部分或构成要素，不涉及它们之间的关系，结构是指要素之间的关系。从字面看，系统的结构指的是要素相互结合而形成的架构，关注的是结合方式及其形成的整个框架。更准确地讲，系统科学把结构定义为要素之间关联方式的总和，结构是由系统元素间相对稳定的关联所形成的整体构架。因此，从这一角度看，知识关联的形式其实就是知识系统的结构。

知识关联的方式决定了知识节点之间的互动方式。在知识网络中，知识关联可以看作各个知识节点之间的连线。知识关联的形式也就是这些连线的形式。按照从简单到复杂的关联形式进行区分，可以分为链表结构、树结构和图结构三种。这三种结构在知识组织、知识检索和知识管理中具有广泛的应用，反映了知识单元间的基本关联方式。

3.4.1 链表结构

所谓链表结构是指知识单元间通过单向或双向链性知识关联构成的链式结构。单向知识关联链表可称为开放链表，开放链表可无限扩展延伸。双向知识关联链表可称为封闭链表，封闭链表结构稳定。如图 3—1 所示。

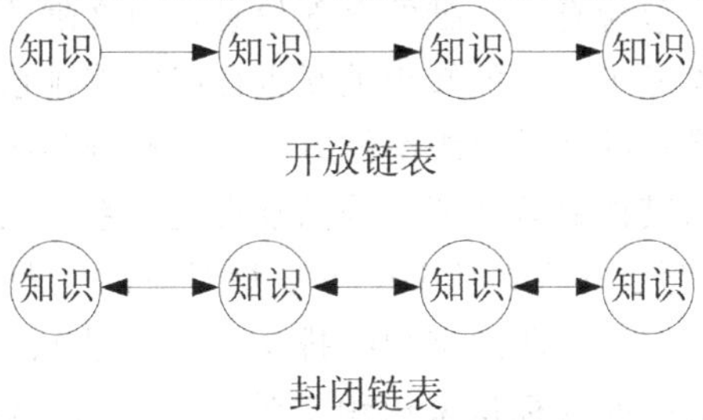

图 3—1 链表结构图

链表结构体现的是知识关联中最简单的一种关联方式。如按照知识继承发展的规律，从知识单元A发展到知识单元B，再发展到知识单元C，这种知识单元间的继承性就属于一种典型的单向链式知识关联。有时，这种单向链式知识关联在人工记录时还需要按照双向关联关系再次进行记录。对于从知识单元A单向发展到知识单元B的知识演化进程，有必要从知识单元B反向查询出知识单元A的能力。因此在最终描述这种单向链式知识关联时，多是采用双向关联方式，但是需要在每个知识单元中标注清楚“源”与“目标”。常见的知识关联链表有参考工具书的链式结构、引文链和网络链接等。

3.4.1.1 参考工具书的链式结构

参考工具书是根据一定的社会需要，广泛汇集某一范围的知识文献信息，并按一定的方法编排，专为人们解决疑难或检索有关信息的数据型、事实型的工具。参考工具书的主要特点是：①它根据一定需要汇集了各领域或某一领域的完整信息资料和最新的研究成果，供人们遇到问题时查找、考证和利用，使其具有查考性；②它提供对原始信息经过整序、浓缩、重组和综合后的数据型、事实型和文献型的信息，文字简洁，含义精确，使其具有概括性；③它有特定的编排方法，提供多种途径检索相关信息，使其具有易检性。参考工具书的利用可以使学习和工作达到事半功倍的效果。

参考工具书可以看作是由知识单元和知识关联构成的链式结构。组成参考工具书的知识单元是从不同文献中提取，经过整序、浓缩、重组和综合后的知识，包含有关文献的全部信息，由文献的外部特征和内容特征构成。组成参考工具书的知识关联也称组织编排系统，是知识单元间的排列方式。常见的文献组织编排方法主要有分类法（按文献所反映的学科知识内容与其他显著特征，分门别类地、系统地组织与揭示文献的一种方法）、主题法（将文献中论述事物对象的主题，用规范化的术语标引出来，然后按照主题的字顺编排文献的方法）、时序法（按照文献的形成和出版的时间为标识来组织文献的方法）、地序法（以文献中所论述的国家、地区或其他地理特征为标识编排组织文献的方法）和字顺法（以文献的著者、书名、篇名等外形特征的字顺为标识来组织文献的方法）五种。[①] 知识单元通过知识关联序化形成知识系统，一个接一个，较少交叉、跳跃（有时也用参考系统反映知识单元间的非线性关系），具有稳定的结构和位置，利于存储、检索和管理。

参考工具书的这种链式结构并不是那种真正的一环扣一环、缺少其中一个节点就断掉的链，而是一种并列关联。知识节点根据编号规则“对号入座”，找到“座位”后才知道其“前后座位”的其他知识节点。因此，可以将这种链式结构称为一种松散的链式结构。

3.4.1.2 引文的链式结构

在科学文献体系中，科学文献之间并不是孤立的，而是相互联系的。科学文献的相互关系突出地表现在文献之间的相互引证方面。文章或著作在编写过程中，一般都需要参考其他有关文献。这就使得一篇完整的科学论文通常要包括两部分：作者的正文部分和附于其后的参考文献部分。人们认为这些参考文献反映了作者在构思自己的论文时，吸收或利用早期研究者的概念、方法、技术等方面的情况。

每一篇被引文献对于引证者（论文作者）来说，就是有了一篇参考文献，而对于被引证者来说，则是有了一篇引证文献。例如，本书引用了邱均平一部著作中的一段话，那么我们便有了一篇参考文献；而对于邱均平说来，就是有了一篇引证文献。科学文献体系中的这种引证现象体现了科学知识的继承性，反映了知识的相互交叉、渗透，对引证关系进行分析可以揭示文献引文中所蕴含的信息内容之间的关系。

引文的链式结构简称引文链，是指由引证关系形成的科学文献之间的一种链状关系。如文献 B 引用了文献 A，文献 C 引用了文献 B，文献 D 引用了文献 C，则文献 A、B、C、D 由引证关系构成了引文链：A→B→C→D。[②]

引文链反映出文献的单向引证关系，通过引文链可以将一批具有相

① 彭斐章主编．目录学教程［M］．北京：高等教育出版社，2004：143－144.

② 罗式胜主编．文献计量学［M］．广州：中山大学出版社，1994：131.

关关系的文献联系在一起，可以清晰地看出科学知识发展的脉络。在引文的链式结构中，知识关联是引证文献与被引证文献间的引证关系，知识单元是含有引文的文献。对引文的链式结构进行研究，可以揭示科学的发展过程并展望未来的前景。引文链是文献引证关系的基本结构，众多错综复杂的引文链交织在一起就构成了引文网络，本章后面的小节将继续介绍引文网络的内容。

3.4.1.3 文献信息流的链式结构

文献信息流在信息计量学中的解释是“文献所含信息的汇流”，用文献信息流描述科学文献的增长和老化的性质。① 而朱建亮②早在 1992 年就从文献信息的主观接收角度解释文献信息流，认为文献信息在人们的阅读过程中必然是流动的，从而形成了文献信息流。这种文献信息流在形式上表现为句段或组合的链式结构，并认为一切文献信息流都是链式结构，每一个信息符号看上去似乎是孤立的，其实它们都是整体中的环节。

这种文献信息流与我们今天所说的知识单元具有相似的含义，人们认识了解文献知识的过程都是从一句一段的知识单元开始，不断积累，直到获得整个文献知识。在文献信息流的链式结构中，知识单元是指单一文献中的多个独立的知识点，知识关联是构成整个文献的所有知识点之间的前后联系。

这种文献信息流的链式结构是我国学者对文献中的知识片段认识的一个重要阶段，确定了文献是由众多知识单元组成的，而且这些知识单元之间存在必然的联系。但这种观点也存在局限性，首先是流动的信息并不一定都是独立的信息单元，其次是信息单元之间的关系并不仅仅是线性的，而是可以存在更加复杂的交叉关联。

---

① 邱均平主编．信息计量学［M］．武汉：武汉大学出版社，2006：36.

② 朱建亮著．文献信息学引论［M］．北京：书目文献出版社，1992：73－76.

3.4.2 树结构

知识关联的树形结构是指知识单元间呈现出树状等级关系的结构。树形结构是建立在链式结构基础上的、能反映等级关系的层次结构。每一个独立的分枝都可以看作一条链式结构，分枝节点除了具有前后节点的关联关系外，还存在与其同层次的其他节点的关联。在数据结构中对树有严格的规定：树是由 n（n＞＝1）个有限节点组成一个具有层次关系的集合，每一个子节点只有一个父节点；除了根节点外，每个子节点可以分为 m 个不相交的子树；每个节点有零个或多个子节点；没有前驱的节点为根节点。我们将这种树称为严格层次树。在知识关联的形式中，我们借用"树"这一术语，但并不严格地规定其形态，如对于父节点的数量以及子树是否交叉并不严格限定，这样可以将知识关联的复杂形式转化为层次结构。我们将这种树称为非严格层次树（见图 3－2）。问题分解树、层次分析树、决策树和分类主题树等是具有代表性的树结构。

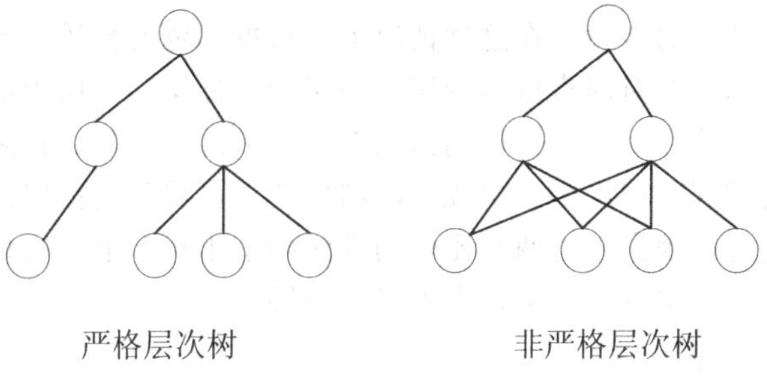

图 3－2　严格层次树与非严格层次树

3.4.2.1 问题分解树

问题分解树是在解决问题的过程中从最初的假设开始分岔为每一个问题，然后对每一个问题进行再分岔，最终形成的一种树状图。它是诊断解决各类问题中最常用的分析工具之一。

其基本方法是：在问题解决过程中从最初的预设出发，利用知识关联将初始问题逐步分解为一系列具有某种关联的分支问题，然后对每一个分支问题继续进行分解，最终形成了有关问题分解的树状关联图。

在问题分析中，往往问题中涉及的因素会显得千头万绪，让人觉得无从下手。这时问题分解树可以用来帮助梳理解决问题的思路。它把最终要解决的问题一层一层地分解，把一个复杂的问题分解成一个个通过资料收集与分析便能论证（或推翻的）的问题。[①] 问题分解树清晰地反映了初始问题与分支问题以及再分支问题之间的相互关系，实质上是利用了知识单元间存在的各种关联来对初始问题进行层层分解，是一种典型的知识关联方式的树形结构。

3.4.2.2 层次分析树

层次分析树是源于系统分析法中的一种层次分析法所建立的树形分析结构。层次分析法是根据网络系统理论和多目标综合评价方法提出的一种层次权重决策分析方法。当面对某种复杂现象的结构进行分析时，常常会发现该结构中的元素数目及相互联系非常庞杂，超出了人们对全部信息清晰理解的能力。在这种情况下，根据问题的性质和要求，得出一个总的目标，并对因素进行分层，一层为目标层，二层为准则层，三层为措施层。然后，按照目标到措施自上而下的将各类因素之间的直接影响关系安排到不同层次，构成层次结构图。再将问题按层次分解，对同一层次内的诸因素通过两两比较的方法确定出对于上一层目标各自的权系数，这样层层分析下去，直到最后一层。

3.4.2.3 决策树

决策树是把与解决问题方案的一连串因素，按照它们的相互关系用树形图表示出来。它是一种能够有效地表达复杂的决策问题的数学模型，常用于多级决策中。在决策方案与客观状态有关联时，一个决策方案执行后可能出现某一些客观状态，另一个决策方案执行后可能出现另一些客观状态，或者虽然出现的是同样一些客观状态，但概率分布各不

① 文庭孝编著．信息咨询与决策［M］．北京：科学出版社，2008：223.

相同。决策树可为决策者构造出一个有秩序的、合理的、完整的决策过程，还可以帮助决策者检验全部的可能结果。决策树方法层次清楚，形象直观，便于掌握，因而应用十分广泛。

3.4.2.4 分类主题树

分类法与主题法是针对文献内容进行知识组织的两种基本方式。它们在知识组织领域占有重要地位。分类法是指将文献知识分门别类地组织成体系的方法，主要是通过分类表和分类规则体现的。主题法是指以文献知识中论及的事物或概念为标引对象，直接用语词做这种对象的标识，按字顺序组织知识，并用参照系统显示概念之间互相关系的一种方法。无论是分类法还是主题法，都是从主题内容的角度组织、揭示、标引、检索信息资源的一种方法，是从揭示知识主题内容及主题间的关系出发，将大量繁杂的知识条理化、系统化、有序化，然后组成便于利用的一种存取系统；都是揭示知识内容；都需要对知识进行主题分析；一般都使用预先编制的专门语言工具（分类表或词表）；所使用的预先编制的标识系统都采用树形结构，分别称为分类树与主题树，统称为分类主题树；赋予的标识系统都是对知识主题概念的表达。两者的主要差别在于使用不同类型的标引语言。①

分类主题树并不能体现出一个文献或多个文献分类主题关系的树形结构，它是在对现有所有知识进行归纳总结的基础上构建出来的一种相对稳定的知识主题描述树。前三种树形结构针对不同的知识集合会产生不同的形态。分类主题树是事先总结好的元知识（描述知识的知识）的描述树。一颗完整的树反映的是元知识之间的知识关联方式。

3.4.3 图结构

知识关联方式中的图结构是指知识单元间表现出广泛交叉、复杂的、非线性的关系，也称为网络结构，前面介绍的树结构可以看作图结构的一种特例。数据结构中对图的定义为：图是由顶点的有穷非空集合和顶点之间边的集合组成。通常表示为：G＝（V，E）。其中，G 表示

---

① 冷伏海主编．信息组织概论［M］．北京：科学出版社，2008：177—178.

一个图，V是图G中顶点的集合，E是图G中顶点之间边的集合。上述表达式也可以代表知识网络，其中，G表示一个知识网络，V是网络G中知识节点的集合，E是网络G中知识节点之间知识关联的集合。知识单元间通过多重、多维、动态的知识关联错综复杂地交织在一起，形成一个庞大的网状知识体系。

图结构是目前已知最复杂也是最常见的一种平面结构。表现为图结构的知识关联，最大的特点是关联的复杂与无序。知识网络中的各种关联蕴藏了大量的未知知识，从图结构中进行知识发现研究是人们研究的热点之一。典型的知识关联方式的图结构有引文网络、概念地图、语义网、知识地图、科学知识图谱、超文本链接网络、社会网络等。

3.4.3.1 引文网络

引文网络是由无数错综复杂的引文链交织在一起而形成的引文关系网络。科学论文之间的引用与被引用现象，具体地、定量地体现了科学知识在纵向上的继承与发展关系和横向上的各学科知识之间的交叉与融合关系。引文链和引文网络将某一学科或某一主题相关的文献大致地按学科或主题联系在一起，使整个科学知识体系形成一个跨越时空的完整系统。

在整个引文网络中所有的关联都存在明显的方向性，即由引证文献指向参考文献。按照数据结构中关于图的说明，这种具有方向的关联网络属于有向图，引文网络是一种典型的有向图结构。邱均平将引文网络定义为："如果以射线箭头指向被引文献，而箭尾指向引证文献，就可以清楚地表现出科学文献之间纵向继承和横向联系的交流态势，通常将这种相互引证的关系结构称为引文网络。"① 引文网络有向图见图3—3。

引证文献是科学文献的基本属性之一，引文网络中包含丰富的有关文献交流、学科联系以及科学发展的有益信息，通过对这些信息数据的统计和分析，可以追溯科学发展的历史，评价科学发展的规模和趋势。科学文献的相互引证关系及其构成的引文网络是引文分析的主要依据，各种引文相关研究都建立在引文网络的研究基础上，如引文分析（利用

① 邱均平主编．信息计量学［M］．武汉：武汉大学出版社，2006：316.

各种数学、统计学方法和比较、归纳、抽象、概括等逻辑方法，对科学期刊、论文、著者等各种分析对象的引用与被引用现象进行分析，以揭示其数量特征和内在规律的一种文献计量分析方法）、共引分析等。

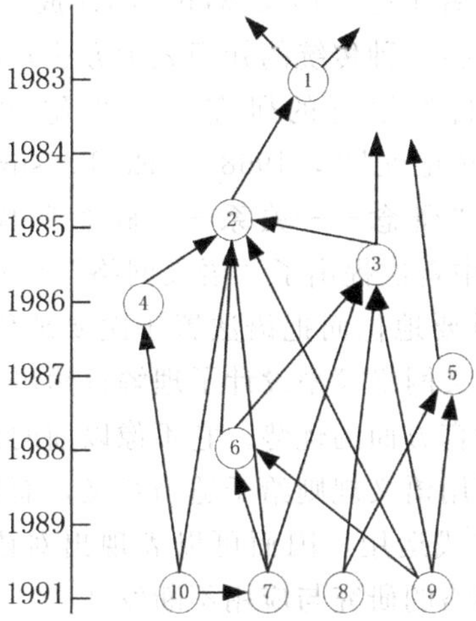

图 3—3 引文网络有向图

如果用圆圈代表引文节点，按照时间先后编以序位，用连线代表文献之间的引用关系，就可以绘制出具有时间属性的引用时序网络图。引文网络分析在尝试定义、解释科学结构方面，具有突出和卓有成效的作用。E. Garfied 等人曾根据 15 篇核酸论文编制了一个引文时序网络图，清晰地反映了从 1941—1960 年共 20 年间核酸领域发展的脉络。D. Price 曾绘制了有关“基因代码”的时序网络图，图中所反映出的主题关系与这一学科的发展历程完全吻合。20 世纪 60 年代早期，加菲尔德等人绘制了 DNA 研究领域发展的历史网络图；之后不久，普赖斯使用引文方法探索了物理学和它的一个分支领域的结构。Narin 在更宽泛的层次上，采用期刊之间的引文模型定义和描述了科学的学科结构。这些学者们的研究有力地证明引文关联网络的广泛存在及真实意义，在 SCI 和计算机等工具和手段的辅助下，引文关联网络分析成为挖掘和发现知识单元间隐含关联的一种有效方法。

3.4.3.2 语义网络

语义网络（这里的语义网络与语义网或语义 web 是两个完全不同的概念，尽管不少学者也把“语义 web”翻译成“语义网络”，但“语义网络”在本书中只指一种传统的知识表示方法）的概念产生于人工智能领域中关于理解自然语言的研究。20 世纪 60 年代中期，M. R. Quilian 提出了“语义记忆”[1]，1968 年 R. F. simmons 提出的“C－R－C”模型[2]，即“概念——关系——概念”模型，随后 1972 年 simmons 在其著作[3]中首次提出了“语义网络”模型的概念。模型强调把语义和概念放在重要地位而把语法置于次要地位。20 世纪 70 年代，T. Winograd 根据语义网络模型设计了理解自然语言的程序，体现了语义网络在理解自然语言方面的优势。它不像以前的许多程序那样：先对句子作语法分析，再用语义规则给予适当意义，而是语法、语义和推理规则以相互交织的方式运用，因而可以表现出对语言有较高的理解能力。随后关于语义网络的研究与应用不断发展。

语义网络是由节点和边（也称有向弧）组成的一种有向图，其中有向图的节点表示事物、对象、概念、行为、性质、状态等，有向弧表示它所连接的节点之间的某种语义联系。语义网络能较好地表示对象之间的继承和变异等概念，适用于表示推想、联想、归纳等逻辑概念。图 3－4给出了语义网络的基本网元。其中，A、B 分别表示两个节点，RAB 表示 A 与 B 之间的某种语义联系。有向弧 RAB 的方向是有意义的，由节点间的语义关系确定。例如在表示类属性关系时，有向弧箭头所指的节点表示上层概念，箭头节点表示下层概念或者一个属于该类的

---

① Quillian. Semantic memory [J] . Semantic information processing, 1968, 2 (6): 227－270.

② Simmons, Burger, Schwarcz, A computational model of verbal understanding, in Proceedings of the December 9－11, 1968, fall joint computer conference, part I. ACM: San Francisco, California, 1968: 441－456.

③ Simmons. Semantic networks: their computation and use for understanding English sentences [M] . Department of Computer Sciences and Computer－Assisted Instruction Laboratory, University of Texas, 1972: 8.

具体事物。

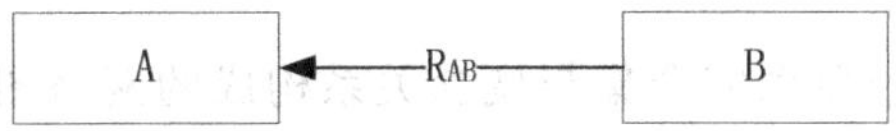

图 3-4 语义网络的基本网元

语义网络中包含的知识关联既可以作为人类联想记忆的心理学模型，又可以作为计算机内部表达知识的一种形式，因此它是一种表达能力很强而且灵活的知识表达方法。简单地说，它是一种知识实体关系网络。各个知识实体间由于彼此间存在的各种关系而互相关联。从图论的观点来看，语义网络其实就是“一个带标识的有向图”（见图 3-5）。有向图的节点表示各种概念、事物、属性及知识实体等，即知识单元。有向图的有向边表示各种语义关联，指明其所连接的节点之间的某种关系，即知识关联。节点和边都必须带标识，以便区分各种不同的对象和对象间的各种不同关系。语义网络上的节点往往采用具有若干属性的记录或框架来表示，也可以是一个更细致的语义子网络。同时，节点也有不同的层次，下一层节点能继承、修改或补充上一层的属性值，从而形成一个多层次嵌套结构的语义网络。

语义网络中的语义是指语言学的符号与表达式同它所描述的对象之间的关联关系，而语义网络则是一种以网络形式表示人类知识构造的关联形式，它用图表表现物体及其关系，是知识表示中最重要的方法之一，广泛地应用于人工智能、专家系统，特别是自然语言理解领域中。

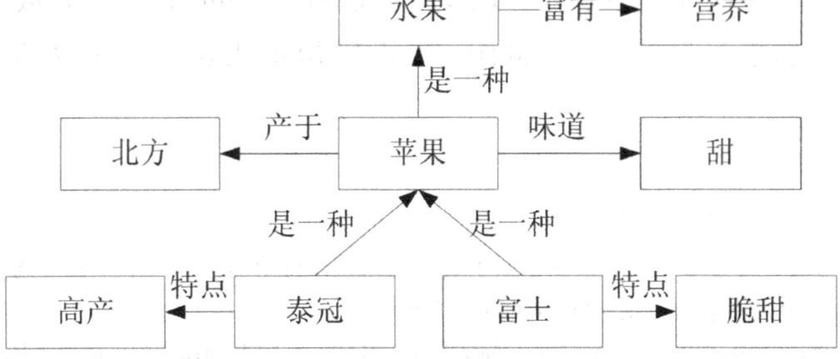

图 3-5 苹果的语义网络图

3.4.3.3 概念图

概念图是一个概念完全集与概念关系构成的网络图，是一个强大的知识描述工具。通常认为，概念地图是针对特定主题的个人结构化知识的一种图示方法。[①] 可以说，概念地图是利用概念以及概念之间的关系来表示某个主题的结构化知识的一种可视化图示方法。但是研究者根据研究角度、研究层次的不同，对概念图产生了不同的解释和说明。由于中文翻译以及研究内容相近等原因，对于概念图的起源存在以下两种说法。

在人工智能研究领域，认为概念图是由人工智能专家 Sowa[②] 在 1976 年提出。Sowa 将概念图（conceptual graph）描述为一种有限的、连接的二分图。图的节点或者是概念，或者是概念关系。概念图不使用带标签的弧，而是用概念关系节点来表征节点间的关系。因为概念图是二分的，所以概念仅有指向关系的弧，反之亦然。在图 3－6 中，“狗”和“棕色”是概念节点，“颜色”是概念间的关系。两种不同类型的节点分别用矩形和椭圆形表示。

图 3－6　概念图中的概念与关系

在教育心理学领域中，认为概念图（concept map 或 concept mapping）思想最早是在 20 世纪 70 年代初由美国康奈尔大学的 J. D.

---

① 马费成，郝金星．概念地图在知识表示和知识评价中的应用（Ⅰ）——概念地图的基本内涵［J］．中国图书馆学报，2006（03）：5－9，49.

② Sowa. Conceptual graphs for a data base interface［J］. IBM Journal of Research and Development，1976，20（4）：336－357.

Novak[①] 提出的一种教学工具。Novak 基于 Ausubel (1968)[②] "有意义的学习"的理论，将概念图描述为实现 Ausubel 有意义学习同化理论的主要方法和工具。在概念图中，通常将某一主题的有关概念置于圆圈或方框之中，然后用连线将相关的概念或命题连接，连接上标明两个概念之间的意义关系。概念、连线和连接词是概念图三个基本的组成结构。命题（节点——连接——节点三合一的结构）是概念图组成的独特表达方式。两个节点与连接词一起形成了一个语义单元命题，显示概念图不同部分间的联系，箭头被用来限定连接的方向性。在最简单形式的概念图中，由两个概念被一个连接词相连接形成一个命题。例如，"天空是蓝色的"的概念图（见图 3－7）就形成了一个有效的关于"天空"和"蓝色"的命题。

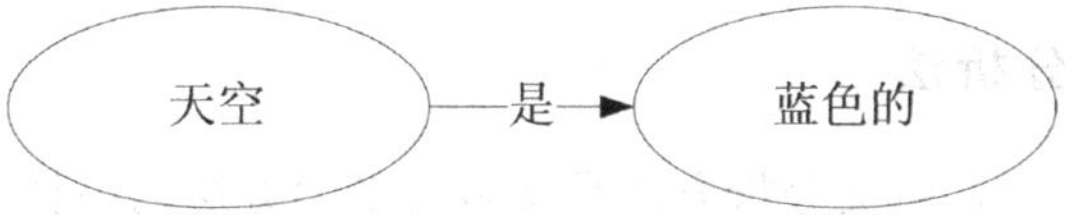

图 3－7　简单形式的概念图

Sowa 提出的概念图是基于计算机程序语言而编写的一种表征知识的工具，需要由计算机程序编写员和其他专业知识领域的专家共同完成。而 Novak 提出的概念图可以由任何一个人独立完成，可以由教师、学生和学科专家等来完成，不再需要计算机程序员编写员作为中介来完成概念图。因而，Novak 提出的概念图得到了更为广泛的应用。然而，仔细对比 Sowa 的概念图形式和 Novak 的概念图形式，可以发现两者的形式和实质是相同的。所以，Sowa 概念图形式和 Novak 概念图形式都是知识表征的一种符号——网络模型。在这个网络模型中，用节点表示概念（知识单元），用连线和连接语表示概念之间的关系（知识关联）；

① Novak, Gowin. Learning how to learn [M]. Cambridge Univ Pr, 1984: 1－56.

② Ausubel, Novak, Hanesian. Educational psychology: A cognitive view. New York: Holt, Rinehart and Winston, 1968.

节点和连线按照宽泛概念在上、具体概念在下的顺序形成等级结构，众多的概念连接和交织在一起就形成了一个概念关系网络。实际上，概念图是在语义网络基础上的发展，随后又相继衍生出“认知地图”、“因果图”、“概念格”、“思维导图”、“框架结构”和“知识地图”等一系列知识网络图示方法。这些方法虽然各有研究的侧重点，但最本质的内容都是通过图结构描述概念（知识单元）之间的关联。

3.5 知识关联的分析方法

知识关联的普遍存在性如何加以利用一直是人们关注的问题，陆续产生了针对特定知识关联的分析方法，主要有引文分析法、决策树法、语义网以及概念图方法。

3.5.1 引文分析法

严格地来说，引文分析方法是文献计量学方法的一种，它是从文献的引证与被引证的角度对文献进行定量研究的一种方法。引文分析方法的发展与完善使它成为一种分析文献间知识关联的专门研究方法。更有学者指出，引文分析已经“在一定意义上”成为一门成熟的分支学科——引文分析学①。所谓引文分析，就是使用各种数学及统计学的方法以及比较、归纳、抽象、概括等逻辑方法，对科学期刊、论文、著者等各种分析对象的引用或被引用现象进行分析，以便揭示其数量特征和内在规律的一种文献计量研究方法。引文分析是 20 世纪 20 年代才出现的。1927 年，格鲁斯等人进行了文献学史上的第一次引文分析，统计了化学专业期刊论文的参考文献并加以分析，依据期刊刊登被引论文多少将期刊排列制表，建立起化学教育所必备的期刊的顺序表，他们称之为核心期刊表。真正对引文分析有承上启下贡献的是美国著名情报学家加菲尔德博士。1955 年，加菲尔德提出了利用引用文献追踪科学进展

---

① 刘则渊，陈悦，侯海燕，等著．科学知识图谱方法与应用［M］．北京：人民出版社，2008：1.

的概念，开启了引文分析的大门，至此引文分析法正式产生。由于各个学科、各个地区和各个时期的科学论文之间的引用现象往往有其自己的特征和规律，比如，它们可以反映一篇论文、一位科学家、一种科学期刊在科学发展过程中所起的作用；反映出科学论文之间、科学家之间、科学期刊之间、科学专业以及科学学科之间的相互联系与区别，因此，引文分析方法得到了广泛的重视和应用。实践证明，这种方法可以有效地应用于许多领域，正在发挥着越来越大的作用。

随着引文分析的广泛应用，其技术方法不断丰富和逐渐完善。常见的引文分析方法大致有三种基本类型：①从引文数量上进行研究，主要用于评价期刊和论文等；②从引文间的网状关系或链状关系进行研究，以揭示学科间的发展与联系，并展望未来前景等；③从引文反映出的主题相关性方面进行研究，主要用于揭示科学的结构和进行文献检索等。

利用引文分析方法进行研究时，一般都有以下几个基本步骤：

① 选取统计对象。根据所要研究的学科的具体情况，选择该学科中有代表性的较权威的期刊，确定若干期及若干篇相关论文作为统计的对象。

② 统计引文数据。在所选取的若干篇论文中，分项统计每篇论文后面的引文数量、引文的出版年代、语种、类型、论文作者的自引量等。统计项目可根据具体的研究目的和要求灵活掌握，自行确定，或者直接从《科学引文索引》等工具中选取有关的引文数据，作为引文分析的基础。

③ 引文分析。在获取的引文数据的基础上，根据研究的日的，从引文的各种指标或其他不同的角度进行分析。例如，引文量的理论分布分析；引文量的集中、离散趋势分析；引文量随时间增长规律的分析；引文的主要指标分析，包括自引量、引文语种、文献类型、年代、国别等项目的分析。

④ 作出结论。根据引文分析原理和其他一般原则进行判断和预测，作出相应的分析结论。[①]

---

① 张寒生编．当代图书情报学方法论研究［M］．合肥：合肥工业大学出版社，2006：113—114.

引文分析的理论和方法为大科学时代的跨学科研究提供了新的思路。各领域的科学家对本领域的内容都了如指掌，却往往因为缺乏跨学科的知识无法取得突破，同时，在信息交流渠道日益畅通的互联网时代，跨学科的学术交流却依然十分困难，而科学传播中的引证关系却为解决这一难题提供了全新的思路，隶属不同学科的论文间的某一次引证关系如果建立，将可以据此建立庞大的论文引用链、主题词引用链、作者引用链，从而找到大量的其他学科的相关论文，进而突破学科的壁垒。但是，人们也认识到，这种方法所存在的瑕疵也是很明显的，其局限性主要体现在：著者引文动机的复杂性；伪引、漏引、转引等现象不可避免；马太效应的影响等。因此，必须对引文分析法作进一步的研究，包括规范引证行为研究、引用文献的类型研究、改进引文分析方法研究、与其他方法进行有机结合的研究等①，以便真正达到“知识发现”的阶段。

3.5.2 决策树分析法

利用决策树形图进行决策分析的方法称为决策树分析法，它是一种利用概率分析原理，把问题的一系列因素按照相互关系用树状结构表示出来，再按一定程序进行优选和决策的技术方法。决策树分析法利用树形图像模型来描述决策问题，将各种方案以及这些方案可能性的大小、可能出现的状态以及可能产生的结果都绘制在一张图上，使决策分析可直接在决策树上进行，其决策标准可以是损益期望值或经过变换的其他指标值②。决策者根据决策树所构造出来的决策过程的有序图示，不但能统观决策过程的全局，而且能在此基础上，对决策过程进行合理分析、计算和比较，从而作出正确的决策。决策树是一项有价值的决策分析工具，借助由若干分支和节点构成的树状图形形象地反映出决策分析

---

① 吴志荣．对引文分析法方法论地位的重新思考［J］．图书馆杂志，2012（05）：11—13＋81.

② 斯蒂芬·P·罗宾斯，戴维·A·德森佐，亨利·穆恩著．管理学原理［M］．北京：中国人民大学出版社，2008：136—137.

的要素。其最大的优点在于能系统地考虑各种方案之间的联系，表达清晰，分析定量化。

决策树中的节点和分支各有两种：决策节点、机会节点，决策分支、机会分支。决策节点通常用矩形框表示，由此发源的分支表示各种行动方案，称为决策分支。决策分支上应注明行动方案的内容。机会节点通常用圆圈表示，由此发源的分支表示可能出现的各种自然状态，称其为机会分支。机会分支上不仅要注明自然状态的内容，还要标明其各自的概率。决策树的末梢称为结束分支，在结束分支右端要标明每一方案相应状态下的损益值。决策树的结构模型如图 3－8 所示。

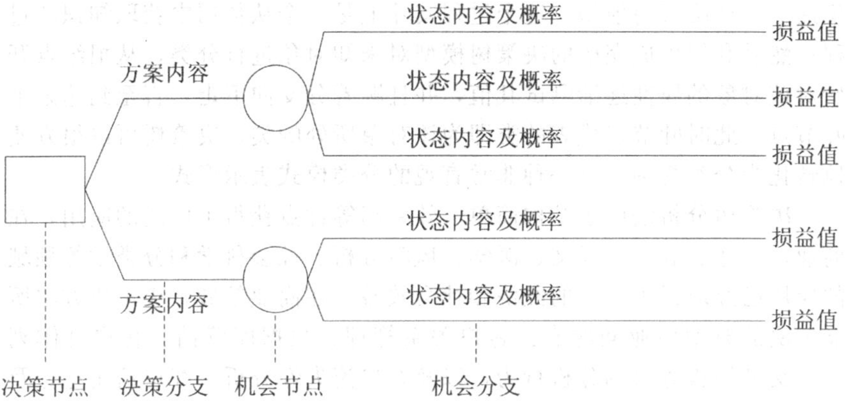

图 3－8　决策树结构图

运用决策树进行分析决策的步骤包括：①绘制决策树图；②预计可能事件及其发生的概率；③计算各策略方案的损益期望值；④比较各策略方案的损益期望值，进行择优决策。

决策树分析法不仅在决策问题求解的过程中发挥作用，在人工智能领域中也是一种重要的分类算法。在数据挖掘中决策树也称为判定树，着眼于从一组无次序、无规则的事例中推理出决策树表示形式的分类规则，通常用来形成分类器和预测模型，可以对未知数据进行分类或预测等。决策树方法是通过构造决策树来发现训练集中分类知识的数据挖掘方法，其核心是如何构造精度高、规模小的决策树。整棵决策树代表的是对象属性与对象值之间的一种映射关系。树中每个节点表示某个对象，而每个分叉路径则代表某个可能的属性值，每个叶节点则对应从根节点到该叶节点所经历的路径所表示的对象的值。决策树在分类方法中有着广泛应用。

决策树采用自顶向下的递归方式，在决策树的内部节点进行属性值的比较，并根据不同属性判断从该节点向下分支，在决策树的叶节点得到结论。因此，从根节点到叶节点就对应着一条合理规则，整棵树就对应着一组表达式规则。用决策树进行分类的步骤有两步：首先利用训练集建立一棵决策树模型，这个过程实际上是一个从数据中获取知识的过程；然后利用生成完毕的决策树模型对未知对象进行分类，从根结点开始对该对象的属性逐渐测试其值，并且顺着分支向下走，直至到达某个叶节点，此时叶节点代表的类即为该对象所处的类。决策树可以很方便地转化为分类规则，是一种非常直观的分类模式表示形式。

决策树分析法由于结构简单、效率高等优点获得了广泛的应用，在商业、工业、农业、天文、医学、风险分析、社会科学和分类学等领域的应用已经取得了很好的经济和社会效益。在商业领域，决策树方法所能解决的典型商业问题有：客户关系管理、数据库营销、客户群体划分、交叉销售等市场分析行为，以及客户流失性分析、客户信用记分及欺诈发现等。在工业领域，可用于故障诊断、工业生产过程控制等。在医学领域，决策树方法可用于疾病诊断治疗、基因与高分子序列分析、医院信息系统挖掘及医疗政策分析等。现在，有许多研究机构和公司开发了一些采用决策树技术进行数据挖掘和知识发现的应用系统。决策树方法尽管已经取得了较大的发展，但面对数据挖掘领域出现的新问题，如大规模的数据集、用户的参与、知识的可理解性和有用性等，仍需在很多方面进一步研究和发展。

虽然不同的决策树方法存在迥然不同的分析方式和算法，但所有这些方法的本质都是以决策树作为起点，问题的解决都是通过关联构建决策树，再运用不同的方式求解的过程。

3.5.3 语义网络知识推理

推理是从一组已知知识根据一定的推理规则获知一组一开始未知的知识的过程。传统上，知识推理一向是各种形式逻辑的领地。文献①较为全面地介绍了各种逻辑推理。语义网络作为知识表示方式，知识推理对其来说是不可或缺的。通过语义网络进行知识推理可以从已知知识关联推理出未知知识。

语义网络中的推理过程主要有两种，一种是匹配，另一种是继承。

语义网络中推理方法主要是依靠匹配来完成。做匹配时，根据提出的问题构成局部网络，再到知识库中寻找匹配的网络。语义网络匹配推理的步骤如下：

① 根据提出的待求解问题构造一个局部网络或网络片段，其中有的节点或弧的标注是空的，表示有待求解的问题，称为未知处。

② 根据这个局部网络或网络片段到知识库中寻找可匹配的语义网络，以便求得问题的解答。当然，这种匹配不一定是完全的匹配，而是某种近似匹配，具有不确定性，因此，需考虑匹配的程度，以解决不确定性匹配问题。

③ 问题的局部语义网络与知识库中的某语义网络片段相匹配时，则与未知处相匹配的事实就是问题的解。

在进行语义网推理时，单纯依靠匹配操作很难直接找到问题解。通常还需要利用 ISA 和 AKO 等具有继承性质的语义联系建立一些并不一定显示存在于网络知识库中的网络结构。最简单的继承推理，例如，结点 A 和结点 B 之间存在 ISA 弧，并且结点 B 和结点 C 之间也存在 ISA 弧，则可以推出结点 A 和结点 C 之间也是 ISA 关系。再比如，结点“卡车”和结点“汽车”之间存在 AKO 弧，并且结点“汽车”和“发动机”之间存在着 PART－OF 弧，则可以推出发动机也是卡车的一部分。

---

① Brachman, Levesque. Knowledge representation and reasoning [M]. Morgan Kaufmann Pub, 2004.

继承一般有值继承和过程继承两种。①值继承。值继承也可以称为属性继承，一般适于语义联系 ISA 和 AKO 等之间的语义推理，在这些语义联系下的推理是一种直接继承。前面的推理就属于一种值推理。②过程继承。过程继承又可以称为方法继承，表示语义网络中下层节点的某些属性。它并不是从上层节点直接继承下来的，而是通过计算才能得到，但它的计算方法却是从上层节点继承下来的。所以，继承的是有关某属性值的计算过程或计算方法，因此称为过程继承。

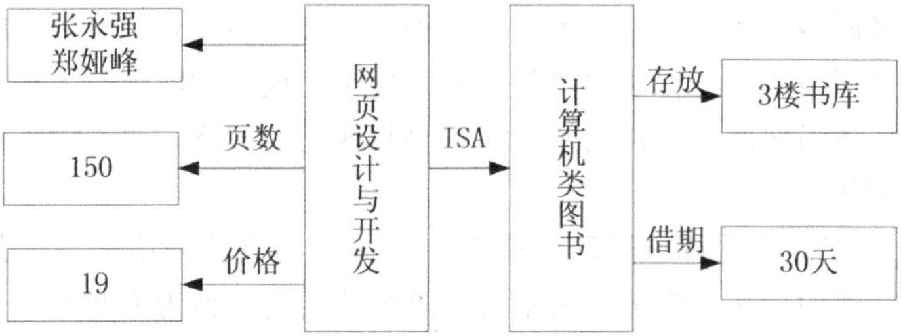

图 3－9　图书馆藏书语义网

假设我们现在知道的知识可以表示为如图 3－9 所显示的局部语义网。需要知道的是《网页设计与开发》这本书的位置。首先将已知的局部语义网与整体语义网进行匹配，发现在整体语义网中存在匹配成功的结点，即《网页设计与开发》这本书，但这本书并没有指向存放地点的弧，所以接着采用继承推理，沿着 AKO 弧移到结点“计算机图书”，发现该结点有指向存放地点的弧，弧的另一端为一个存放地点，表示计算机类图书存放在 3 楼书库。至此已经找到问题解，推理结束。此外，还可以推理出有关此书的其他信息，如借阅时间为 30 天等。

语义网络推理中对于传递关系、否定关系等特殊关系，一般是具体算法实现中通过特殊的机制来应对，将传递、否定等问题转换为节点和边的匹配标准问题。通过这种转换可以再推理出更加符合人的思维习惯的新知识。

4 知识链接——资源整合的目标

4.1 知识链接概述

4.1.1 知识链接的概念

知识链接的概念有广义与狭义之分，广义上的知识链接是指由一个知识指向另一个知识的行为，只要通过知识关联对某个知识进行一定的指引、导向，将使用者指引到另外一处知识的方法，都可以称为知识链接。狭义的知识链接是网络链接的一种，或可理解为知识层面的网络链接。狭义知识链接的概念源自万维网中超链接的概念。超链接也称链接或超级链接，是指从一个网页指向一个目标的链接关系，这个目标可以是另一个网页，也可以是相同网页上的不同位置，还可以是一幅图片，一个电子邮件地址，一个文件，甚至是一个应用程序。超链接是万维网的灵魂，没有超链接就不会有因特网，只会是一大堆孤立的网页。同样，知识链接也是知识网络的灵魂，知识网络中存在各种知识关联，而只有通过知识链接才能将这些知识关联表现出来，将知识网络中各种孤立的知识显现地连接到一起。知识链接的跳跃性以及指向知识的便捷性为人们直接获取关联知识提供了可能。

有关知识链接的概念及含义，国内有一些学者作过界定。贺德方(2005)[①]认为知识链接是指从一个信息物体链接到另一个信息体，一般特指期刊文章之间的链接关系。赵蓉英（2007)[②]认为知识链接是以知识关联为基础构成知识网络的一种技术措施、手段和行为，具体有知识元链接、引证链接、作者链接等。曾建勋（2009)[③]认为知识链接是在知识节点的继承性和逻辑性基础上，通过知识关联将具有同一、隶属、相关关系的单元知识，按照一定的需要有序地联系在一起，形成序列化或结构化的知识集合，继而构成知识网络的一种行为。周晓英(2010)[④]认为知识链接就是根据知识体之间的关联关系将它们联系起来的过程、方法和技术。广义的知识链接可以指知识体之间点到点、点到面以及面到面的关联；而狭义的知识链接主要是指知识体之间严格的点对点的关联关系，连接知识点和微观的知识集合。知识之所以能够链接和需要链接是因为知识网络的存在，知识链接是形成知识网络的技术和条件，知识网络是知识链接的目标和结果。滕广青[⑤]虽然没有提出新的关于知识链接的概念，但却从其哲学本质和内在机理进行了剖析，认为知识链接广义上是一种知识生产活动。

从上面的若干定义可以看出，国内学者对于知识链接的理解并不存在明显的分歧，普遍认为知识关联与知识链接的联系密切，并且是组成知识网络的重要因素。但根据研究方向的不同，学者们对于知识链接的理解存在一定的差别，目前还没有一个普遍被认可的解释。有些学者倾向于知识网络，认为知识链接的结果是形成了知识网络；有些倾向于知

---

① 贺德方．知识链接发展的历史、未来和行动［J］．现代图书情报技术，2005（03）：11－15.

② 赵蓉英．论知识网络的结构［J］．图书情报工作，2007（09）：6－10.

③ 曾建勋，等．基于引文的知识链接服务体系研究［J］．情报理论与实践，2009（05）：1－4＋8.

④ 周晓英．知识链接的发展阶段、发展动因和类型特征分析［J］．图书情报工作，2010（12）：36－40.

⑤ 滕广青，毕强．知识链接的内在机理及学源演变研究［J］．情报理论与实践，2010（02）：21－24.

识关联，将知识关联与知识链接混淆在一起。鉴于以上情况，有必要明确知识关联、知识链接与知识网络存在的联系，再确定知识链接的概念。三者具有以下联系：

① 知识关联是知识网络的基础；

② 知识关联与知识网络都具有客观性；

③ 显性关联与隐性关联共同形成了知识网络，因此知识网络也分为显性知识网络和隐性知识网络；

④ 知识关联虽然是客观存在的，但人们对知识关联的主观认识并不完全准确，随着人们的认识深入，对知识关联的掌握也会更准确；

⑤ 知识链接是人为主观创造，反映的是人们主观识别出来的知识关联，具有偶然性和随意性；

⑥ 知识关联是知识链接的前提，知识链接不能盲目链接，需要遵循知识关联的规则；

⑦ 从数量上看，知识关联要远远大于知识链接，因为不是所有的知识关联人们都能识别，不是所有被识别出来的知识关联都制作成知识链接；

⑧ 知识链接是人们为了认清知识网络、方便获取关联的知识而设计的辅助工具；

⑨ 客观存在的知识网络不会因为缺失主观建立的知识链接而有任何损失；

⑩ 知识关联构成了客观知识网络，而知识链接构成的是真正可操作浏览的实在的知识网络。

根据以上理解，我们最后给出知识链接的定义为：知识链接是以显性知识关联为基础，采用网络链接技术，实现知识单元间的链接跳转功能，最终组成实在知识网络的一种技术措施、手段和行为。

这一定义的主要对象是狭义的知识链接，或者可以称为网络知识链接。因为对于数字资源的整合，主要借助的就是这种网络知识链接。知识链接可以将各种数字化的知识信息通过事物概念链接、分类导航链接、引文链接、数据参数链接、作者链接、要素链接、机构链接、基金项目链接等方式，自动建立知识间的联系，从而构建起节点丰富、交织

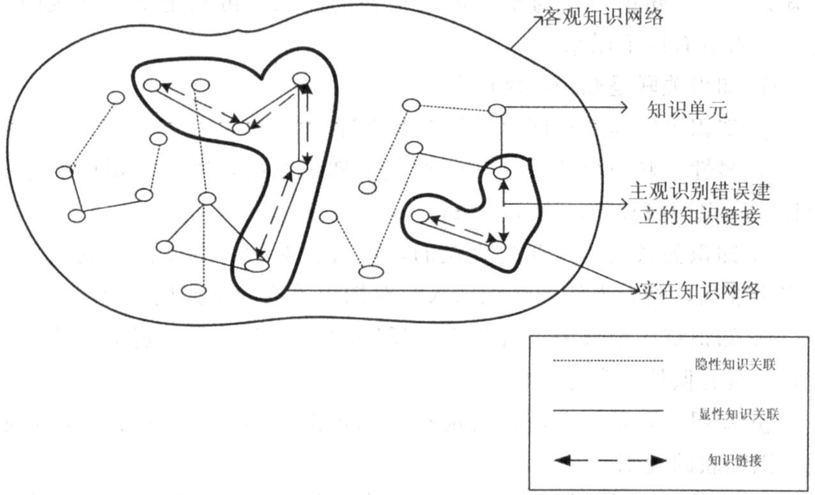

图 4—1　知识关联、知识链接与知识网络关系图

纵横的知识体系，把所有的数字资源关联成为一个整体，成为一种最直接有效的文献查询途径，也是理解知识内容、发现知识的重要手段，便于读者通过关联线索发现知识内容。

4.1.2 知识链接的产生背景

知识链接的产生和发展与互联网的出现息息相关，知识链接是一种更高层次的网络链接，但网络链接并不是促使知识链接产生的直接原因。自 20 世纪 90 年代末期开始，用户的信息需求和信息服务方式均出现了很多新的变化：用户日益增长的对知识全面链接的期待变得迫切；信息服务转向知识服务的驱动；与知识链接直接相关的新的技术标准如 DOI/CrossRef、OpenURL/SFX 的大量出现等，都是促使知识链接产生的原因。以下我们从需求驱动、技术驱动和方法论驱动三个方面进行分析。

4.1.2.1 需求驱动

信息需求是人们为解决各种问题而产生的对信息的必要感和不满足感。网络环境下，由于信息的存在方式、获得手段、运行模式发生了很大变化，用户的信息需求和信息行为也发生了很大变化。

1. 知识化趋势

随着知识时代的到来，人们的生活比以往更为多样化和个性化，所从事的工作也更加专业化，其信息需求也就具有了极强的特指性和精确性，往往以解决问题、形成方案为目标。因此广大信息用户已经不再满足于仅仅获得所需信息的可能方向或者是具体文献信息，而是需要与问题确切相关的信息，他们希望得到更加具体、准确、可靠、完整和全面的信息资源，如最切题的事实或数据型信息等。这种对文献中所包含知识点的索取，反映出用户正从文献需求转向知识需求。

如今用户的信息需求已经从文献转向文献内部更为精确、细化的知识单元，用户关注的不再是如何获取一篇文献，而是如何从浩瀚繁杂的信息海洋中捕获和析取解决问题所需的内容、知识或方案。边晓利①总结了用户需求微观化的三个阶段：第一阶段是从需要文献题录、文摘到全文；第二阶段是从整本文献发展到需要其中包含新理论、新观点和方法的某一部分、某一句、某一公式、某一数据或图表；第三阶段是依赖经过分析、研究、加工激活后具有针对性的信息。

用户在表达这种需求时也会自然而然地提出最需要的数据和资料，而并不是某篇具体文献。这种由简到繁、以点带面的需求过程恰恰与现有的信息服务方式相悖，目前的信息服务并不能满足用户的这种新的需求。信息的本质是知识，实用的知识信息，其价值能立即被实现，知识很快能转化为效益，甚至有人认为，即使是目的不明确的用户，若遇到真实有用的经济信息，无目的性也会转化为潜在的有目的性。这种实用化趋势需要信息服务机构进一步提升服务层次，除了为信息用户提供一

---

① 边晓利．用户需求新动向与参考馆员的知识服务［J］．国家图书馆学刊，2003(02)：27—32.

般信息服务之外，还要将分布在网络上与其研究有关的各种专门知识加以集中组织，通过知识分析、综合、整序等二次开发手段，将其及时地传递给用户。

2. 个性化趋势

随着计算机发展的日益个性化和私人化，一部分用户从事个人研究与爱好成为容易之举，用户只满足于一般的简单信息服务的时代已经一去不复返了，他们更钟情于根据其自身喜好、特点以及相关研究知识的个性化信息。从近年有偿咨询的数据可以反映出这种个性化趋势：咨询件数与用户数量的增加并未导致咨询内容的重复，即便同一专题的咨询，需求完全相同的几率也极少。这种趋势的主要原因在于，用户对需求的满足精度越来越高，所需信息紧紧围绕专业的特点，内容有相当的深度。这种个性化的趋势反映在信息服务的各个领域，这就要求信息服务机构要及时将分散的、无序的、繁杂的信息资源进行整理、加工，然后有针对性地传递给用户。同时，用户也比以往更加注重知识的新颖性，这就要求信息服务机构需要随时跟踪相关领域的最新动态信息。

3. 高效化趋势

网络信息资源传递的网络化，信息生产、流通、更新速度的加快，以及信息价值的时效性，使用户需求的信息要求更多、更新、更快、更准。齐夫最小努力原则认为，用户的信息需求产生于他的实践活动，当他根据实践活动的需要决定其信息需求量时，必然希望在解决问题的前提下获取和吸收信息的工作量最小。在数字信息需求的过程中，用户往往会注意到如服务系统的可接近与易用性等，如果系统操作过于复杂，他们往往会放弃努力，转而通过其他渠道获取信息。特别是互联网链接的出现加剧了这种需求变化趋势。因此，信息服务机构在提供服务时应充分考虑到高效便捷，尽量节省用户的时间、精力。Hitchcock[①]认为互联网的成功在很大程度上归功于它所提供的“网址”之间相互链接的

① Hitchcock, et al., Citation linking: improving access to online journals, in Proceedings of the second ACM international conference on Digital libraries. ACM: Philadelphia, Pennsylvania, United States, 1977: 115－122.

功能。这种链接带给网民快捷、高效的链接体验。因此，互联网所培养的新一代“网民”期望在利用科技信息服务时，能重温在互联网上的感觉。开放链接标准与SFX软件的创始人Van De Sompel① 也指出：“用户梦想的是一个覆盖全部学术信息资源的信息系统，所有信息互通互联，信息获取简单准确。”对于伴随着互联网长大的用户而言，如果二次文献、目录和一次文献这种逻辑上相互关联的资源在应用上是割裂而不是关联的，他们对信息服务的满意度会大大降低。而通过知识链接技术则可以快速直接地获取知识信息。在这种背景下，知识链接的价值凸显出来。

4. 多元化趋势

在数字技术飞速发展的今天，社会每一个成员都将信息需求内化为一种自觉行为并向多元化转化，主要体现在对信息需求内容、类型和方式的多元化。随着科学技术的飞速发展，学科综合分化日益明显，交叉边缘学科不断涌现，知识之间的交叉引用十分频繁，这种学科间综合、专深的趋势使用户的知识结构不断变化。同时，现如今用户的信息需求理念不仅仅表现在学术上，也表现在社会生活的方方面面，用户在汲取专业领域知识的同时，也不断关注相关领域的内容。此外，多种信息类型的大量涌现，催生了人们对异质、异构、异地知识资源的互联互通和无缝链接的要求。人们在互联网上能够获得广泛链接的网络资源，但是却不能在各种知识平台上获得广泛链接的学术资源，他们要求全球学术资源的可获得性和可联结性，不管资源的位置、资源的形态和资源的结构是否相同。人们希望在各种知识平台上获得广泛链接的多元化学术资源，希望对相关学术资源进行集成整合，实现各种数据库产品的统一检索和一站式服务。这就需要对相关学术资源进行关联性分析，开展知识链接服务，通过多元化、多角度、多途径链接，实现不受机构限制、数据库收录范围限制的知识资源的有效链接。

---

① Van de Sompel, Hochstenbach. Reference linking in a hybrid library environment [J]. D—lib Magazine, 1999, 5 (4): 1082—9873.

4.1.2.2 技术驱动

信息技术是当代信息服务发展不可或缺的要素之一。有人甚至认为，信息技术是推动信息服务的根本力量。信息技术的发展变化推动了知识链接的产生，因为知识链接的实现离不开相关技术与标准的支撑。从 20 世纪 90 年代开始，许多新的技术标准陆续出现，推进了基于多样性信息环境的知识链接。RDF 建立了表达语意和知识关系的模型，DOI 和 CrossRef 可以用所建立的数字对象唯一标识体系固化相互之间的引用关系；OpenURL 可以用来表达动态的、基于用户环境和身份的链接关系；而 xLink 支持多方向的扩展链接，可以在文档之间建立多向的复杂链接关系，实现链源到链宿之间的相互链接。[①] 这些建立链接所依赖的技术与标准是知识链接得以产生并发展的直接驱动。

技术与需求是相互作用的，新的信息技术应用不断影响着用户，产生许多新的用户需求，并改变着用户的使用行为。在信息技术应用的探讨中，研究者和实践者始终密切关注用户需求，强调以用户需求为导向。陈全平[②]在评析美国图书馆协会 2010 年出版的《审视未来》报告后认为，技术进步的应用是通过确定有效满足用户需求来达成的。

4.1.2.3 方法论驱动

知识链接是伴随着互联网的产生发展起来的，但其构建理论与方法却可以追溯到 1963 年引文分析理论的诞生。引文分析反映的是文献之间引用关系网络，揭示研究对象的特征及相互之间的关系，用于分析期刊、论文、作者等研究对象引用与被引用的现象和规律。复杂网络理论可用于解释研究对象之间由于同被引和耦合形成的网络关系以及科研合作网络。随后出现的共引分析方法、共词分析方法、知识地图、知识组织体系等也为构建知识关联与链接提供了有效的方法论基础。

---

① 曾建勋．知识链接的构建方式研究［J］．图书情报工作，2010（12）：32—35，77.

② 陈全平．审视未来：图书馆视域中的信息技术和 21 世纪图书馆［J］．图书与情报，2010（2）：57—61.

21 世纪是知识经济的时代。伴随着现代网络技术、信息技术和通信技术的发展，传统的信息服务模式受到了革命性的冲击，信息环境和信息服务发生了巨大变化，用户的信息需求开始从信息服务转向知识服务。互联网不仅改变了用户的科研学习环境，也改变了用户的科研学习习惯和工作生活方式，正在构建一种新型的泛在知识环境，即构建一个多语义、多媒体、移动的、语义的知识共享空间，支持教育、科研、学习过程中的协作和参与新模式，实现从信息服务转向知识服务。张晓林[①]认为：知识服务是以信息知识的搜寻、组织、分析、重组为基础，根据用户的问题和环境，提出能够有效支持知识应用和知识创新的服务。基于这样的定义，与信息服务不同，知识服务被认为是面向解决方案、贯穿用户解决问题全过程的服务，它关心并致力于帮助用户找到或形成解决问题的方案。社会发展对知识服务方面的需求高涨，迫切需要加强知识链接方法研究。相对于通过检索方式直接获取信息的信息服务方式而言，通过链接方式获取信息更符合人类通过“关联”获取信息的天性，更为直接和准确，更接近用户问题，因而逐步成为知识服务的一个主题。

4.1.3 知识链接的作用与功能

知识链接可以实现对知识最小节点的语义链接，使所构建的知识网络不仅具有宏观上的共享性、整体性和增值性三个基本特性，而且具有微观上知识节点的独立性、继承性、变异性、多维性和再生性，还具有知识关联的语义性、动态性、相对稳定性和隐含性等特性。[②] 最为重要的是，知识链接能将知识内容、用户群体和应用环境有机融合在动态知识构建之中，从根本上推动了泛在知识服务的实现。

1. 集成整合数字资源

---

① 张晓林．走向知识服务：寻找新世纪图书情报工作的生长点［J］．中国图书馆学报，2000（05）：30－35.

② 郭盈盈．基于引文的图书馆知识服务模式研究［D］：［硕士学位论文］．哈尔滨：黑龙江大学信息管理学院，2011.

通过知识关联关系，借助知识链接技术，可以对不同渠道、不同类型、不同学科、不同形式的数字资源进行分解、重组，按知识体系的关联性和整体性组织成网状、立体、相互关联的知识资源系统。整合的数字资源不仅包括文字信息，还包括图像、音频、视频等不同载体、不同介质的数字信息；不仅包括数字化的纸质资源，还包括各种网络学术资源。能够实现不同类型、不同层次资源间的链接。

2. 快速而直接的信息获取

借助于链接，一篇文章、一个概念或其他可被检索到的信息资源，均可成为某个相关研究领域或研究方向的门户。例如，通过引文链接可以快速扩大检索范围，从一篇论文出发，寻找这篇论文所引用的参考文献以及所有引用这篇论文的文章；再从这些引用论文和被引论文作为新的检索起点。这样就像滚雪球一样，可以掌握越来越多的相关文献。相较以往通过查询或检索方式获取相关学术信息的方式，链接往往更直接而且准确。

3. 链接对象关系验证分析

作者及其单位、基金、文献来源等科学对象是知识链接的实体之一，通过构建信息抽取原型系统，对知识内容中的科学对象进行提炼和规范，采用知识发现和数据挖掘等技术方法，从海量的、结构化的数据集中识别出新颖、有效的科学对象，包括机构、人员、基金、参数等实体的抽取。并采用分类标引法和词语标引法揭示科学对象的主题内容和属性，标识出科学对象之间的相关关系，进行族性组织和语义、特性组织，使科学对象之间具有等级关系和学科关系。通过链接对象之间的标题，作者、机构、出版社、基金等的规范，通过对象关联特征实现实体之间的关联，进行多实体关联分析及多视角的实体分析，实现知识耦合和关联统计。

4. 计量评价科学对象

知识领域内存在作者与作者、作者与机构、机构与机构、作者与主题间的学术关系网络。对重要机构、团队、科研人员学术关系网络及其相关关系的挖掘和链接，可以实现对知识领域内科研主体（包括人和组织）的结构、活动模式和演化过程的揭示，实现对领域内典型学术关系网络结构和演化过程的可视化表现；发现机构、科研团队和个人间学术网络关系的特点和趋势，对科学创新主体、重点学术机构和人员进行科研实力、科技影响力的分析和评估，及时反映当前科研领域态势，确认合作团队、主要机构和人员，并跟踪这些主要成员的学术活动。[①]

5. 建立无缝链接的信息环境

通过知识链接，还可以建立一个包括期刊杂志、科学数据、作者网页、简历、专利信息和产品信息等互相链接的信息环境。随着技术的进步、资源的丰富和标准化工作的发展，知识链接可以处理更多的异质、异构信息资源，最终建立起一种覆盖所有数字资源的、无缝链接的综合信息环境。这种综合的信息环境无论对学者还是一般信息用户都具有重要价值。例如，在天文学研究领域，美国天文学会 Boyce 博士认为期刊只能满足他们部分需求。他们还需要其他信息资源，包括历史文献、文摘、科学数据、观测信息、经处理和校验的数据等。[②] 因此对于很多研究领域而言，通过链接建立覆盖各类异质信息资源的信息环境至关重要。

6. 知识导航

通过学科分类或主题范畴，将具有同一、隶属、相关关系的概念知识进行链接，把期刊各论文资源组织到构建的概念知识体系中，继承知识概念间的所有关系，使原本离散、孤立的元数据单元相互间拥有了丰富的语义联系，加入到一个统一的知识体系中。基于知识概念链接所生成的知识体系，不仅为知识组织建立序列化或结构化的知识地图，也为知识的动态检索建立语义知识导航系统。用户在查询和浏览时，检出的不仅是一篇文献，还有该文献在整个知识体系中的位置。以此为基础，既是一个信息资源的组织框架，又是一个信息、知识的浏览和检索的框架。[③] 其所有资源都将由于这种链接方法可能成为某一知识单元的“注

---

① 曾建勋．知识链接的研究现状与发展趋势［J］．情报理论与实践，2011（02）：119—123.

② Needleman，Meeting report of the NISO linking workshop. Washington DC，1999.

③ 曾建勋．基于知识链接的科技期刊数字化出版策略［J］．中国科技期刊研究，2011，22（1）：6—9.

释”或“参考文献”，成为知识资源的导航系统。

7. 发现挖掘知识内容

科技文献中包含大量的知识概念，以及技术、项目、产品及其参数、指标、相关的图形表格等知识要素。这些知识元和知识要素往往分散于各种类型、各种载体和各种内容的文献之中。通过对这些存在各种关联关系的知识单元进行识别、抽取、加工、概括和提炼，最终建立出基于知识单元的知识链接，对于方便了解各学科知识的基本内容，发现知识之间的内容关联，挖掘知识单元之间的隐性关联具有重要意义。

4.2 知识链接的类别与特征分析

研究者们对知识链接概念认识上的不一致，以及研究重点的不同，使得对于知识链接的类别也存在不一样的理解。目前，许多国内学者对知识链接的类别作了分析：夏明春（2007）① 认为知识链接可分为多种类别：从链接点设置看，可以分为引文链接、知识元链接等；从链接目标看，可分为内部链接和外部链接；从链接实现技术看，可分为封闭式静态链接、开放式静态链接和开放式动态链接。赵蓉英（2007）② 认为知识链接的类型主要有纸质文献之间的链接和数据库之间的链接两种，其中，数据库间的链接又可分为：从书目检索结果到文章全文、从目录服务到全文、从引文到被引文章的文摘或全文、从文章到后来的引文（前向链接）、从一个数据库到其他数据库（属于不同的信息服务机构）。曾建勋等（2009）③ 认为知识链接具体有知识元链接、引证链接、相似文献链接、机构链接、基金链接、作者链接、概念导航等具体的链接类别或方式。周晓英（2010）④ 从知识链接的可链接对象的范围，将知识

① 夏明春．学科资源整合门户研究［J］．情报资料工作，2007（06）：39－42.

② 赵蓉英．论知识网络的结构［J］．图书情报工作，2007（09）：6－10.

③ 曾建勋，等．基于引文的知识链接服务体系研究［J］．情报理论与实践，2009（05）：1－4，8.

④ 周晓英．知识链接的发展阶段、发展动因和类型特征分析［J］．图书情报工作，2010（12）：36－40.

链接的发展区分为五个发展阶段，也可以看作知识链接的五种类别：分别是纸质媒体的知识链接、数据库范围的知识链接、跨库知识链接、同类型知识机构的知识链接、统一规范的动态综合知识链接。按照链接对象的不同，将知识链接分为：人与人之间的知识链接；人与知识体之间的链接；知识体与知识体之间的链接。

综上所述，知识链接的类别依据不同的划分标准会有不同的类别。夏明春的分类比较全面，但每个类别并没有作更多展开介绍；周晓英与赵蓉英的分类中都提到了传统的纸质文献和现代数字资源的链接，并且都将数字资源之间的链接进行了细致的划分，反映出目前知识链接的主要对象是各个数据库中的数字资源。对于链接对象的范围，周晓英考虑的更加周全，将人脑中的知识也看作一种知识链接的源或目标；曾建勋的知识链接划分侧重于链接点的类别，所以更为细致具体。

现有研究资料中并没有关于知识链接类别的详细介绍，本研究对知识链接的类别进行综合整理，从链接范围、链接技术以及链接对象等方面讨论知识链接的类别。为便于表述，我们把提供链接的对象称为链接源，将被链接的对象称为链接目标，将链接指示性文字称为链接锚点。链接源与链接目标都属于链接对象。

4.2.1 依据链接范围进行划分

根据链接的应用环境不同，知识链接可以分为封闭式链接和开放式链接两种类别。这种划分方式只针对数字资源的链接方式。

封闭式链接是指链接源与链接目标都处于某个有限范围内，可以是某个机构、某个系统或者是某个数据库之内。在很多情况下，信息系统的资源间的链接对象仅局限于该信息系统内的资源集合，信息系统的构建者不允许信息系统的使用机构对链接的机制和环境进行修改。许多链接方案都受系统内部的资源集范围的限制，即不能超出自己已授权资源的范围。开放式链接是相对于封闭式链接而言的，开放式链接并不限定被链接的资源的范围。

近年来，随着电子资源的高速增长，信息机构拥有的数据库资源也日益丰富。这些数据库由于建设者不同导致平台异构，使用方法、覆盖范围也不尽相同，但文献之间却存在大量相互交织的关联关系。以期刊为例，一种期刊可能同时被不同的数据库收录，按照数据库收录内容详尽程度的不同，可能仅提供记录的文摘信息，也可能提供记录的全文信息。因此，同一文献资源就可能存在不同的描述形式，而且文献之间还可能存在引用和被引用的关系。在这样的资源环境下，用户在检索到某一个数据库的结果记录后，如想进一步获得相关或更为详尽的文献资源，就必须再到相关的数据库去执行检索操作。在上述过程中，为了实现检索目标，用户至少要经历两次以上的检索操作。其间，面对的是不同的检索参数和查询方法。并且，为了获取一致性结果信息，用户还必须对不同数据库检索参数之间的关联加以记录。显然，执行这样一次查询操作，对用户的能力要求很高，负担也很重。为了解决上述问题，资源的提供商和集成服务商开始从异构资源之间的关联关系入手来寻求问题的解决方案，这种资源内容上的关联反映在基于 Web 的应用上，就是各种形式的开放式链接关系。在开放式数字资源环境中，各种数字化资源之间呈现出错综复杂的关联关系。基于传统方式提供的封闭式链接，由于资源集合的不断壮大和用户需求层次的提高，体现出服务单一、关联揭示不完整等方面的缺陷。开放式链接可以为各种不同的数字资源提供无缝链接，把分布和异构的数字资源整合为一，为读者在使用数字资源时提供一站式的链接服务，提升数字资源的获取和检索的便利性。开放式链接的使用将支持开放链接的所有数据库内容与相关服务集成在一起，将原本按数据库进行查询和获取资源的纵向脉络穿插入数据库间资源关联的横向脉络，从而实现了更深入、全面地资源揭示。

4.2.2 依据链接机制进行划分

根据链接实现机制的不同，可以将知识链接分为静态链接和动态链接两种形式。同样，这种划分方式也只针对数字资源链接的解决方式。

1. 静态链接

静态链接是指所有链接目标的地址都是预先已经且固定的，是一种通过在链接源中嵌入链接对象的 URL 来建立链接的机制。静态链接的最简单实例就是，链接都是人工预先编制好的 URL 链接。一般来说，这种链接多存在于静态网页中，链接的创建者预先已经知道链接目的资源的地址，因此可以直接编制在网页文件中。静态链接稍微复杂的情况是链接地址数据库的引入，地址数据库中存放了每个资源对应的URL地址，需要链接时，直接从地址数据库中载入地址即可。无论是哪种方式，资源与URL链接都是预先匹配好的，所有的链接信息都是预知的、受控的。静态链接的一般模型如图4—2所示：

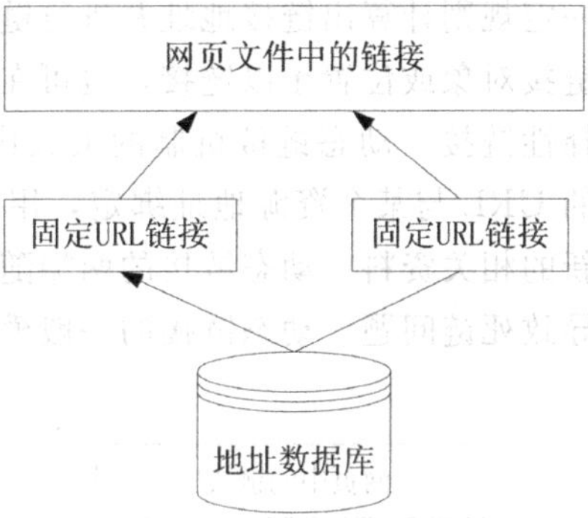

图4—2 静态链接模型

静态链接是建立链接的最简单的方法，这种方法利用标准URL / HTTP方式，只要提供链接目标资源的URL地址即可。但是网络数字信息环境中，不同的人员和机构都发布、拥有和管理各自数字资源，而且这些资源不断变换内容组成、结构形式和物理位置，使得链接目标资源URL地址经常发生变化。网络中的静态链接URL发生改变或消失[1]，最终变成死链是普遍存在的。Koehler（2002）[2] 的调查显示：从

① Langston，Tyler. Linking to journal articles in an online teaching environment：The persistent link，DOI，and OpenURL [J]. The Internet and Higher Education，2004，7（1）：51—58.

② Koehler. Web page change and persistence—A four - year longitudinal study [J]. Journal of the American Society for Information Science and Technology，2002，53（2）：162—171.

随机选中的一些 URL 地址中进行观察，4 年后只有 34％的链接地址是可以正常访问的。为保证静态链接的长久有效，需要进行定期的维护和更新，不断监视每个链接的链接状态。显然，这种维护工作量相当巨大。因此，静态链接适用于集中式的或自支持的系统，因为这类系统中的信息都是可控的（可以由系统内的程序取得或创建）。

2. 动态链接

所谓动态链接是指链接目标的地址并不是事先预知的，当用户点击链接锚点时才根据一定规则计算出链接地址并进行链接。因此，可对用户链接前刚出现的链接对象或位置予以链接，也可在链接计算规则中嵌入选择规则实现选择性链接。动态链接机制的最大优点就是其灵活性，链接并不通过预置的 URL 与某个资源地址绑定，用户可以通过动态创建的链接来获取最新的相关资料。动态链接的两端随着链接环境的改变而改变，因而不会导致死链问题。动态链接的一般模型如图 4－3 所示：

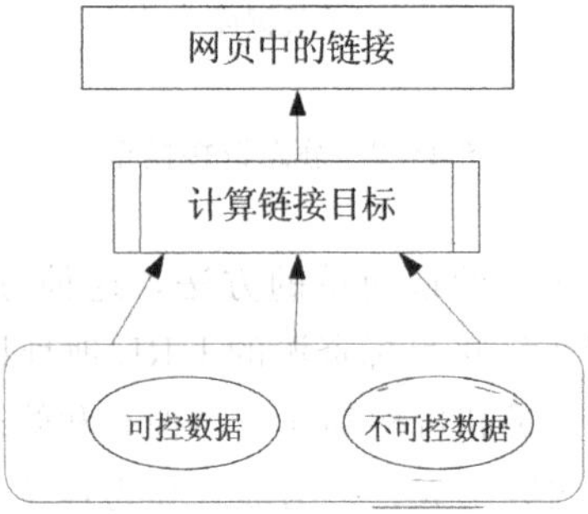

图 4－3　动态链接模型

在某些系统中，用于获得所链接的目标资源地址的中间信息不是都属于当前服务系统的可控范围，不是所有的数据都可以预先获得或由程序创建，因此也就无法根据可控数据得知或计算得到对目标资源的链接地址。在这种情况下，就需要一种动态链接机制，随时针对系统内外数据的变化动态获取资源的最新链接地址。动态链接由于涉及外部数据多，要求各个外部系统都遵循共同标准才能保障链接目标地址的正确计算。

无论是静态链接，还是动态链接，都需要把准确提供链接地址作为首要任务。在静态链接机制中，所有的链接都由一个人或部门承担。动态链接机制实际上是将这种集中的链接更新与维护分散到各个相关机构，本质上是一种分布式的链接管理机制。因此，动态链接比静态链接具有更大的优势。

4.2.3 依据链接对象进行划分

根据链接对象划分知识链接是最重要的一种知识链接分类方式，但由于链接对象所包含的范围比较广，而且根据链接对象进行划分时所依据的侧重点也不同，因此虽然都可以称为按照链接对象进行划分，但划分出的结果却完全不同。我们在这里将对象进行细分，从不同的角度对知识链接进行分析，以提供一种清晰的分类。

1. 链接对象的知识载体

知识是人们对客观世界的反映，是人类认识的成果和结晶，因为知识本身无形性的特点，决定了它必须依附于某种载体而存在。根据知识载体的不同，可将知识分为主观知识和客观知识两种类型。主观知识是以人脑为载体的，而客观知识则存在于人脑以外的各种载体。不同知识载体之间的链接就可以分为人与人之间的知识链接和客观知识载体之间的知识链接。

① 人与人之间的知识链接

人与人之间的知识链接是指一个人与其他人在某种环境下形成的思想交流和沟通，以及为实现这种交流和沟通而提供的辅助导向。如果说思想交流的达成是知识链接的结果，那么辅助导向则是知识链接的主体。从本研究的角度看，人与人之间的沟通与交流并不能看作是知识链接，因为从本质上讲，知识链接只是促使知识交流发生的原因，并不是具体的知识交流过程。有时，人与人之间的交流并没有借助任何导向，而是直接发生的，那么在这种交流过程中就没有知识链接的存在。人与人之间直接的言传身教的知识交流方式是知识传递的传统方法。这种知识链接形式在网络时代有了很大的变化，主要的表现是链接的环境和平台的变化。过去人与人之间隐性知识的链接要靠面对面交流、师徒传承等方式，而现在可以借助实时网络交流技术实现远程交流，而且辅助导向也会更加广泛和直接。人与人之间的知识链接是效果最佳的一种知识传递方式，要有效地实现这种知识链接，需要创建一个良好的环境和高效工作的平台，让人们在其中实现链接的功能。

② 客观知识载体之间的知识链接

在客观知识载体之间的知识链接中，知识与知识之间的关联关系是事先分析和设定的，可通过人的活动进行触发，通过知识链接技术将知识实体联系起来，形成有关的知识集合。由于以客观知识载体形式存在的知识的链接对象可以是各种各样的知识元素，颗粒度不同、表现形式不同、类型不同、属性不同，而且在链接方式与技术的运用上都有很多不同的选择，所以这种知识链接是目前知识链接的研究重点。近年来，客观知识载体之间的知识链接受到网络技术的推进，有了长足的发展。后面将要介绍的知识链接的类别都可以看作一种客观知识载体之间的知识链接。

从关系存在的角度分析，主观知识载体与客观知识载体之间还应该存在从人到客观知识载体之间的关系以及从客观知识载体到人的关系。周晓英[①]认为人与客观知识载体之间的知识链接形式是指人通过主动的信息查询获得知识和利用知识的过程，形成主客观知识融合的知识网络。人获取网络信息共有三种模式：浏览、搜索和询问。这三种模式各有侧重，用户在具体模式选择时，主要取决于用户已有的知识结构和对研究主题的知晓程度。一般而言，浏览支持联想式学习，更有助于信息理解和知识获取，适用于对主题不明确时的探索阶段的模式选择；搜索致力于找到信息的速度，适用于主题比较明确时的研究深化和细化阶段的模式选择；询问提供支持直接学习的捷径，针对研究主题中具体问题的解答。

主观、客观知识载体转换的过程中，从人到客观知识载体的知识传

① 周晓英．知识链接的发展阶段、发展动因和类型特征分析［J］．图书情报工作，2010（12）：36－40.

递过程属于将人的主观知识物化到客观载体的过程，而从客观知识载体到人的知识传递是人主观能动的从客观知识载体中学习知识的过程。本研究认为，在这两种方式的知识传递过程中，由于对象载体属于不同类别，其间的隐性关系复杂而且难以分析其中的链接关系，因此都不存在我们所界定的知识链接。

2. 链接对象的媒体类型

知识链接对象的媒体类型包括纸质媒体和数字媒体两种，相应的知识链接的类别就有纸质媒体间的知识链接、数字媒体间的知识链接、从纸质媒体到数字媒体的知识链接和从数字媒体到纸质媒体的知识链接四种形式。

① 纸质媒体间的知识链接

这种知识链接依赖传统检索工具梳理出知识的线索，人们手工利用知识线索去查找链接原始文献，比如利用编制目录、文摘和索引的方式去获得文献线索，再取得相关的文献资源。其代表性的知识链接形式有分类目录、主题目录的查询和原文获取等。这种知识链接从链接源到链接目标以及中间的链接工具都采用传统的纸质媒体，在数字媒体出现前为知识的查询、搜索与链接提供了必要的辅助功能。当数字媒体出现后，这种相对落后的加工方式无法发挥出知识指示性的快捷优势而面临淘汰，但其方法原理却对新型的知识链接具有借鉴意义。

② 数字媒体间的知识链接

在这种链接形式中，所有的知识都以数字媒体的形式存在。如果具有足够的权限，完全可以实现从一种知识全文快速链接到另一种关联知识的全文，因而可以实现无间断的、实时的网络资源的直接跳转。目前，网络数字资源急剧扩张，传统的纸质资源也越来越多地被数字化，这种趋势使得数字媒体资源知识链接的研究越发重要。通过知识链接揭示数字媒体资源的关联，并用网络链接特有的快捷跳转特性，能够真正实现知识之间的无缝链接。这种类别的知识链接由于操作方便、使用频率高、链接效果容易评价等特点，成为用户的首选，因此也是研究的热点。

③ 纸质媒体与数字媒体间的知识链接

我们将从纸质媒体到数字媒体的知识链接和从数字媒体到纸质媒体的知识链接这两种链接形式统一称为纸质媒体与数字媒体间的知识链接。虽然数字媒体资源在所有知识媒体中的比例在不断加大，但传统的纸质媒体依然有其存在的必要性。因此，纸质媒体中的知识与数字媒体知识中的知识关联，也需要借助知识链接进行揭示。这种类型的知识链接在实现不同媒体类型之间关联的同时，也降低了链接的灵活性。与纸质媒体之间的链接一样，纸质媒体与数字媒体之间的链接也只能是一种链接的指向，而无法直接实现链接跳转，具体链接目标的到达，需要用户自行变更媒体资源进行查询。

3. 链接对象的知识粒度

随着人类知识管理的目标从知识载体、知识属性特征过渡到知识内容本身，知识链接对象的知识粒度也经历了从文献单元、信息单元到知识单元的演变过程，这也是知识组织与管理不断走向深化的历程。① 知识网络中表示知识的粒度是不同的，知识可表现为字、词、句、段落和文章，呈离散的状态，需要链接的知识是词、段落还是文章本身的粒度不同。文献单元虽然集合了知识，但也割裂了知识，需要突破载体的限制，实现更精确的知识链接。比如一篇完整的文章包含了多个知识点和多个知识集合，如果需要与另一篇文章中的相似知识点和知识集合加以联系，必须打破文章本身的限制，深入到文章内容本身。② 知识单位之间并不是独立的，而是存在各种复杂的关系，基于这些关系可以在不同的知识单位之间建立链接，包括基于文献单元的知识链接、基于信息单元的知识链接和基于知识单元的知识链接。这三种不同知识粒度链接的共同作用组成了层次交错的知识网络。

① 基于文献单元的知识链接

文献单元是表现知识的载体单元，其间的知识关联主要表现为文献之间的相互引用和被引用的关系。用户点击文献后参考文献链接就可以

---

① 陈定权．论知识链接的建立规则［J］．图书情报工作，2010（12）：41—45.

② 周晓英．情报学进展系列论文之五 知识网络、知识链接和知识服务研究［J］．情报资料工作，2010（02）：5—10.

获取该参考文献对应的全文、文摘等。基于文献单元的引文链接是最常见也是使用最频繁的一种知识链接形式，更多的时候被称为参考文献链接。链接源是来源文献，链接目标是该参考文献对应的全文或文摘或相关服务。参考文献链接既可以让用户快速而直接地获取相关文献，同时可以让用户了解某个研究主题的来龙去脉，深受文献信息服务系统和用户的青睐。① 基于文献单元的引文链接是知识链接领域中研究最为深入而且应用范围最广的一种链接形式。但这种知识链接形式还不够精确，有时还需要用户深入到被引用文献中去寻找、总结知识关联的节点内容。

② 基于信息单元的知识链接

信息单元是表现文献知识的特征单元，主要指文献的外形特征信息和内容特征信息。其中，文献外形特征信息包括题名、著者、出版社、机构、项目、发表刊物等；内容特征信息则包括摘要、主题词、关键词等。这些文献载体中知识的内容构成和知识的附加属性都可以作为知识链接的锚点。信息单元之间一般不会出现类似于来源文献与参考文献那样的关系，即用一个信息单元去解释或参考另外一个信息单元的现象。信息单元之间的关联主要表现为相同属性的聚合，即从某一信息单元出发，找出与之具有相同属性的所有文献单元。同时，信息单元还充当着文献单元和知识单元间的桥梁和纽带作用。描述文献的信息单元，如关键词、主题词等，很可能就是一个知识单元的名称或者与某知识单元有着密切关系。基于这种关系，可以建立从信息单元到知识单元的单向链接，使用户深入到知识单元的层面去了解其对应的信息单元，对用户理解信息单元，从而更好地理解文献单元是很有用处的。

③ 基于知识单元的知识链接

知识单元之间既有可能出现类似于来源文献与参考文献那样的关系，即一个知识单元需要引用另外一个或多个知识单元，也有可能出现类似信息单元那种相同知识单元的聚合关系。单纯地在知识单元之间建立链接可以形成一个封闭的超文本系统，用户可以通过该系统实现非线

① 姜永常．知识网络链接的理论基础与基本原则［J］．图书馆，2012（02）：31－34．

性阅读。利用知识单元进行聚合链接，可以快速发现同一知识单元在其他文献单元中的状态。因此，基于知识单元的知识链接也是最复杂的一种知识链接。在开放的互联网环境下，如果能够在全文文献中建立基于知识单元的知识锚点，就可以把全文文献与知识单元数据库连接起来，从而有效地扩大用户的知识面或知识结构，帮助用户更好地理解文献单元。

基于知识单元的知识链接主要适用于知识语义链接，实现逻辑知识网络的构建。在众多知识关联关系里，只有语义链接才能更加准确地维系知识的内联关联和外联关联，并依靠知识单元内部语义关联构成知识单元实体，链接知识单元的内涵联系，依靠知识单元外部语义关联链接起知识单元间的外延联系。① 可见，知识单元及其语义链接，就像人脑神经系统中的神经元及其传导神经一样，在知识逻辑网络有机构建和服务功能中起着独特的主导作用，能还原知识关联的本来面目。这有益于知识单元网格平台的建立和消除信息孤岛，从此开启知识自由集成服务的新起点，为用户提供自己挖掘知识、组合知识、利用知识和创新知识的有力工具。

4. 链接对象的所属区域

对于数字资源的知识链接来说，无论是链接源还是链接目标都是以某种方式存放在特定的数据库中的资源。如果链接对象均属于同一个数据库，则这种知识链接最容易实现。知识链接所覆盖的数据库范围与构建知识链接的复杂度成正比。根据链接对象所属数据库范围可以将知识链接区分为单一数据库的知识链接、单一机构内的多库知识链接、多机构的多库知识链接、所有范围的知识链接。

① 单一数据库的知识链接

单一数据库是指知识链接中的知识源与知识目标都在同一个数据库中。这种知识链接能够通过数据库查询的方式链接本数据库中的知识，知识链接的链接跳转过程可以看作是对同一个数据库中的二次查询检索

---

① 赵蓉英．知识网络研究（Ⅱ）——知识网络的概念，内涵和特征［J］．情报学报，2007，26（3）：470—476.

的过程。因此，这种知识链接不会受到数据库权限问题的限制。同时，链接中所涉及的标准规范的需求也几乎没有，只要根据需要设计简单的、适用于此数据库的查询代码就可以实现知识链接。早期许多自建数据库的信息服务机构多采用这种方式实现知识链接。其最大的特点就是简单方便，但随之带来的兼容性隐患使其无法适用于后期多个数据库的知识链接。

② 单一机构内的多库知识链接

这种类别的知识链接能提供某个机构所拥有的不同数据库之间的知识链接。从单库链接扩大到多库链接，要解决的首要问题就是不同数据库中知识关联的表示与链接的实现。虽然链接对象可能处于不同的数据库，但由于链接范围的数据库都源自于同一个机构，因此，在这些数据库之间实现知识链接所增加的代价，可以通过机构自身的调节得到解决。早期的多库知识链接往往是通过跨库检索或资源整合的方式，将从不同数据库中查询的结果集中展示在一起，供用户获取知识，其代表性的知识链接形式就是图书馆的跨库检索平台。近年来，单一机构内的多库知识链接有了更加先进的建设理念，通过对数据库中的知识单元进行分析和提取，实现了在不同数据库之间深层次的文献信息链接功能，其代表性的知识链接形式有 CNKI 数据库群的知识链接。

③ 多机构的多库知识链接

这里的多机构是具有合作愿望或者类型相似的多个机构。为了实现数字资源的共建共享，同时又能降低成本、提高效率，这些机构采用了多种联合和合作的方式实现知识链接。经由一个统一负责的部门进行合理的规划部署，设定各个机构的权利与义务，制定知识链接相关的共同标准与制度，就可以实现这些机构的多个数据库之间的知识链接。国内具有代表性的知识链接形式有 CALIS 系统，系统内各个高校图书馆之间的知识链接能够链接本系统中来自不同高校图书馆的知识资源。

④ 所有范围的知识链接

这种类别的知识链接也可以称为数字资源网络中的全链接，任何数据库中的知识都可以互相链接。这是在理想状态下的知识网络系统中应该有的全链接，真实的这种程度的知识链接并不存在。因为它不仅实现了跨库、跨机构的知识链接，而且是建立在统一管理机制和技术规范之上的无缝的、开放的、动态的知识链接。用户可以不再考虑资源的位置、资源的归属者等其他获取知识的限制，而直接从知识需要着手，通过一个知识链接跳转到其他知识。

4.3 知识链接的发展进程与趋势

4.3.1 知识链接发展历史

我们在前面关于知识链接的类别中已经提到过纸质文献之间的链接。纸质文献历史悠久，而且相应的目录、文摘、评论、综述等工具在图书情报领域都积累了大量的研究成果。如果把这种链接视为知识链接，那么知识链接的起源要向前提几百年。我们认为纸质文献的链接与知识链接存在必然的联系，但在知识链接的定义中也指出“以网络链接技术”作为主要的实施手段，因此我们没有将其作为知识链接发展历史的内容。

1. 布什与超文本

一般观点认为知识链接最早起源于布什（Vannevar Bush）的超文本系统。[①] 本研究也赞同将其起源等同于超文本的起源。虽然我们现在所进行的关于知识链接的研究绝不同于超文本，但知识链接本质上确实是与超文本超链接一致。

一个超文本文件是一组内部链接的文件，超文本是理解 web 的关键，但超文本的起源要比 web 早很多，甚至比互联网都要早。有学者分析，体现超文本特征的文本结构最早出现在希腊和亚细亚教堂 4 世纪的书写方法，作者用此方式写下引用其他文章，如圣经里的段落注释。但更多的人还是将 1945 年布什描述的模型作为真正的超文本的原型。布什博士在一篇名为“As We May Think”的文章中，描述了一个缩微

---

① 贺德方．知识链接发展的历史、未来和行动［J］．现代图书情报技术，2005（03）：11—15.

拍摄的机器——Memex，通过一些“轨迹”连接信息和主题，允许通过缩微胶片和缩微胶片阅读器进行链接文本的搜索，希望把人脑思想关联工作的模式在相互关联的文本之间进行复制。

Douglas Engelbart（1963）和 Ted Nelson（1967）将 Bush 的这个设想从理论王国带到实用的技术世界。Engelbart 设想用计算机来执行 Memex 的所有工作，他的 NLS 系统是最早重视集体工作环境的超文本系统之一。术语“超文本”由 Nelson 创造，出现于 1967 年。Nelson 的超文本指非线性的显示和书写。他把超文本定义为“利用计算机的功能将自然语言文本与非线性文本结合，进行交互分枝或动态显示”。他的 Xanadu 系统设计目的是为了解决索引问题，以便从任意文件的任意版面链接到其他文件。系统首次实现了应用机器为大型的在线图书馆建立文档间链接。① 基于此，1967 年可以称作知识链接元年。

2. 布鲁克斯与知识地图

20 世纪 60 年代，英国著名的情报学家布鲁克斯提出知识地图的思想，这对知识链接的发展及其理论和方法的形成起到了积极的推动作用。布鲁克斯认为，要在对世界充分调查的基础上，组织、加工和整理客观知识，选定那些紧密相关的若干科学领域中的固有联系，将各概念联结成网络，形成表示科学认识结构的一张地图，即知识地图。布鲁克斯知识地图的思想是对文献中的逻辑内容进行分析，找到人们创造与思想的相互影响及联系的结合点，为用户提供知识之间的关系。目前各个学科领域本体分类体系的构建，及通过概念间的关联实现语义级的概念检索都可以认为是这种思想的尝试。布鲁克斯所指的知识地图是与人类知识结构紧密相关的客观知识，它基于情报学理论强调知识的创造以及人的思想，是一种理想状态的知识地图的定义。但是它的理论还没有真正地在计算机上得到实现，因此与现今知识管理中对知识地图的理解存在差距。但也正是由这一概念开始才延续了人们对知识地图的研究，开启了广大学者对知识地图和知识链接的认识之门。

---

① 北京大学外国语学院语言学研究所编．语言学研究：第 3 辑［M］．北京：高等教育出版社，2004：77.

知识管理的研究者 Vail（1999）[1] 将知识地图描述为能够正确表达信息和关系的一种可视化呈现，促使不同背景下的用户在多层次细节上实现有效的交流，是促进知识学习的知识工具。他认为知识地图可以作为链接去访问更为详细的知识资源，这些知识资源的范围可以从基于文本的组件文档到数据库项目，也可作为指针去指向隐性知识。这种观点强调了知识与人交流的重要性，希望从知识的内部实现知识的显性化。Le－Khac（2007）[2] 等人为知识地图做的定义为："知识地图是关于知识的可视化表达而并非知识本身，它可以帮助人们发现知识源和理解知识结构，通过这种方式运用领域中的元素和链接结构。"

知识管理中的知识地图是一种知识库管理系统技术（DBMS）与 Internet 技术相结合的新型知识管理技术[3]，不同于布鲁克斯的"知识地图"概念。布鲁克斯的知识地图是对文献中的逻辑内容进行分析，找到人们创造与思想的相互影响及联系的结合点，从而为用户提供知识之间关系的一种知识组织的理想状态。作为知识管理技术之一的知识地图则是对数据库或知识库中的知识信息，先通过人工或机器方式提取其主题词或关键词，每个词及其代表的文献作为一个节点，然后运用超文本技术，按照一定的规则在这些节点之间建立相应的超文本链接，使用户在命中某一文献后能根据链接提供的线索进一步访问知识地图建设者认为可能相关的其他文献。知识地图技术建立的仍是文献之间或者是文献特征信息之间的联系，它遵循了布鲁克斯"知识地图"的思想，但它提供的不是知识之间的联系，所以并不是严格意义上的知识地图。

3. 加菲尔德与引文索引

19 世纪 50 年代，美国情报学家、科学家加菲尔德（Garfield）博士创造性地提出以引文作为新型检索入口的想法。1955 年《科学》杂

---

① Vail III. Knowledge mapping: getting started with knowledge management [J]. Information Systems Management, 1999, 16 (4): 1－8.

② Le－Khac, Aouad, Kechadi. Knowledge Map: Toward a new approach supporting the knowledge management in Distributed Data Mining. In Autonomic and Autonomous Systerns, 2007. ICAS07. Third International conference on. IEEE, 2007: 67.

③ 邱均平主编．知识管理学［M］．北京：科学技术文献出版社，2006：199－200.

志发表了他的题为“引文索引用于科学”的文章，系统地提出了用引文索引检索科技文献的方法，向独霸情报检索的主题分类法发出挑战。[①]随后，他创建科学情报研究所开始尝试编制引文索引，在1961年取得了覆盖单一学科的《1961年遗传学引文索引》成功后，1963年，包括各种学科的《科学引文索引》(SCI)单卷本终于诞生，1973年，研究所开始出版《社会科学引文索引》(SSCI)，1978年又出版了《艺术和人文科学引文索引》(A&HCI)。至此，引文索引在情报科学中终于牢固地取得了自己的地位。

引文索引是对传统检索系统的一种补充和改革。传统的检索系统是从著者、分类、标题等角度来提供检索途径；而引文索引从另一角度，即从文献之间相互引证的关系角度，提供新的检索途径。由于它揭示了科学技术之间引证与被引证的关系，从而进一步展示了科学技术文献内容主题之间的相互关联。这种链接由于遵循了科学研究之间承前启后的内在逻辑，从而在检索过程中大大降低了检索结果的不相关性。引文索引由于已编成计算机数据库，因而不仅可以作为重要的检索工具，而且通过对引文的分析，可以评价期刊的影响度，评价研究人员的劳动生产率，比较和监测不同国家科技发展的动向，从而成为目前情报计量学和科学计量学研究的重要工具。

4. 卢恩与机编索引

知识链接，特别是高级的动态URL知识链接是建立在计算机检索基础上的。从链接锚点到链接目标的动态计算过程可以看作是根据锚点关键词进行计算机检索的过程。20世纪四五十年代，由于计算机的成功制造和使用，文献信息检索逐步迈向机械化和自动化。1954年，美国海军兵器中心首先在IBM701型电子计算机上成功建立了世界上第一个计算机文献检索系统。它将文献号和少量标引词存储在计算机内，匹配命中后输出的是文献号。1957年，H. P. 卢恩等人开始研究采用计算机编制索引取得成功，这一成功激励了图书信息界，许多文摘索引机构相继开展用计算机编制文摘索引刊物的实验。1964年，美国国立医

① 缪其浩. 加菲尔德和引文索引[J]. 情报科学，1981(01)：77—81.

学图书馆的医学文献分析与检索系统（MEDLARS）建成并投入使用，标志着文摘检索刊物的生产与服务实现了计算机化。到20世纪60年代末70年代初，随着分时计算机的出现和通信网络的发展，又出现了功能更强的联机检索系统。

联机检索孕育了知识链接的雏形。在互联网还没有出现的时期，联机检索是建立在卫星及其他现代通信网络基础之上的国际联机检索系统，使得用户第一次打破了使用信息的空间界限，最大限度地体现了人类信息资源共享的特点。除了具有资源庞大、检索速度快、检索功能强的特点外，联机检索还提供了灵活的服务方式。最能体现知识链接特征的就是联机订购原文服务。因为联机检索所提供的都是二次文献，用户无法通过检索直接获得原文，当用户需要文献资料的原文而在当地馆藏中又找不到时，则可利用联机检索系统提供的订购原文服务，向提供原文的机构订购原文的电子格式或复印件或缩微平片。

可以看出，联机检索中的知识链接与现代知识链接在形式上已经非常接近，都是借助网络将用户可能需求的资源通过类似链接的方式提供给用户。但由于联机检索系统主要侧重于检索过程及其命中结果，而且受到各方面因素限制，比如二次文献加工、网络传输速度、机构版权等，使其在知识链接服务方面留有极大的发展空间。

5. 全文数据库

数据库是发展历史最久、影响最广的一种电子信息资源，它产生于20世纪50年代末60年代初，在70年代得到迅速发展，到80年代逐步走向成熟。进入80年代后期，世界上一些著名的联机数据库系统将过去以提供书目与索引等二次文献服务为主变为以全文数据库、数值数据库为主，提供的信息内容除了书目、索引外，几乎涉及了自然科学、社会科学和人文科学的各个领域，尤其侧重于经济领域的经济信息、产品信息、金融信息、专利信息和各类标准的提供。

随着互联网技术和数据库技术的发展，许多信息服务机构开始建立各种索引数据库、文摘数据库和全文数据库，并在自己的数据库内提供链接，甚至有的开始建立跨机构的知识链接，真正意义上的知识链接开始出现。数据库之间的链接是知识链接最主要的形式，其发展经历了从简单到复杂，从机械到智能的过程。Hunter① 描述了较为智能化的链接方式包括：①将文章中的基因系列与基因数据库中的记录建立链接；②将文章中二维的化学式与三维的化学结构建立链接；③将文章中对实验结果的描述与科学数据建立链接；④将文本与声音、视频、动画建立链接；⑤链接到相关的网站、信息、消息、广告等。

各种类型的数据库、各种链接方式的出现，使得知识链接特别是在海量资源环境下变得复杂起来（如图 4—4），这种从文摘和索引到全文，从全文到全文之间的链接在目前环境下普遍存在。而一些科技期刊也开始尝试从出版物到科学数据库的链接。

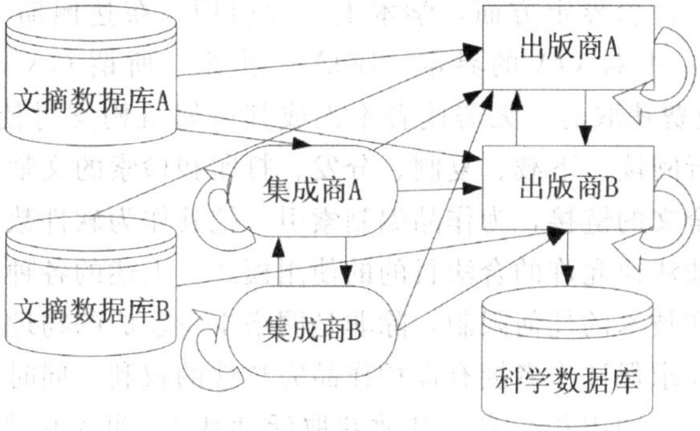

图 4—4　数据库之间的链接

4.3.2 知识链接研究进展

20 世纪 90 年代末和 21 世纪初，随着电子出版业和信息服务业发生的巨大变革，知识链接成为出版商和图书情报机构积极研讨的主题。特别是电子本系统和相关标准、规范的出现为知识链接的发展创造了新机遇。

① Hunter. Adding value by adding links [J] . Journal of Electronic Publishing, 1998, 3 (3): 34—37.

1. 开放存取环境下的知识链接

随着期刊印刷质量的提高，期刊发行成本也随之上涨，期刊单价不断飙升，导致图书馆、科研机构等团体以及个人的订阅成本不断攀升，这种情形已经影响到正常的学术交流和知识传播，甚至有人称其为“学术期刊危机”。为解决“学术期刊危机”问题，构建一个真正服务于科学研究的学术交流体系，开放存取运动于20世纪90年代末在国际学术界、出版界、图书情报界大规模兴起。开放存取（OA，Open Access）是在网络环境中发展起来的新型学术交流理念和交流机制，它旨在打破学术研究的人为壁垒，最大限度地帮助学术研究者扩大其学术论文的影响力，是促进科研信息交流、沟通学术界与大众的有效途径。

在OA的概念界定方面，学术上一般引用《布达佩斯开放获取计划》（BOAI）中对OA的界定。BOAI[①]指出，所谓OA是指可以在Internet上免费获取的，无需读者本人或其所属机构支付使用费用的，允许用户进行阅读、下载、复制、分发、打印和检索的文献全文，或者实现对作品全文的链接，为作品编制索引，把其作为软件数据使用，或用于任何其他法律允许的合法目的的使用模式。上述的各种使用都不受经济、法律和技术的任何限制，除非是网络本身造成的物理障碍，唯一的限制就是要求保证作者拥有保护作品完整性的权利，同时在使用作者作品时注明相应的引用信息。开放获取活动从20世纪中期就开始了，但那时没有造成多大影响。开放获取概念的真正提出和大力倡导得益于网络的普及以及学术界对学术信息交流的迫切需求。开放获取概念的明确提出和大力倡导使越来越多的人开始认识到开放获取的重要意义，促进了学术信息资源的广泛传播与共享。

在这种新的模式下，大学和研究机构产生的所有学术资源，包括学习材料、数据、电子本、论文等可以在提交有关期刊通过同行评议发表的同时，储存在大学和机构的知识库上，并可以通过中介服务机构免费向社会提供服务。后者往往利用OAI－PMH协议收集元数据。

OAI－PMH（The Open Archives Initiative Protocol for Metadata

---

① BOAI. Budapest Open Access Initiative [J] . Retrieved March, 2002 (8): 2004.

Harvesting，开放存取元数据收割协议）简称 OAI 协议，是一项简单、灵活的元数据互操作协议，是在 1999 年 10 月一次学术出版联合组织的会议上提出的，它受到了网络信息联盟（CNI，The Coalition for Networked Information）和数字图书馆联盟（DLF，Digital Library Federation）的支持。目前版本为 2002 年发布的 2.0 版本。OAI 协议已被广泛应用于资源整合、跨库检索、文献传递、学科信息门户建立、个性化服务等各个领域。OAI 协议最大的特色是通过相对简单的、独立于应用程序外的元数据收割协议来实现异构分布元数据资源之间便捷的互操作。OAI 协议主要有两个方面的交互操作组成：数据提供者和服务提供者。服务提供者与数据提供者之间的消息传递是通过 OAI request 和 OAI response 实现的。服务提供者通过 OAI request 从数据提供者中获取元数据，数据提供者对来自服务提供者的 OAI request 作出响应并以 OAI response 格式向服务提供者提供元数据。一个数据提供者可以向多个服务提供者提供数据，一个服务提供者可以从多个数据提供者处获得元数据。

OA 以及 OAI 协议的普及与发展给知识链接带来了新的机遇与挑战，经由 OA 模式发布的数字资源是知识链接的一种重要对象。目前学术界公认的 OA 资源主要类型包括：第一类是 OA 仓库，分为学科 OA 仓库、机构 OA 仓库，主要是指预印本资源库和由大学、大学图书馆、研究机构、政府部门等类型机构创建和维护的资源库。第二类是 OA 期刊，它对提交的论文实施严格的同行评审制度。文献①分析了机构知识库资源的被引影响因素，文献②对 OA 期刊进行了引文分析研究。

对 OA 资源的知识链接的相关研究目前并不多见，分析主要原因，一是目前围绕 OA 的研究主要集中在 OA 政策的理论研究与探讨、对 OA 政策的具体问题的研究等有关 OA 主体问题的研究，还没有上升到

---

① 庞弘，方曙，付鑫金．机构知识库论文开放获取后对其被引相关因素影响的研究——以厦门大学学术典藏库（机构仓储）为例［J］．情报理论与实践，2010（08）：65－68.

② 邓李君．基于引文分析的开放获取期刊研究［J］．现代情报，2010（04）：132－134.

针对 OA 资源的服务研究。二是由于 OAI 协议的方便性，在采集与被采集的过程中，OA 资源会存在多个相同的复本，对资源链接增加了难度。但随着 OA 主体问题研究的成熟以及 OA 资源的不断增加与普及，OA 资源链接必将成为新的研究重心。

2. 文献级链接技术标准与应用研究

19 世纪末 20 世纪初，学者们对文献级，主要是引文的知识链接进行了大量的研究，并且许多新的与知识链接相关的技术标准开始陆续出现。如 DOI 和 CrossRef 可以用所建立的数字物体唯一标识体系固化相互之间的引用关系，而 OpenURL 可以用来表达动态的，基于用户上下文环境和身份的链接关系。

DOI 是 Digital Object Identifier 的缩写，其名为数字对象唯一标识，是针对数字资源的永久性标识。DOI 的产生主要基于以下三点：①解决传统 URL 链接中的“死链”问题；②解决异质科技资源的相互引用和链接问题；③规范数字版权，保护知识产权。DOI 提出于 1997 年，是 Handle System 在信息和出版行业的应用。2004 年 6 月 DOI 的最大代理与应用机构 CrossRef 开始提供 Forward Linking 服务，即从一篇给定的文章到引用它的所有文章都提供链接，实现了较大范围的链接。

OpenURL 是在基于 Web 的学术信息环境下实现开放互连的机制。OpenURL 标准提供传输书目元数据的语法和信息服务间的对象识别符，由 ExLibris 公司的 Oren Beit－Arie 和比利时 Ghent 大学的 Herbert van de Sompel 共同开发，1998—2000 年间他们进行了一系列实验，其目的是探索一套开放的、基于上下文的链接框架。2000 年初，ExLibris 公司从 Ghent 大学获得了 SFX 参考链接软件解决方案的独家占有权；2001 年，ExLibris 的 Oren Beit－Arie、Van de Sompel 和 Ghent 大学的 PatrickHochstenbach 一起起草了 OpenURL v. 0. 1。2003 年 NISO（The National Information Standard Organization）相继发表了 OpenURL 的两个部分，为 OpenURL 标准更加广泛的发展和应用创造了条件。2005 年 5 月 2 日，NISO 宣布“适用于上下文相关网络应用的 OpenURL 框架”（NISOZ39. 88－2004）被正式批准成为一项新的美国国家标准。[①]

这些标准（我们会在第四章作关于标准的详细介绍）主要针对文献级的知识链接，在国外已经得到政府层面的支持，并且取得了广泛的应用，而在国内并没有得到有效的应用。我国在文献级链接技术标准的具体应用方面与国外差距明显。随着相关研究的深入，目前，国内研究者都已达成共识：知识链接一定要以这些技术标准为基础，对于具体标准的研究不再停留在介绍层面，而是在介绍国外相关标准的研究与应用成果的同时，积极探索这些标准在我国的具体实现方式，如关于 CDOI 的研究[②]、OpenURL 的创新应用研究[③]等。国内研究者正努力运用技术标准实现适合我国数字资源环境的知识链接。

3. 知识元链接研究

知识的控制单位长期原则还停留在文献这一级上。而人对知识的需求一般不是以文献为单位的。早在 20 世纪 70 年代后期，弗拉基米尔·斯拉麦卡来华讲学时就曾指出，知识的控制单位将从文献深化到文献中的数据、公式、事实、结论等最小的独立的“知识元”（当时他把这称为“数据元”）。一旦实现知识的控制单位由文献深化到“知识元”，大量文献中所包含的“知识元”及相关信息间的链接将产生极大的知识增值，大大推进人类对知识的利用，促进对新知识的创造，从而也将推动知识资源业的重大发展。[④] 情报学家马费成教授[⑤]提出情报学取得突破的两个关键问题：①知识信息的表达和组织必须从物理层次的文献单元向认识层次的知识单元或情报单元转换；②知识信息的计量必须从语法层次向语义和语用层次发展。1986 年，美国芝加哥大学 Swanson 教授

---

① 高旻，金玉玲，刘伟玲．OpenURL 技术发展及创新应用研究［J］．现代图书情报技术，2008（02）：87－90.

② 任瑞娟，刘丽斌，濮德敏，等．中文 DOI 路在何方——从参考文献著录与 DOI 的关系探讨中文数字对象唯一标识符的发展方向［J］．中国图书馆学报，2010（02）：115－121.

③ 高旻，金玉玲，刘伟玲．OpenURL 技术发展及创新应用研究［J］．现代图书情报技术，2008（02）：87－90.

④ 徐如镜．开发知识资源 发展知识产业 服务知识经济［J］．现代图书情报技术，2002（S1）：4－6.

⑤ 马费成．情报学的进展与深化［J］．情报学报，1996（05）：22－28.

提出的“非相关文献的知识发现方法”对 40 多年前科学家就在积极地探讨的科学知识分裂化现象，利用知识片段理论作出了说明，证明了事实上文献间隐含关联数量可能远多于显性的相互印证关联的数量，并且这种隐性关联的发现比信息本身的增长更有意义。[①]

以上研究都说明知识链接的研究从文献层面深入到知识层面的必要性，探讨知识元链接理论与方法，实现知识元层面的知识链接将具有远远超过引文链接的链接效果。温有奎等从 2003 年开始研究知识元链接[②]，随后很多学者都在知识元层面进行了具体的研究工作，知识元、知识元链接、知识元挖掘、知识链、知识标引、知识网络等新概念的论述，不仅填补了国内知识组织研究的空白，也丰富了知识链接的理论和方法。但知识元链接却一直没有较好地引入到知识服务领域，主要原因在于：①知识元链接服务模式研究还不够深入；②基于知识元链接规范还没有系统建立起来；③有关知识元链接的原理和机制研究不够。[③] 围绕这些问题的解决，一直是这时期关于知识链接研究的焦点。

4.3.3 发展趋势

从以上对知识链接发展历史的追溯和对目前研究现状的分析，可以看出知识链接研究的演化进程（如图 4—5）。

知识链接不管是理论研究还是实践进展，都正在经历着一个进化过程，主要体现在链接资源多样化、链接系统开放化、链接服务针对化、链接质量优深化、链接传播正规化等方面。

所谓链接资源多样化是指链接对象从期刊到书目记录、电子本，甚至科学数据等的演变，大大提高了资源被阅读、引用、检索的机会，实现了各种资源的广泛集成和深度整合。链接系统开放化是指从每个出版商独自建立封闭体系到以开放链接为基础的全开放系统的转变。链接服

① Swanson. Fish oil, Raynaud's syndrome, and undiscovered public knowledge [J]. Perspectives in biology and medicine, 1986, 30 (1): 7—18.

② 温有奎，徐国华．知识元链接理论［J］．情报学报，2003，22 (6)：665—670.

③ 曾建勋．知识链接的研究现状与发展趋势［J］．情报理论与实践，2011 (02)：119—123.

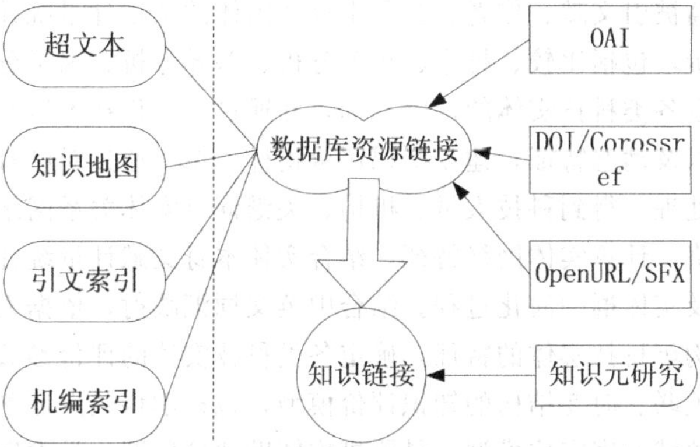

图 4—5 知识链接研究演化进程

务针对化，即针对用户的特定环境提供更具针对性和个性化的服务。链接质量优深化是指通过引入知识发现和知识挖掘技术，使更多的知识单元及相互之间的联系在数据库中得到存储和更新，更多隐含的关联知识得到组合和链接。链接传播正规化是指由知识链接引发的知识产权和网络传播权逐渐趋于完善，为知识服务走向正规化和系统化提供了良好的外部环境。

知识链接发展趋势具体表现为：

1. 面向科研评价的知识链接分析

从海量的、结构化的数据集中识别出新颖、有效的要素，包括关键词、主题词、机构、人员等实体的抽取。采用分类标引法和词语标引法揭示知识要素的主题内容和属性，标识出实体之间的相关关系，按照知识要素词典，把知识特征（形式特征与内容特征）与词典中的标引词汇进行相符性比较，把相符的词汇用其代号表示出来，进行族性组织和语义、特性组织，使知识要素之间具有等级关系和学科关系。通过引文与论文之间的标题、作者、机构、出版社、主题和学科类别、基金等的规范，通过要素关联特征实现实体之间的关联，进行多实体关联分析及多视角的实体分析，达到发现知识之间的内容关联。在引文链接基础上，结合实际需要和知识管理的需求，针对期刊、作者、基金和学科等，特别是针对高被引文献、作者、主题学科和团体的文献计量统计属性，通过统计分析，包括比较、排序、相关分析、差异分析、因子分析和聚类分析等确定各类科技实体的评价指标，并通过可视化技术展示数据的结构、关系以及动态特征，建立知识评价指标体系。通过对已有的数据库进行信息处理，得到科技人员、机构、关键词等实体关系网络。基于加权时变网络，计算实体网络特征，结合实体本身文献计量统计属性，分析各实体及实体群的演化过程。结合中英文词汇映射，依据人员、科技主题、机构等科技实体的特征，确定各类科技实体的评价参数，构建基于多实体关联、时变结构的知识评价模型，包括学科热点监测模型及演进算法、领域专家定位模型、科研机构辅助评价模型、学术期刊辅助评估模型、科研项目立项辅助决策模型等，并通过应用反馈来进一步完善知识评价模型。

2. 面向科研环境的开放式跨界链接

迅速发展的信息网络和数字信息资源体系正在造就一个全新的数字信息服务环境。信息资源、信息组织工具、信息传递工具日益聚合为同一数字空间，信息资源系统、信息服务系统和用户信息系统日益趋向连接于同一网络空间，构成了新型的虚拟化的用户科研与学习环境。一种基于数字信息资源，面向用户信息活动和用户信息系统来组织、集成嵌入数字信息空间的聚合化、无缝链接的信息服务环境正在形成。在这一环境中，知识作为一种对象，可以表现为各种文献、数据、数据库和知识体系多种形态，以一定形式相互关联并动态变化。知识可以在具体应用过程中被析取、关联、转变和重组，为知识内容提供语义基础和处理框架。知识作为一种体验，可以在用户群体、应用问题、内容对象、应用过程间进行动态的、主观的、个性化的和有针对的交流交互，从而实现对知识的理解和应用。因此，面向科研环境就需要根据用户的需求、知识的应用环境、知识间的语义关系进行描述、链接和组织，以构建用户需要的个性化、动态的知识地图和知识组织体系。

3. 基于用户行为的个性化推荐链接

近年来“以用户为中心”的概念开始应用于知识链接实践中，通过建立学术推荐服务器，获取全球各个机构研究人员在获取资源过程中大量点击链接的日志并进行统计分析，藉此给出针对某篇文献的推荐链接。[①] 例如，在用户通过开放链接获取某篇全文时，也可以看到之前链接获取这篇全文的用户还链接获取了哪些全文，进而也可点击链接这些全文。学术推荐服务器通过技术手段，实现了研究人员在获取学术信息过程中隐性知识和经验的共享，引导他们在更宽广的视野下获取相关主题资源。此外，通过学术推荐服务与知识链接的结合，还可以了解某个研究主题的未来趋势和关注热点。

通过收集用户兴趣模型，由系统主动收集和分析用户查询式或者用户对资源的浏览、下载和评价行为，建立一个用户兴趣数据库，形成用户的兴趣表示，找到与目标用户兴趣相似度最大的其他用户（或用户群），根据其他用户的兴趣爱好为目标用户提供推荐资源的链接服务。基于内容的推荐一般有两种方法：一是基于文本分类，这种方法从大量的文本特征（包括词语或短语）中学习构建有效的分类器，然后利用分类器对文本进行分类，若所分类别与用户兴趣相符则向用户作出推荐，这种推荐方法被用在了网页、新闻、书籍、电影等领域。另一种是基于特征，这种方法首先用相关特征来定义将要推荐的资源内容，可以采用向量空间模型或贝叶斯模型进行定义；然后系统通过学习用户已评价或下载过的资源内容特征来获得用户兴趣。若资源内容与用户的兴趣相近，则将其推荐给用户。

4. 基于本体的语义关系链接

随着互联网应用逐渐向智能化和自动化方向发展，知识链接的实现模式已经上升到了知识的语义层面。本体作为概念模型和概念间关系的规范描述被广泛应用，根据本体思想建立概念知识体系来表示科技领域知识间的层次结构性和网络结构性，继而实现知识链接。通过数据挖掘、本体论、语义分析等建立起来的知识链接将构建知识网络的体系结构，反映知识属性和知识间的相互联系和发展脉络。语义网已经成为知

---

① 曾建勋．知识链接的研究现状与发展趋势［J］．情报理论与实践，2011（02）：119—123.

识链接的发展方向，也将对知识服务产生深远影响。用概念网模型来表示科技领域的知识及其关联，采用算法改进、数学建模或者系统架构的方法推进某一特定领域的本体构建。在概念网中，网中节点表示概念，网的关联边表示概念与概念的关联，概念与概念间的关联程度用关联度来表示，关联度越大，概念联系越紧。在一定逻辑框架下，将这些信息组织中的关系组织起来，按照结构化信息描述的词表，通过知识链接的方式建立信息组织中的“关系网”，实现对文献的知识元提取和标引，实现知识单元间的本体链接和语义链接，进而形成知识网络和语义网，从而实现知识元链接，产生新知识，实现知识创新。

5. 基于知识元的知识组织链接

人类知识结构是由不同的知识单元所组成的知识体系，每个知识单元又是由不同的独立知识元通过知识元链接排列组合而成的。不同知识之间通过知识元链接形成了不同的知识链，进而编织成整个知识结构的知识网络。通过知识链和语义链形成知识链网络和语义链网络，进而勾画出知识地图，为知识的可视化检索提供方便。可见，基于知识元链接的知识网络与语义网不仅为知识组织建立了知识地图，而且实现了知识组织系统以知识元为单位的语义互联推理体系结构。知识关联关系在信息采集、信息组织、信息检索与使用中都处于非常重要的地位，需要在一定逻辑框架下，将这些信息组织中的关系组织起来，按照结构化信息描述的词表，通过知识链接的方式建立信息组织中的“关系网”，实现对文献的知识元提取和标引，实现知识单元间的本体链接和语义链接，进而形成知识网络和语义网，从而实现知识元链接，产生新知识，实现知识创新。

5 知识链接的构建分析

知识链接的构建，包括如何提取知识、如何获得相关知识的集合、如何根据关联关系建立知识链接、如何从一个知识点跳转到另一个知识点以及如何展现知识集合等。知识链接要在知识体和知识关联研究的基础上，通过工程化的技术和方法来实现知识体之间的链接。按照链接对象知识粒度的不同，知识链接分为基于文献单元知识链接、基于信息单元的知识链接和基于知识单元的知识链接三种形式。本章中，我们根据不同的知识粒度分别解释知识链接的构建过程。

5.1 基于文献单元知识链接的构建

文献单元是记录知识的完整载体单元，也是人们最习惯、最熟悉的知识粒度形式。文献单元间的知识关联主要表现为文献之间的引证关系，因此文献单元在知识链接构建过程中更多地适用于基于文献单元的引文链接，进而构建知识引用网络。基于文献单元的引文链接是最常见且使用最频繁的一种知识链接形式，它既可以让用户快速而直接地获取相关文献，同时又可以使用户了解某个研究主题的来龙去脉。

当用户阅读文献时，经常会使用到其中的引文，并且希望通过点击引文题目可以直接看到引文的原文。这种引文到正文的链接就称为引文链接。引文链接也称为参考链接，自 20 世纪 90 年代中期以来，引文链接技术的研究与实践迅速发展，最初主要应用于期刊论文的链接中，随后逐渐扩展到包括会议录、图书、技术报告等在内的多种学术信息资源范围内。这些理论与时间的研究为构建开放的、完整的 Web 学术信息环境起到了重要的支撑作用。

5.1.1 引文的概念

引文在各种图书情报专业词典中通常有以下两种解释：一是指引用资料，即在一个著作中引用其他作品的片段内容或他人所发明的定义定理；二是指参考文献，是指为撰写或编辑论著而引用或参考的有关文献资料，通常附在论文、图书或每章、节之后，有时也以注释（附注或注脚）的形式出现在正文中。国家标准《文后参考文献著录规则》2005年修订版的定义则为“文后参考文献，为撰写或编辑论文和著作而引用的有关文献信息资源”。中国图书情报界及学术界普遍接受这种解释。引文是一篇论文中不可或缺的一部分，它体现了科学技术发展的继承性和连续性，作者为了研究某一领域的课题，需要借鉴和继承前人或他人的已经成熟的研究成果。引文从某种程度上能够反映某一学科的理论发展和研究动向，也能够反映出作者对其他研究成果的掌握和运用情况，体现了作者对前人劳动成果的尊重和肯定，为读者进一步查找相关文献提供了检索途径。

引文是作者出于某种动机来引用他人的研究成果，比如：在文章中引用前人的研究成果并明确标识出来，以区别于自己的研究成果，这样是对前人的研究成果表示尊重，也是尊重学术的原创性；引用文献被标注出来的同时也方便了读者，读者可以根据标识方便地找到来源文献；引用文献的同时也增强了作者研究成果的可信度。因此，引文是不同作者之间的一种科学的交流方法。

作者是否引用某篇文献取决于该文献对作者的研究是否有帮助，如果有帮助则说明该文献与作者的研究内容相关，并且是一篇质量很好的文献。当然，引用也取决于其他因素，如被引文献是否容易获得，是否方便使用；作者和引文作者有较熟识的关系；引文作者在研究领域里有较高的声望，引用其文献能够使作者的文献更具说服力，等等。

叶继元教授①详细区分了参考文献与文献注释的区别、引文与参考文献的区别，认为从严格意义上说，引文的数量与参考文献的数量并不是一回事。引文是作者、编者根据其认可的学术理念和规范对相关文献的阅读、筛选、取舍、利用的产物，是有利于表述、尤其是支撑其研究成果的他人文献或成果，是引用者自己认为“有用”的资料。从引文性质看，引文有正面、中性和负面之分；从引文层次看，有深度、中度和浅度之分；从科学社会学的观点看，表面上不同含义的引文在数量足够大的情况下能反映作者群体对科学文献的主流看法，具有一定的评价功能，否认或夸大其评价功能都是片面的。

5.1.2 引文的关联类型

基于引文的知识链接能够把具有引文关系的文献聚合形成网络，从当前国际国内实践发展看，这个网络可以不仅仅是引用和被引用文献之间的链接形成的被引文献网络，还可以根据引用关系的其他特征形成共引网络、引用耦合网络、个人引用网络等，甚至可以在引文网络基础上，将普通的知识元链接方式与引用关系结合起来，引申到引用与被引用文献所包含的知识单元之间深层次的链接。这些链接的建立都是基于引文之间的关联。

1. 直接引证

直接引证是文献引证关系的基本形态。直接引证区分为引证文献和被引证文献两个对象，它是对引文系统最基本的类型划分和结构表达。直接引证是引文系统有序性的最直接的表现形式，直接引证是引文耦合、同被引、自引的基础，在直接引证的基础上形成了引文耦合、同被引、自引的交叉网络结构。在学术信息资源环境下，直接引证包括从当前论文到其所引用文章的后向链接与从当前论文到所有引用了它的文章的前向链接。

2. 引文耦合

引文耦合是表征引证文献之间某种特定联系的专门术语。它是指如

---

① 叶继元．引文的本质及其学术评价功能辨析［J］．中国图书馆学报，2010（01）：35—39．

果两篇文献同时引用一篇或者多篇文献，则称它们在引文上是耦合的。[①] 引文耦合说明了引证文献之间的内容是相关联的，引文耦合越高，则说明这些相互关联的文献的研究内容属于一个领域。多篇文献之间的耦合程度就是每两篇之间引用文献的耦合度，它能够体现文献与文献间的紧密关系。如果几篇文献的耦合度非常高，则表示这几篇文献是对相同学科领域的研究成果，这样就构成了对文献研究主题的划分和整序。

3. 同被引

同被引是表征被引文献之间的某种特定联系的专门术语。如果两篇或多篇文献被后来的一篇或多篇文献（不论其何时发表）所引用，则这两篇（或多篇）之间具有同被引关系，也称为共引。[②] 其关系的强弱程度测度指标为同被引强度（频次）。可以看出，引用相同文献的文献越多，则说明这些文献之间有着非常紧密的联系。

通过对同被引和引文耦合进行分析能够看出，两者对引证文献之间的分析角度是有所区别的。虽然它们都可以揭示文献间的主题一致性以及某一学科领域知识的结构和知识研究进展，但是，因为引文耦合中的被引文献的发表时间在前，所以被引文献是固定不变的，因此引文耦合的强度从某种程度上来讲是不变的；而在同被引中，几篇文献之后会在什么时间被哪些文献同时引用是不确定的，随着时间的发展和文献数量的递增，同被引强度随时发生变化。引文耦合具有回溯性，同被引是展望性的，一个静态，一个动态。

5.1.3 引文链接

我们对引文链接可以作如下描述：对于感兴趣的一篇文章，如果我们想做深入的了解，可以通过文后所列参考文献去进一步查找参考文献

---

① Hargens. Using the literature: reference networks, reference contexts, and the social structure of scholarship [J] . American Sociological Review, 2000: 846－865.

② Small. Co - citation in the scientific literature: A new measure of the relationship between two documents [J] . Journal of the American Society for information Science, 1973, 24 (4): 265－269.

的详细内容。传统上，根据参考文献提供的线索去查找参考文献所在的原始期刊、著作，往往需要花费很多时间和精力。网络环境下的超链接技术使这一问题变得十分方便、容易。我们只需要点击参考文献的文本标记处，整条参考文献的详细摘要就会呈现出来，达到所需即所得的程度，如果需要的不仅仅是摘要而是全文，通过网络传输也可以找到原始文献。通过引文查找施引文献的过程可以一直继续下去。

在学术环境中，引文链接从一开始而且在绝大多数情况下都是指期刊论文和书目记录之间的链接，图 5－1 描述的是在图书馆这样的学术环境中的一个典型的引文链接模式，从中可以看出引文链接营造了一个非常理想化的学术环境，无论用户从哪个数据库查找信息，都能将其指引到用户所需的信息中去。

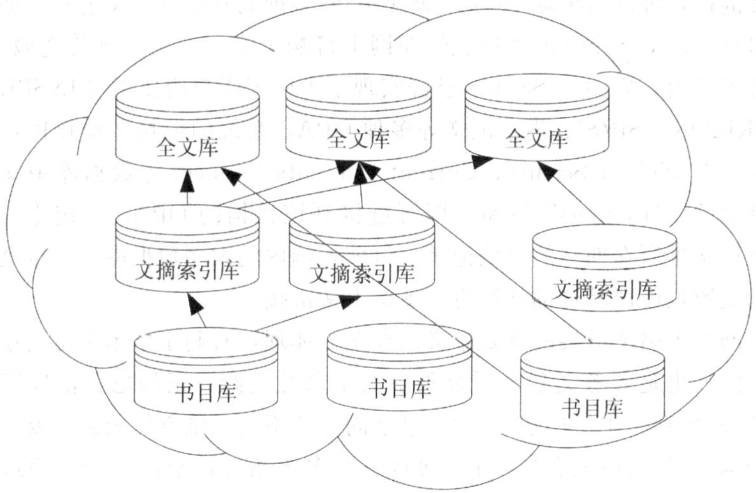

图 5－1 典型的引文链接

引文链接是由传统的信息检索服务向知识服务转变的一个十分关键的功能环节，它对信息资源的知识网络的形成有决定性的影响，而且是实现知识挖掘、知识发现和知识管理的基础。应用引文链接的用户不仅可在文献中直接浏览该文献的引文全文，逐层追溯直到源头，而且对真正掌握相关信息内容的全面发展状况具有一定的推动作用。

在互联网飞速发展的今天，引文链接已成为信息服务的一个显著发展趋势。早在20世纪末，出版商、研究团体以及图书馆都已意识到参考链接的重要性。Elsevier的Karen Hunter认为，“在未来，出版商所扮演的一个重要角色就是提供链接——通过信息集成实现信息增值，使人们可以跨越空间获取更多的信息”，他还将“谁拥有最好的链接谁就是赢家”视为座右铭。[①] 从概念提出到实现，引文链接在短短的几年之内获得了长足的发展，并取得了一些突破性的成果，如基于DOI的CrossRef参考链接机制的形成和发展以及基于OpenURL的SFX参考链接模式的建立等，这些成果也广泛应用到出版界和图书馆界。美国的SCI、SSCI和A&HCI等重要引文产品早在2000年左右就全面实现了引文链接，可以与全球18家出版社4000多种期刊建立全文链接，通过ISI Document Solution可以直接在网上订购全文，开展文献传递服务，在我国境内，Web of Science已经实现了为中国用户所使用的INSPEC、HORIZON、SIRSI、南京汇文等多种OPAC系统的链接。授权用户只需点击在Web of Science、Current Contents Connect等数据库中文献记录中的“Holdings”按钮，即可链接到该机构的OPAC系统中，找到该篇文献所在期刊的馆藏记录。目前，国内的大型数据库厂商以及主要引文数据库产品也都开始纷纷支持引文链接。

网络下引文链接的重要意义已经充分体现，有利于学术资源的挖掘和推广，也是参考文献发展过程中的革命性飞跃。正如尼葛洛庞帝在《数字化生存》中所描述的：“信息空间完全不受三维空间限制，要表达一个构想或一连串想法，可以通过一组多维指针，来进一步申明或辨明，阅读者可以选择激活某一构想的引申部分，也可以完全不予理睬。整个文字结构仿佛一个复杂的分子模型，大块信息可被重新组合。句子可以扩张，字词则可以当场给出定义，这些链接可以由作者在出版著作

---

① Sompel，Hochstnbach. Reference linking in and hybrid library environment－Part 1：frameworks for linking [J]. D－lib Magazine，1999，5 (4)：17－29.

时自行嵌入，也可以在出版后，由读者在以后的时间里陆续完成。你可以把超媒体想象成一系列可随读者的行动而延伸或缩减的收放自如的讯息。各种观念都可以被打开，从多种不同的层面给予详尽分析。”①

引文链接源和链接目标可以是期刊论文、学位论文、标准、专利、图书篇目、会议录、文摘索引款目，甚至是 Web 站点、E-mail 中的链接等。根据引文的不同来源，引文链接可以分为数据库引文链接和网络资源引文链接两种。不论是数据库引文链接，还是网络资源引文链接，都是以超链接技术为前提的都是超链接技术的应用产物。数据库引文链接原文都收藏于某一数据库或不同的数据库中，链接是在数据库或数据库间进行的。由于数据库分属不同的出版商，因此，链接的正常进行需要各出版商建立严格的数据描述和传递标准，并建立数据库商之间良好的合作机制。网络资源引文链接是指引文直接以网址的形式列出来，点击 URL 可以链接到相关的网上资源。随着网络的迅猛发展，网上资源已被人们广泛关注，网络资源在学术研究中被引用已是不争的事实。目前网络引文的著录规则比较混乱，网上信息资源的真实性和严肃性无法保证，网络信息资源的长久保存问题也没有解决，点击某一引文的 URL，很可能网页的内容已经更改，不是作者引用时的样子，甚至 URL 地址已经变动而无法打开，产生死链。因此，网络资源引文链接需要相关著录标准的制订以及链接有效性的保障。

5.1.4 引文链接的构建模型

引文链接的构建过程是通过文献之间的引证关系，利用开放链接标准，确定引文链接网络地址（URL），建立引文链接索引库的过程。引文链接通过文献中的各种类型引文，在文摘索引与其所标引文献、文后参考文献与被引用文献间建立链接。根据引文的直接引证、引文耦合和同被引三种类型，可进行引文正向链接、引文反向链接、引文耦合聚类链接和同被引文献聚类链接等。

---

① （美）尼古拉·尼葛洛庞蒂著. 数字化生存［M］. 胡泳，范海燕，译. 海口：海南出版社，1996：88.

1. 元数据抽取

为了实现引文链接，首先要解决元数据抽取问题。文献的引文是由题名、作者、来源文献、发表年代等元数据组成。识别与抽取这些元数据内容对于资源链接服务是非常重要的。不同的引文来源通常以不同的形式表现，元数据格式、位置等都有所不同，需要针对不同类型的文档，人工或自动归纳出元数据的识别规律。文献中的引文信息记录了被引用文献的标识信息，但由于著录规范的不统一，使得引文格式存在较大的差别。2005 年，我国新修订的国家标准《文后参考文献著录规则》(GB T7714—2005) 发布后，成为我国引文格式著录的新标准。《规则》中规定了各个学科、各种类型出版物的文后参考文献的著录项目、著录顺序、著录用的符号、各个著录项目的著录方法以及参考文献在正文中的标注法等内容。越来越多的出版机构都要求著者依照《规则》标注文后参考文献。规范化的引文格式为元数据抽取提供了保障。

引文元数据的抽取主要是用程序对大多数数据进行拆分，人工仅对少量数据进行审核。引文元数据的拆分流程如图 5—2 所示：

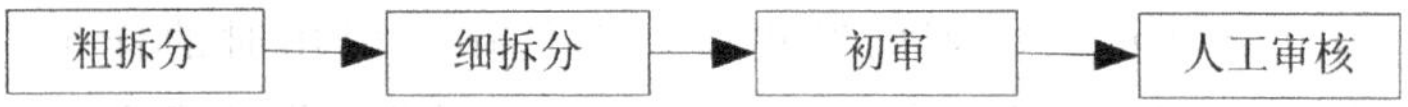

图 5—2　引文元数据拆分流程

① 引文元数据的粗拆分是指：在文献里，引文元数据存放的数据是一大段关于参考文献的所有信息。粗拆分的目的就是将这么一大段文字按照序号的不同，拆成若干条记录。

② 引文元数据的细拆分是在引文被拆成一条条的记录后，将每条引文记录细拆成有具体意义的各种字段。

③ 引文元数据的初审是对经过程序拆分后的数据的初审，尽量将能用程序修正的数据用计算机来修正，减少人工工作量。

④ 引文元数据的人工审核是由数据加工人员逐条审核那些由计算机程序剔除的有问题的数据，以确保数据的正确性和完整性。

引文元数据中的元素按其对对象数据的揭示程度大体上可分为三

类：①必备元素，即用于标识对象数据的核心信息或作为唯一标识符的元素，比如正题名等；②检索元素，即对对象数据揭示程度较高、可用于信息检索的元素，比如责任者、ISBN 号等；③显示元素，对对象数据揭示程度不高，主要用于显示从而方便读者更详细地了解对象数据的元素，比如页码、附注等。对于必备元素和检索元素，因为其对数据交换和数据检索都具有重要意义，应该是元数据标准中必须包含的项目，而对于显示元素，可作为可选项目。

2. 元数据转换

从引文信息中提取的元数据一般不能直接作为系统检索匹配元数据，需要将抽取的元数据按照数据库系统中的元数据标识进行转换，将其换成与全文数据库中的字段标识相同的格式。对于数字资源数据库来说，数据的描述、控制和操作都是通过统一表示的元数据实现。只要两种元数据都是固定规范的格式，就可以通过特定的程序实现转换。而且为了方便实现网络资源共享，数据库间开始强调元数据标准的通用性、可扩展性，以及元数据之间的易转换性、系统之间的互操作性等原则，从引文元数据到不同数据库系统元数据的转换也会越来越容易。

以引文链接到数据库系统全文为例，从引文中抽取出的元数据经过转换变成数据库中通用元数据。当用户点击此引文链接后，先将转换后的引文元数据传递到数据库检索系统，经过查询发现命中文献，再将用户指引到命中文献，可以是关于引文的说明页面，页面中包含全文的下载链接，也可以直接提供全文下载。可见，每一次动态引文链接的实现就是一次根据引文元数据进行检索匹配的过程。链接是否能够实现和链接的准确性都与检索效果密切相关。

3. 选取最小链接元素集

由上面的例子已经知道，动态引文链接的实现主要依赖于元数据匹配。从理论上讲，通过引文的元数据与全文文献的元数据的比对，判断它们是不是同一篇文献的标准很多。例如，“第一作者＋刊名＋年份＋期数＋起始页码”就可以判断是否同一篇文献，并且不会出现错误链接，即“误配”。但这个标准太严格了，尽管不会出现“误配”，链接系统会出现“失配”现象：参考文献和全文文献指的是相同文献，原本是可以建立链接的，但检索系统却判断它们不是相同文献。

出现"失配"现象的原因有很多，如文献作者在著录引文时或者在文献数据库加工过程中出现的引文信息误差。如果换一种较宽松的标准，例如"第一作者＋刊名＋年份＋期数"，不包含页码，链接系统会把原本不相同的文献判断为相同文献从而建立错误的引文链接。尽管不会出现"失配"，却可能出现"误配"。

对于引文链接系统，最终的全文链接目标只能有一个地址，若检索出现多个匹配结果或无结果，都无法形成有效链接。链接系统需要判断一个文摘索引记录或一条参考文献（通过元数据来表示的）与另外一本图书或一篇期刊论文是不是相同的文献，最好使二者既不"失配"也不"误配"。无论是基于 DOI 的 CrossRef，还是基于 OpenURL 的 SFX，都有这样的处理过程。因此，选择恰当的链接建立规则是非常关键的。元数据质量的高低直接影响链接规则。如果元数据质量高，条件可以严格些，原则上允许出现"失配"，但不应该出现"误配"，以免浪费用户的时间。同时，适当的容错机制也是必要的。

Helen Atkins（2000）等①提到参考链接中的模糊匹配方式，在他们设计的 DOI－X 系统中，如果引文元数据元素只有 75％能够匹配，也会返回一个链接结果。这样就可以根据模糊匹配防止了因数据问题而造成的链接失败。从理论上来说，模糊匹配的算法的设计因追求的目标不同而效果不同，由于软件设计者追求归一结果的尽善尽美而将数据之间的模糊度大大提高，需要过多的人工干预，并且其中的一些人工干预是无效的工作，最终导致了系统效率低下。从模糊匹配的角度，最主要的问题是解决系统效率与成功率之间的关系，模糊匹配虽不能解决数据错误造成的链接失败，却应该尽可能实现那些虽然正确但不够规范的引文。比如，对于一些引文，尽管作者名字著录形式不一致，但是在引文链接过程中应该尽可能通过智能的模糊的匹配机制使其一致。

通过引入容错机制以及智能模糊匹配方式，就可以对存在一些不规

① Atkins, et al. Reference linking with DOIs [J]. D－lib Magazine, 2000, 6 (2): 1082－9873.

范或者错误的元数据实现正确的链接，并减少出现“失配”的概率。

4. 建立引文关联库

引文关联库是指包含施引文献与被引文献关系的数据库。引文关联库中每一个文献都使用系统中能区分文献的专用标识符号或元数据组合表示。引文关联库的基本形态是一种对照表，每一条记录代表一次引用关系。如表 5—1 所示。

表 5—1 引文关联库

源文献	引文
文献 A	文献 I
文献 A	文献 J
文献 B	文献 K
……	……

引文关联库的建立是与元数据的抽取同时完成的。系统中所有文献的引用信息都存储在引文关联库中，通过引文关联库可以实现引文正向、反向链接、耦合聚合与共引聚合等功能。

引文关联库是对引文信息的二次加工与提炼，从文献引文中提取出文献与文献之间的关联。为了避免出现由于引文信息不规范或者错误引起的元数据匹配不准确的问题，在向引文关联库中添加新记录时，通常都需要进行文献标识或元数据组合的验证，确认其唯一对应于一个文献。

5. 创建链接

链接的建立包括链接文本及其位置的选择以及链接地址的确定。对于引文链接来说，链接文本选择包含每一条完整的引文信息的文字最为合适。用户看到文献的引文信息后，直接点击引文信息文字就能链接到相应的引文，是最直接方便的方式。

链接文本的位置目前常见的方式有两种：一种是在检索到某篇文献时的说明页面或者下载页面中提供有下载此文献全文的链接，同时也将此文献的引文信息显示在页面上，每一条引文信息都对应一个链接。另一种方式是将链接文本放入文献全文，当用户下载文献全文后，会在文献全文中发现具有链接功能的引文文字。

这两种方式中，前者使用的最为普遍。当用户进行检索并命中文献后，文献的各种元数据信息，如文章题名、作者、摘要和关键词等一定要在页面中显示出来，用户根据这些信息可以初步判断是否需要此文献。这个页面是结果显示页面，也称为说明页面。其中除了含有这些元数据信息外，通常还包含文献引文信息。将引文链接放入说明页面已经是目前各个数据库普遍选择的方式。这种方式实现简单，但也存在缺点，如果用户离开了说明页面，就难以实现引文链接。为了使引文链接可以有更方便的链接环境，出现了第二种链接方式。在这种方式中，借助了 PDF 具有支持超级链接功能，在每个文献全文 PDF 文件基础上都增加一些包含引文链接的新页面，如国内万方数据库中的链接服务。这样，引文链接不只出现在说明页面，而且在每个文献的全文中都带有引文链接，大大提高了用户对引文的获取方便性。相较于说明页面中的引文链接，文献全文中的引文链接的实现有些复杂，需要修改每一个文献的全文信息。

链接地址的确定主要有静态地址和动态地址两种形式，按照目前的知识链接发展，已经很少使用静态地址。而动态地址主要是基于开放链接协议的，关于 OpenURL 我们在第六章进行详细介绍。

5.1.5 引文链接构建中存在的问题分析

引文链接经过十多年的发展，已经成为知识服务中的一项重要内容。我国在引文链接服务方面也不断加强力量，伴随着各种通用的国际标准的引入，我国引文链接的服务水平有了很大的提升。然而，这并不意味着我国的引文链接已经真正、完全地实现。即使在美国，引文链接也没有达到完美的服务效果。正如 Grogg 所说的，“在现实世界里，技术方面的障碍以及组织的影响，使完美、无缝的引文链接的景象一片模糊”[①]。我国引文链接的构建中存在的问题是我们发展引文链接服务所要正视的，并且需要努力克服这些问题。

1. 引文数据来源规范性差

文献中的引文是引文链接的根本。引文的规范与否直接影响着引文链接的质量和整体评价功能。但目前国内引文数据源依然存在不规范的问题：

① 引文缺省：由于我国期刊存在着编排规范不统一的现象，与国际期刊编排规范有一定的差距，部分编者只重视论文本身的创新性，不重视引文的规范，对作者投稿的引文不作要求，有时为了节省篇幅，会删除作者的文后引文。

② 引用项目不全：引文著录项的疏漏是许多期刊论文的通病。计算机网络技术的发展给作者阅读文献、查找资料等带来了方便，但也往往带来某些问题，部分作者对于引用网络转载的资料时，贪图省事，直接抄录，不加核实，引用项目多有不全和缺漏。

③ 引用误差太多：由于论文作者不严谨，在论文引文中常出现引用错误，著译者姓名、题名、书名、出版年、期刊的卷号和期号，以及页码等与原文献不符的情况时有发生。有些论文作者在写作中为了提高自己论文的档次，有抄袭引文的现象，特别是抄袭外文资料引文。由于“转引”的存在，若一篇被引用文献由于引用错误或印刷错误，以后又被许多引用者重复引用，就形成了引文误差现象。

④ 引文规范不统一：虽然引文著录已经有国家标准，但各个出版机构依据自身发展的需要，对参考文献的著录制订存在不同的规范，因此就形成了各种标准并存的引文标注环境。

引文数据的不规范问题不仅体现在作者的著录过程，而且体现在出版机构对引文数据规范化的认识程度，以及对引文数据质量的要求程度。只有从源头改善引文数据的质量，才能从根本上保证引文链接的质量。

2. 引文链接的时效性差

---

① Grogg. Thinking about reference linking [J] . Searcher, 2002. 10 (4): 56—61.

多种不同著录样式并存的现象给引文的自动标引带来困难。尽管许多刊物论文都有电子版本，但是在国内引文数据库建库工作中多是采用手工标引、重新录入、多次校对的方法，工作量较为繁重。为尽可能保证数据质量，数据从原刊的标引到建成数据库要经过多道流程。以CSSCI录入与校对流程为例，先后经过的流程包括：①对原刊的每篇论文进行标引；②计算机录入，输出打印稿，标引人员校对，录入人员修改；③根据原刊及打印稿二次修改校对；④分批次对引文的作者、篇名、出版物名称等进行校对；⑤全年数据汇总逐项校对，[①] 整个过程需要投入大量的人力和精力，这个过程如果控制得好，其引文数据库的质量就高，并得到用户的肯定。

数据制作质量是引文库的根本，但只重视质量，不进一步缩短周期也影响引文库的评价效率，最终造成引文库建立以及引文链接的生成周期漫长的现象。许多引文数据库生产周期达一年，这在一定程度上影响了引文评价的效率以及引文链接的时效性。目前，大多数引文数据库生产者已认识到这种局限，采取多种方式缩短加工周期。但许多引文数据库生产者由于体制或其他原因，确实是心有余而力不足。对照国外的引文数据库产品SCI、SSCI和A&HCI，从论文出版到被收录，其生产周期一般在一个月之内，长的不超过三个月。因此，学习国外经验，改进标引工作，提高管理效率，缩短生产周期需要进一步得到重视。有效地缩短引文数据库制作周期的方式是合作，国内的各个引文数据库的建设基本上是单打独斗模式，主要依靠自己的力量从事着类似CSSCI的数据制作过程。如果能在保证质量的前提下，改进数据制作方式，变数据制作的单打独斗为合作建库，将会大大缩短国内引文库的生产周期。

3. 引文系统合作性差

我国的引文研究还是异常活跃的，引文数据库产品也较多，但是引文研究力量分散，各引文数据库的产品很多局限在行业内部。例如CSCD主要用在科学院系统，CSSCI主要用在高校系统，CSSCD主要

---

① 杨永厚，苏新宁．中文社会科学引文索引的研制及其功能［J］．图书馆杂志，2002，21（3）：18—20.

用在社科院内部。总的说来，引文数据库产品市场占有率普遍较小，影响也较低。究其原因，上述产品的出现与美国的SCI、SSCI和A&HCI等产品不同，SCI等是民间自营性产品，而国内的引文数据库的研发多数离不开各自行业主管单位的资金支持，产品出现之后由于有了行政影响下行业市场的基础，对外部市场考虑较少，更谈不上专门开展营销活动了。此外与国际上的大型检索工具相比，国内的引文数据库都缺少“引文关键词”或“引文主题词”检索字段，而“关键词”往往是用户检索专题文献的主要入口。不同检索字段间的逻辑运算功能（如逻辑“非”的运用）也有待加强，引文数据库产品检索效率有待进一步提高。在这种情况下，引文链接也多局限于行业内部。重复建设以及行业互通难的问题很难在短时间内得到解决。

5.2 基于信息单元知识链接的构建

信息单元是文献单元和知识单元研究中的一个过渡或者中间概念。信息单元是指文献的特征单元，包括文献的外形特征信息和内容特征信息。其中，文献外形特征信息包括题名、著者、出版社和相关载体特征等；内容特征信息则包括摘要、主题词、关键词、分类号等直观内容特征，以及需要经过阅读文献才能发现的隐藏于文献章节、段落、句中的主要内容。信息单元既不是文献本身，也不能有效揭示文献的知识内容，只是我们控制和处理文献的信息标识，便于我们通过信息标识来组织管理文献。这些信息标识可以作为独立控制和处理文献的基本单元。信息单元本身不具有独立的实质意义，不能脱离文献单元而单独存在。信息单元是在对文献单元结构分解的基础上产生的，是文献单元的一部分，代表文献单元外形特征中的不同部分。通过信息单元及其组合可以标识和表达文献单元，实现对文献单元的控制和处理。部分信息单元也可以组合转化为知识单元，如由一篇文献单元的全部外形特征和内容特征组成的一条完整的信息记录可以系统地表达知识单元，主题词和关键词组合可以表达知识概念和知识主题。

信息单元在文献单元向知识单元演进过程中起着桥梁和纽带的作

用。描述文献的各个信息单元，如关键词、主题词等，很可能就是一个知识元的名称或向导信息，由此便可建立从信息单元到知识元的单向链接，使用户深入到知识元的层面去了解其对应的信息单元，从而对不同的信息单元及其知识元对所在的文献单元进行更为细致的理解，进而使具有同一主题的知识内容相互关联成主题知识网络。信息单元之间可通过词频反映其在文献知识单元乃至整个知识体系中的重要程度，通过主题关联发现信息单元之间的学科关系、主题结构、关联程度（如主题词或关键词共现频次），通过信息单元的不同组合能发现新的知识单元（如主题词或关键词链接及其网络），进而构建起主题知识网络。

通常我们需要依据资源存在的某种关联性来实现链接。比如获取某篇文献后，对这一方向的研究很感兴趣，希望获得该主题的其他文献（主题关联），还比如作者关联（获得该作者的其他文献）、对象关联（获得不同载体上的相同或相关资源）等。这些都属于基于信息单元的知识链接。

5.2.1 特征信息链接

元数据元素链接是指以元数据元素作为链接出发点，遵循超文本链接协议，链接跳转到相关目标的链接过程。这一概念从信息组织的数据描述角度揭示了知识链接的本质特征。元数据元素链接具有很宽泛的含义，包括所有形式的知识链接。无论是基于文献单元、信息单元还是知识单元的知识链接，都需要将链接对象根据元数据标准转存为特定的元数据，再根据具体的元数据元素的关联关系进行链接。因此，任何一种知识链接都可以表现为基于某种元数据元素的链接。

特征信息链接是指根据文献的特征信息提供链接的一种链接形式，是基于信息单元的知识链接的主要链接形式。在检索系统中，人们利用元数据建立检索标识，被选为标识的均是文献特征信息，在此基础上建立的特征信息链接显然是一种典型的元数据元素链接。同时，上一节中的引文链接可以表现为根据文献间的引文关系建立元数据的引文元素而形成的链接；下一节将要介绍的知识单元链接也属于一种元数据元素链接，其中的元数据元素就是知识单元。

特征信息链接在不同知识粒度知识链接中承担着承上启下的作用。我们将元数据元素链接区分为广义与狭义两种：广义的元数据元素链接包含了所有知识链接；狭义的元数据元素链接专指特征信息链接，即基于信息单元的知识链接。因为通常情况下，特别是在传统的信息检索系统中，元数据元素都具体指代文献特征属性信息，信息资源按照行业元数据标准进行著录后，具体的信息实体的文献特征属性被记录为元数据元素。广义与狭义的区分也体现了人们对信息揭示深度的变化。随着人们对文献内容的深入揭示，元数据中包含了越来越多的有关文献内容细节的信息，从知识链接发展的角度看，就表现为从基于信息单元的知识链接发展到基于知识单元的知识链接。

特征信息链接有多种表现形式，具体可以区分为元素值语义相似关联链接、元素值聚类链接和元素值知识库链接等三种链接形式。三种形式的链接都是以元数据的元素值作为输入，而链接对象的类别各不相同。第一种链接对象是与元素取值相近的其他元数据元素集合；第二种链接对象是具有相同元素值的文献对象集合；第三种链接对象是对元素值进行解释说明的知识对象。

5.2.2 特征信息链接构建模型

特征信息链接的构建过程主要包括特征信息提取、添加链接锚点以及链接目标计算三个环节。

1. 特征信息提取

特征信息链接的链接源是从文献中提取的描述型元数据。传统的文献编目就是提取描述型元数据的过程，其主要任务是运用编目规则，遵循客观原则对文献形式特征和内容特征进行客观描述和揭示，准确地反映文献相关信息。文献编目的主要作用在于通过书目控制对文献信息进行整序，揭示文献的存在状况及存在特征，以达到利用资源、交流书目信息和资源共享的目的。文献编目的历史悠久，是图书馆及其他书目机构的一项基础工作，这项工作以图书馆所获得的各类型文献为工作对象，以图书馆的各类型目录为成果。

数字资源的迅速发展使书目机构的资源结构发生了根本性的变化，

进而改变了文献整序的基本工作。传统的文献著录对象、编目手段和编目产品等已经无法适应数字资源的交流需要。新环境下的编目面临许多调整和改变，最主要的就是编目范围从传统的图书文献，逐渐扩展到电子文献、多媒体等数字资源，相应的编目规则与格式也要进行变更。面对这种变化，编目在信息机构中的核心地位并没有削弱，其最基本的资源揭示功能没有变化，而且面临海量的数字资源，更加需要注重编目的整序能力。

特征信息的提取就是依据标准的著录规则，从资源中抽取相应元数据的过程，也是现代编目的基本流程。根据对象数据的来源、格式情况，决定元数据的加工方式。可采用本机构原始编制，也可从数据库中直接提取，还可以通过软件自动提取。不同的元数据处理的关键是要解决多种异构数据库中不同元数据的转换与对应，同时要解决元数据的批输出、批输入和数据维护问题。

资源编目是信息机构的一项基础工作，特征信息链接中的信息提取环节并不需要进行额外的操作。所有被著录的元数据元素都可以作为特征信息链接的链接源，但由于元数据著录规则比较细致，现有的特征信息链接多集中于特定的属性链接，如机构链接、作者链接等，随着链接知识库的完善以及元素关联的挖掘，相应的属性链接也将不断增加。

2. 创建链接

特征信息链接的建立同样包括链接文本及其位置的选择以及链接地址的确定三部分。特征信息链接的链接文本就是从元数据元素中选出作为链接源的元素值。由于描述资源的元数据元素已经是经过规范化处理的规范文字，所以链接文本无需进行改动。

对于特征信息链接文本的出现位置，最适于放在资源的说明页面内。传统的编目元数据既是资源存入系统的依据，又是从检索系统中查出文献的线索，是整个系统的关键之一。被检出的资源说明页面中包含了资源的丰富的元数据内容，如文章题名、作者、摘要和关键词等信息。与特征信息的提取过程一样，链接文本及说明页面在原有的检索系统中都已提供，在创建链接的过程中基本不需要对原有系统进行大的改动。

链接地址根据链接目标的不同类别有不同的计算方式。最容易计算的链接类别是元素值聚类链接，以检索元数据元素的检索链接作为链接地址即可创建链接。其前提是元数据元素需要进行标引提供检索点，通过检索系统可以检索出具有元数据元素属性的所有资源。而对于元素值语义相关链接以及元素值知识库链接，需要在现有系统基础上增加有关元素值语义关联知识库，然后根据元素值分别从库中检索得到链接目标。

如果说引文链接是由点到点（从一条引文链接到一条目标文献）的链接，那么特征信息链接既包括点到点（从一个元素值链接到元素值在知识库中的解释条目）的链接，又包括点到面（从一个元素值链接到多个相似元素或者是多个具有元素值属性的资源）的链接。从点到点的链接中，如果目标资源的位置是固定的，可以采用静态链接的方式。但在由点到面的链接中，由于链接目标的数目有多个，只能通过动态链接方式实现链接，其动态链接 URL 的内容就是以元素值进行检索的检索结果 URL。同时，对于多个链接目标还涉及检索结果相关性分析的问题。经由说明页面中的链接触发的检索过程比直接由检索词触发的检索包含更多的相关信息，有助于增强检索结果相关性算法的准确性。

特征信息链接的三种链接方式，都是从同一个链接文本触发链接。这种链接形式也与现有的超文本链接形式有差别。只能在用户点击链接文本后再进入到链接类别的选择页面，由用户自行选择下一步的链接目标。这种通过中间提示页面实现多目标链接的方式在 OpenURL 协议中有更加明确的规定，我们在第六章会作详细介绍。

3. 建立元素值语义关联知识库

元素值语义关联链接与元素值知识库链接充分体现了特征信息链接在不同知识粒度知识链接中的承上启下作用。文献单元的知识链接主要体现为链接对象间显性关联关系的揭示，而知识单元的知识链接则是对链接对象间深层次的隐性关联关系的揭示，处于中间过渡阶段的信息单元的知识链接主要通过元素值语义关联知识库的建设，实现对链接对象从显性关联到隐性关联的揭示。

元素值语义关联知识库中既包含了有关元素值的详细知识解释信

息，又包含了能反映出元素值在传统数据著录中无法体现出来的元素间的复杂关联信息。建立元素值语义关联知识库的过程必须遵循合作与规范的原则。

知识库开发和建设中必须结合实际情况，加强横向协作，发挥行业整体优势，走合作建库、资源共享的道路，这样既可以节约人力、财力，避免重复，又可以实现知识库共建共享。在语义关联规范著录方面积极尝试使用书目记录功能需求（Functional Requirements for Bibliographic Records，FRBR）概念模型，使知识库可以借助现有的MARC书目记录实现一种立体化的书目结构。

5.2.3 特征信息链接构建中存在的问题

1. 统一编目规则问题

文献编目规则与特征信息的揭示程度密切相关。我国的文献编目规则的发展历程大体上经历了各自为政、统一编目时期以及文献著录标准化时期三个阶段。在1958年前，我国的文献编目工作基本上处于各自为政状态。有的馆依据卡特的《字典式目录编目规则》或《美国图书馆协会著者、书名款目编目规则》著录图书，有的馆西文文献编目则直接订购美国国会图书馆的铅印卡片，还有的自行编制编目条例。1958年8月至全国文献标准技术委员会第六分委员会成立前，我国进入统一编目期间。自从ISBD问世后，我国的文献编目工作进入了文献著录标准化时期。在此期间，我国先后出版了GB3792系列文献著录国家标准、《中国文献编目规则》以及《西文文献著录条例》。[①]

文献编目规则是编目工作的依据，文献著录的标准化、检索点选取的规范化对编目数据起着至关重要的作用。在我国，中西文文献编目工作由于受编目传统的局限使用不同的编目条例。中文文献编目依据的是《中国文献编目规则》和《中国机读目录格式》；而西文文献编目则使用《西文文献著录条例》和《书目数据MARC21格式》。《中国文献编目规则》和《西文文献著录条例》虽然都深受ISBD的影响，但是它们还分

① 段明莲．信息资源编目［M］．第2版．北京：北京大学出版社，2008：17.

别受日本和美国不同编目思想的侵蚀。因而，中西文文献编目规则存在着差异。

科学技术迅猛发展，信息资源编目也需要以相应的速度进行传递与交流，以便促进高科技发展。为达此目的，对于不同语种不同国度的信息资源须用同一标准进行描述与揭示，文献著录标准化势在必行。国内关于中西文编目的不同规则也将进一步统一。

2. 合作共享建库问题

信息时代的到来决定了未来信息机构的发展趋势是实现信息资源的共建共享。资源共建共享的理念早已深入人心，我国已经建立了中国高等教育文献保障系统（China Academic Library & Information System，CALIS）、国家科技图书馆文献中心（National Science and Technology Library，NSTL）、中国数字图书馆联盟等典型的信息共享的实践范例。

尽管我国的资源共建共享工作发展很快，但也存在很多问题。我国资源共建共享目前仍处于初级阶段——协调协作阶段，而且协调工作开展很不力，呼吁呐喊了几十年的馆际互借时至今日尚未形成规模，更不用说资源建设中的采购协调、现代化工作中的联合建库及联合开发了。[①] 建设各种数据库需要大量人力、物力、财力，任何一个单位都将收到技术、人才、资金及信息资源的制约，不能适应数据库建设的规模化发展。联合建库是建设高质量数据库的主要途径。信息机构应该打破条块分割的界限，应从推进网络资源共享的目的出发，与不同地域、不同系统机构联合建库，发挥群体力量，实现优势互补，避免重复建设。[②] 但现实中的数据库建设缺乏合作意识，缺少数据库建设的整体规划和布局。建库前很少调查现有同类数据库建设情况，致使重复雷同的数据库较多，结果在残酷的市场竞争中，内容普通、无特色的数据库很快就被其他同类产品所替代，如果不进行有效协调，将会造成严重的资源浪费。

---

① 黄建年著．图书馆学情报学新论［M］．南京：江苏大学出版社，2008：11.

② 张丽静．高校图书馆特色数据库建设中存在的各种矛盾现象分析［J］．大学图书馆学报，2011（001）：54－57.

我国资源共建共享不力主要有以下几个因素：

① 管理体制的滞后。管理体制是信息资源共建共享的关键因素，起着统筹规划、全面协调的作用。管理决定着信息资源共建共享的活动能力、规模、形式和效益。但我国的各级各类信息机构分别隶属于不同的行政管理部门，条块分割，没有总体规划，缺乏合理布局，很难形成条块之间资源共享的现代化网络，纵向管理体制极大地影响着图书馆信息资源共建共享的进程。

② 思想观念方面的障碍。文献信息服务部门自给自足的小农意识、封闭自守的本位主义、因循守旧的传统心态、求稳怕乱的惰性思想等都导致了资源共建共享难以落实。更重要的是，全民族整体信息意识的低下也造成了现有已开发的文献信息资源的作业远没有达到充分发挥。

③ 现代信息技术应用的局限性。现代信息技术的应用也有不断发展的过程，目前的一些技术也存在一定的缺陷，如计算机及其配件市场比较混杂，升级换代频繁，给信息技术工作者的选择带来困难。另外，各级种类信息机构发展不平衡，有些机构还缺乏利用现代信息技术的能力。这种技术条件的不均衡也影响了资源的共建共享。

④ 无法律保障。信息资源的管理同物质资源的管理一样，应具有法律形式，以保证其对国民经济发展和社会进步的促进作用，资源共享也应该制定有关法规。完备的法制建设是图书馆信息资源共建共享工作的行动指南。信息资源的共建共享是一个需要多行业参与和协作的系统工作，为了协调不同行业之间的利益和职责，需要制定相应的政策法规，规范各方面的行为，以确保各方的利益不受侵害。必须对信息资源共建共享的社会地位、经费保障、各成员的权利和义务，以及信息资源共建共享的体制和运行机制、总体布局等作出明确规定；必须对信息资源共建共享引起的一系列问题，如版权保护、文献复制、互借等，制订统一运作的标准规范；保证广大用户能够充分利用公共信息，以能够承受的价格及时、平等、公平地分享到信息资源共建共享的益处。而直到目前，我国信息资源的共建共享尚没有走上法制化的轨道。

3. FRBR 化的障碍

FRBR 是国际图书馆协会联合会（IFLA）的研究组于 1998 年发表

的关于书目记录的最终研究报告，其核心内容是应用“实体—关系”模型（E—R模型）将编目的对象分为产品、责任与主题三组实体，再将第一组实体分为作品、内容表达、载体表现和单件四个层次，每个实体都具有用户感兴趣的属性，实体之间有着密切的逻辑关系。FRBR研究的主要目标是确立用户任务，满足用户需求，也为国家书目机构推荐一种书目记录标准，简化文献编目，提高编目效率，节约编目成本。FRBR虽然不是万能的，甚至连编目规则都不是，但是它代表着一种未来的编目发展方向，而且FRBR的相关思想已经在影响着编目理论与实践。

FRBR自1998年颁布以来，引起国际编目界的极大兴趣和重视，已经有多种文字的翻译版，但中文翻译版直到2008年才出版。FRBR中文版迟迟不出，影响了我国学者对其深入研究。[①] 虽然如此，我国相关编目规则已经体现出FRBR所带来的影响，从中文到西文，这些相关规则都进行了修订。国内也有对FRBR在中国实践的相关研究，也有学者提出我国编目工作要走中国特色化之路。我们的编目工作是完全国际化还是保持中国特色，这是需要编目界共同讨论和解决的问题。从总体上来说，国内有关编目理论和实践的研究还远远落后于国外，国内对于FRBR的研究也只是停留在表面层次。FRBR理念是美好的，但要将这美好的理念变为现实还需要我们做很多的努力。

传统的编目模式只能描述具体信息资源，用户想要了解该著作的详细信息就必须找到多条元数据记录。从实体出发的FRBR模型正好符合用户的信息需求，能充分发挥其信息组织的作用。研究如何应用FRBR思想和概念框架来进行信息资源组织，以便更准确地为用户提供所需要的结果实现语义链接等问题都需要进一步研究。

FRBR作为一个概念模型用以指导实践，这是“转换书目记录集以符合FRBR需求的过程”，称为FRBR化。最早实施FRBR化的Red Light Green书目数据库采用的是“作品”这一实体集中的书目记录，但这一方式在我国具体实施还存在许多问题。如MARC 21记录普遍采

---

① 孙凌云．我国FRBR研究述略及发展分析［J］．图书馆工作与研究，2010（004）：21—25.

用原题名做统一题名，为作品的集中创造了良好的条件。而中文编目中并没有规则要求以原题名做统一题名，由于出版不够规范，翻译题名也有不同版本。责任者名称经常不提供作者原名，而中文人名规范不普及，这些都造成无法确实同一作品。还有诸如不同语种名称标目形式不同、不同语种有各自的数据库等问题，这些都是我国实施 FRBR 化的障碍。①

早些时候，ISBDs、AACR2、UNIMARC 以及 MARC21 的出现以及引进，对我国的编目规则和机读目录格式产生了深远影响，加速了中国文献著录标准化工作的进程。现在 FRBR 的出现，对我们而言是机遇更是考验，领会 FRBR 的精髓，实现 FRBR 与我国现有编目规则和机制的有机融合，克服我国 FRBR 化中的障碍，最终达到规范化数据资源的共享，是我们唯一的选择。

4. 跨库链接的问题

特征信息链接的实现主要依赖于检索系统及相关技术的发展。跨库检索系统的出现为开放链接及跨库链接提供了条件。跨库检索又称集成检索、联邦检索等，是借助单一的检索接口，利用统一的检索方法，将用户的检索要求转化为不同数据源的检索表达式，并发地检索本地的和网上的多个分布式异构数据库。跨库检索的优点是：能够提供统一的检索入口，统一的检索界面，减轻用户学习检索不同数据源的负担；并发检索，节省用户总的检索时间；结果整合，呈现给用户的最终结果不仅格式统一，而且按统一标准排序，极大方便了用户的浏览和选择。在跨库检索的基础上可以容易地建立跨库链接，跨库链接可以实现异构资源之间的链接跳转功能，其与跨库检索的最大区别在于跨库链接中不需要用户自行构建检索表达式，所有的检索表达式均以链接文本的形式存在。

目前常见的跨库检索技术有以下几种：

① 运用元搜索引擎的基本原理，即利用数据库的 Web 客户端进行跨库检索。现有的数据库大都提供 Web 客户端接口，因此可以把用户

---

① 孙凌云．我国 FRBR 研究述略及发展分析 [J]．图书馆工作与研究，2010 (004)：21—25.

的查询请求转换成其他数据库能够接受的命令格式，并行地访问多个数据库来查询。这种方式不需要获得数据库供应商的授权，但是需对各个数据库的接口进行分析，且稳定性较差，各数据库的接口如发生变化则需重新设计。

② 通过数据库接口软件实现与不同的数据库直接连接，即通过数据库接口软件直接访问异构数据库。但是这种方式需得到数据库接口，然而很多时候，数据库供应商都会为了自身利益而不愿公布数据库接口，这就给跨库检索的实现带来现实的阻碍。

③ 建立集成数据环境，即将不同数据库导入一个新的集成数据库中并提供服务。这种方式检索速度快、效率高，不会因为某一数据库访问失败而影响整体检索效率。但如果未获得数据库提供商的授权，易引起版权纠纷。

④ 建立集成索引库，即将多个数据库的索引数据整合到一个索引库中。用户通过索引库进行检索，利用索引库所提供的 URL 定位到所需要的源数据库当中。这种方式理论上容易建立，但实际操作中不同的数据格式以及数据商家的参与程度会对集成索引库的建立带来影响。

以上各种跨库检索技术各有利弊，不同的跨库检索实现方式会影响跨库链接的实现效果。影响跨库链接的主要因素包括：

① 统一的跨库检索实现技术。如果没有相对统一的跨库检索系统，那么，开发数据库接口、建立索引库、实现不同数据间的格式转换等跨库检索系统的构建工作将会不停地重复进行，既加重了系统开发的投资，又增加用户利用数据库的成本。因此，在一定范围内，应尽可能使跨库检索系统的实现技术得以统一，避免重复开发。

② 异构数据库连接与存取的效率。数据库接口软件与不同的数据库直接连接，这种方式仅适用于对属于本单位的少量异构数据库进行统一检索。因为很多数据库供应商都不愿公开数据库接口，这就给异构数据库的连接与存取造成了困难，进而影响跨库链接的效率。运用元搜索引擎的基本原理，对数据库的 Web 客户端进行统一检索。这种方法需要对各个数据库的 Web 处理接口进行详尽分析，各个数据库的 Web 处理接口如发生改变则需重新设计，因此，接口的稳定性较差。如有较多

连接的数据库 Web 处理接口发生改变，则链接的效率、速度都将受到极大影响。要想实现跨库链接必须实现异构数据库的连接与存取，而异构数据库的连接与存取效率在很大程度上影响跨库链接的效果。

③ 数据库自动选择功能。实施跨库链接时，不应该逐一访问各异构数据库，应根据链接文本自动选择数据库资源，否则势必影响链接效率。因此，事先对数据库进行分类整理十分必要，当收到链接查询请求时，系统应根据具体的链接需求，选择最能满足链接需求的数据库进行检索。这将在很大程度上提高链接的速度、效率。

④ 选择恰当的数据库范围。在实际跨库链接的构建过程中，应通过市场调研，选择市场占有率较大的数据库进行跨库链接的开发，而不应针对所有的数据库进行盲目的开发。因为开发一个统一的、无所不包的跨库系统，无论是理论上还是实践上都是不可能的。而只有这种局部范围的跨库系统才是实际可行的，既能实现统一的检索界面，又能保证一定的检索效率。

在信息急剧膨胀的网络时代，数据库信息是相对来说质量较高的信息资源。但是，由于各类数据库的库结构、数据结构、数据库接口等数据库自身的特点不尽相同，导致了异构数据库资源链接的难度相对较大，很难利用一般的搜索引擎实现检索链接。因此，跨库系统愈来愈受到大家的关注。但是，由于影响跨库检索与跨库链接的诸多因素存在，致使跨库系统还未被广泛应用。但无论从功能上还是技术上，跨库系统都具有长远的发展前景，值得继续深入研究，为用户获取数据库资源提供更大的方便。

5.3 基于知识单元知识链接的构建

5.3.1 知识单元概述

“知识单元”概念使用频率越来越高的事实，反映了以文献为单元的知识形态在朝向以“知识单元”为单元的知识形态发展的趋势。也就是说，将突破“文献单元”的限制，直接把“知识单元”组织成有序的集合系统。知识单元是知识控制与处理的基本单位，是一切知识管理活动的前提。知识获取、知识表达、知识生产、知识组织、知识存储、知识检索、知识计量、知识服务、知识提供、知识链接、知识发现、知识挖掘、知识创造等全部知识管理活动的实现都是以知识单元为基础进行的。可以说，知识单元决定了知识管理的广度、深度和精度。

1. 知识单元的含义

随着知识管理和知识经济的兴起，知识作为重要的战略资源引起了人们的高度重视，对知识内容本身进行直接控制和管理也成为各学科领域关注的焦点，作为直接控制和管理知识内容本身的知识单元进入了研究者的视野。尽管不少学者意识到了知识单元的重要意义，但并没有形成对知识单元的统一认识，知识单元在不同时期和不同学科领域的表现形态也各不相同，先后有思想基因、情报基因、知识基因、知识节点、知识元素、知识概念、知识因子、知识元、知识点、知识单元等不同说法。文庭孝等[①]总结了不同时期、不同领域中有关知识单元的表述，其中广义与狭义知识单元的观点最具代表性。

广义知识单元是知识不同层次的，自为一组的相对独立的单位，泛指知识的任何一种相对独立的单元内容和形式。王崇德、李美[②]提出超文本信息系统可以以知识单元为单位，通过链路将同一文献或不同文献的相关部分联系起来，检索时可深入到知识单元即文献片断。超文本的链路所联结的是节点，节点又可分为单纯节点和复合节点。这里的节点知识单元指的是“文献片断”，是文献中的任何一种相对独立的单元内容和形式。广义的知识单元不仅可以包括单篇文献，还可以包括单册文献，甚至单套的丛书等。总之，广义知识单元的容量是无限度的，只要具有相对独立性都可以称之为“知识单元”。如果说信息单元是文献外形特征结构的分解，那么知识单元就是文献内容结构的分解。

狭义的知识单元是知识不再分解的基本单位，是构成系统知识的最小的、最基本的要素，也特指那种在思维中不再分解的最基本思维形

① 文庭孝，等．知识单元研究述评［J］．中国图书馆学报，2011（05）：75－86.

② 王崇德，李美．论超文本信息系统［J］．中国图书馆学报，1996（04）：30－35.

式，即概念思维形式的知识，习惯称为知识元。狭义的知识单元是特指那种在思维中不再分解的最基本思维形式，即概念思维形式的知识。知识并不都是抽象思维的产物或结果，随着人类思维水平的不断提高，抽象思维仅仅是占主导的思维形式，形象思维、直觉思维都将成为人类思维的基本形式。因此，意象和对客观事物的任何一种最基本的表述形态都将成为最基本的知识单元。狭义知识单元是指构成整个知识集合系统的最基本单元形态，即独立表达某种最基本思维对象的形象、属性、关系的意象、概念和事物。这是从人类所能具有的抽象思维、形象思维、直觉思维来定义的，而不是指某一种思维。因为人类要科学、全息性地认识客观世界的线性和非线性形象、属性和关联，就需要运用所能运用的所有思维形式。因此，作为知识单元来说就不能仅仅是概念及其集合态，而应当是概念、意象、事物及其集合态，即与大脑内部主观知识形态的所有知识单元相对应。[①] 因此，狭义的知识单元等同为概念以及由概念构成的定律、学科和理论等。

从整体来看，广义的知识单元是不确定的，其容量也是无限度的，只要具有相对独立性都可以成为知识单元。而狭义的知识单元就是概念，概念是可以用自然语言和人工语言表达的，因此是一个确定的知识单元。任何一种科学创造过程都是先把结晶的知识单元游离出来，然后再在全新的思维势场上重新结晶的过程。这种过程不是简单的重复，而是在重组中产生全新的知识系统和全新的知识单元。因此，广义与狭义知识单元的认识并不矛盾，而且由于人们对不再分解的最小单位具有认识上的相对性，因此狭义知识单元也具有相对性。实际上，分类法和主题法在很大程度都是以概念知识单元为基础组织和管理知识的，在初级层面上解决了人类知识的管理问题。

知识单元尽管有不同的形式和称呼，但都是指一定单位的知识内容，即具有独立意义的知识单位，可以是文献，也可以是文献中的部分（文献片断），还可以是文献中的知识点（概念）。知识单元应该具有可表达性，可以独立控制与处理。无论何种形式的知识单元都有其内部结

---

① 徐荣生．知识单元初论［J］．图书馆杂志，2001（07）：2—5．

构，一般由知识因子（或知识节点、知识元素、知识基因）及其关联构成，如概念单元及其关系。只有能够实现可表达、可操作、可控制、可衡量和可处理的知识单元才有实际意义，知识单元不应该是随意的、因人而异的、不确定的。知识单元必须有与之对应的专指或规范语词才能有效表达和理解。

2. 知识单元与文献单元

关于知识单元的研究是从早期的文献单元开始的，对文献单元的研究也主要集中在文献组织、文献检索和文献计量等领域。由于文献单元是一种天然的、自然的知识管理单元，便于控制和处理，因而成为知识管理的初始单元，经过长期发展形成了完善的知识体系。长期以来，人们一直将“文献”作为知识体系中相对独立的广义的知识单元。当人们对知识形态的认识进一步深化，开始注意探索狭义的知识单元形态时，文献单元与知识单元的区别与联系也就突现出来了。

一般而言，单元是指整体中自成单位、系统，自为一组的单体形态。文献单元是文献自成系统，自为一组的单体形态。从广义上说，可以泛指任何相对独立的文献单位或某一种相对独立的文献集合。如某一篇文献，某一种图书，某一合订、汇编的图书，或是由单篇文章汇辑而成的某一期刊、报纸等，其中最基本的单元形态则是单篇文章，而大型的单元形态则是丛书。知识单元则是指知识本身（不考虑物理形态）自成系统、自成单元、自为一组的认识单体形态，是知识集合系统的相对独立构成单位。其中既有最基本的、不再分解的基本认识单元，如概念知识单元，也有由基本单元构成的各种相对独立的知识单元，如原理、规则、规律、理论、方法等。

文献单元比较直观，一篇文章、一册书、一本杂志、一套丛书等，都是非常直观的不同层次的文献单元。知识单元则没有这样的直观单体形态，这是因为文献单元的直观单体形态源自物理载体单元形态。而知识单元的单元形态只能是构成系统知识的结构元素（因素）。如果就文献是记录有知识的载体来说，其单元形态有两种，一是物理载体形态；一是知识内容形态。就知识内容形态来看，文献单元是知识单元形态的一种，即以文献载体形态为主要标志的知识单元。如果不考虑文献知识的固化性，那么，文献单元还可以进一步按知识单元进行活化分解。文献单元就认识层次上说是知识单元的一种形态，这种形态由于受文献载体的限制，其作为知识单元来说是线性、固化，不能自由分解和组合的。这与只从认识层次上来理解的非线性、活化，能自由分解和组合的直接意义的知识单元相比只能是知识单元的一个特例，或是知识单元的一种静态形式。文献单元是知识单元的一种形态，文献单元中包含着知识单元，知识单元最终附着在一定形式的文献单元中，体现为文献单元。因此，文献单元可以在一定程度上反映出知识单元的内容，如作为文献单元标识的题名、分类号、主题词、关键词等。文献单元是一个确定的知识单元，可以作为一个独立的知识单元处理，可以在一定程度上进行分割和自由组合。

知识单元作为知识的单元形态，不同时期人们对它的认识和表述也是不同的。如截至目前，人们仍然习惯于以文献单元形态来认识知识系统。而知识单元概念的提出则突破了这种认识局限，认为文献单元仅仅是知识单元（广义）中的一种形态，以文献为单元的知识形态可以进一步划分为直接以知识单元为单体形态的单元，直至划分为最基本的知识单元。这同人们对物质的认识由单体物质深化为分子，分子再深化为原子等的规律是一样的。无论是物质还是知识，深化认识基本单元的目的，都是为了更好地控制和利用物质和知识。如果说人们在掌握了构成物质的分子单元、原子单元及其结构规律之后，可以人工合成一些新的物质和创造出新的物质形成，在掌握了构成知识的各种不同层次的单元形态之后，也同样可以通过对已有知识的分解，重新组合成再生性的新知识。

3. 知识单元的属性

知识单元的特征是相对于文献单元和信息单元而言的，是知识单元在使用中所具有的基本属性，也是区别文献单元和信息单元的共同特征。这并不是说知识单元不具有文献单元和信息单元所具有的特征，而是在此基础上的延伸。因此，很难将知识单元与文献单元、信息单元有效地分割清楚。知识单元特有属性有以下几点：

① 知识单元的多维性

知识单元的多维性或多向度性，是指知识单元可以多向成族。即每一个知识单元都可以同其他知识单元通过多种多样的形象、属性、关系相连。这种多维性来源于知识单元内在构成元素、结构和外在形态的多元性。知识单元的多维性是就知识的非线性、动态性、活化性而言的，这与以文献形态所记录的线性、静态、固化知识是相对而言的。所谓线性、静态、固化知识则指固定表达某一主题（即某一形象、属性、关系）的知识。在这种固化的知识形态中知识单元是作为固化知识的整体存在的，即各个知识单元仅以本身所具有的多种形象、属性、关系中的某一种或某几种作为主题因素属性（形象、关系）或是主题因素的相关属性（形象、关系）而显性存在，其余属性（形象、关系）则呈潜在状态而存在。当各个知识单元脱离开固定的主题作为独立单元存在时，其所有形象、属性、关系则有可能全部呈现出来并可以多向成族。

② 知识单元的分合性

知识单元的分合性，是指知识单元的可分解性和可组合性。即较大容量的知识集合态可以分解成较小容量的集合态，直至分解成不再分解的基本知识单元。同时，相对来说不再分解的基本知识单元可以组合成层次不同的各种容量和属性（形象、关系）的知识单元。知识单元的可分合性从本质上说来源于物质的可分合性。即物质可分解为分子，分子可分解为原子等。相对来说，原子可组合成分子，分子可组合为一定物质等。但是两者又有本质的不同，物质的可分合性取决于物质本身客观上所具有的形象、属性和关联性及特定条件，而知识单元的可分合性主要取决于思维的主观能动性。而且，知识单元的可分合性也不同于文献单元的可分合性，文献单元的可分合性受物理载体和线性、固化的主题限制，基本单元只能是单篇文献，而知识单元的可分合性则不受物理载体和线性、固化主题所限制，即可以突破单元文献的限制，深入到知识最基本的单元形态——意象、概念、关系等。

③ 知识单元的重组性

知识单元的可分解和组合的特性，特别是控制分解和组合的思维的主观能动性（即按照某种实际需要，而不是客观的被动适应），直接导致了知识单元的可重组性。“重组”与“组合”是有本质不同而又有承接关系的两个概念。即组合是按照已有的元素构成和固定结构对分解后的知识单元进行复原性的组合，而重组则是指按照某种实际需要，进行创新性的元素重组和结构重组。这种重组的结果是生成新的知识单元或新的知识单元的集合。这是思维形成新的知识，即新的规律、规则、理论（作品）、方法的主要途径、过程和方式，是思维主观能动性的重要体现。林平忠在《论图书馆信息资源及其深层开发》中提出："人脑把收集到的信息与已存储（记忆）的信息联系起来进行加工组合，从而建立起一个个的信息系统，这就是一个个的知识单元，由这些知识单元进而构成关于客观世界的各种事物的概念、规律和理论。"

④ 知识单元的再生性

根据知识单元的多维性对知识单元进行分解，是使知识的各种复杂层次结构和组成因素（广义知识单元）得以活化，更深入地了解掌握知识单元的构成因素和结构方式，以从中深刻地认识和理解如何根据实际需要对知识单元进行重组，并使已有知识活化和激活，生成再生性的新知识。利用已有知识通过思维的重新组合产生再生性的新知识，是知识经济时代人类在已有知识积累到庞大而惊人，内容大量交叉、重复、分散的条件下，根据实际需要使知识增值的重要途径。

5.3.2 知识单元的表示

知识表示是知识管理工程的关键技术之一，主要研究用什么样的方法将解决问题所需的知识存储在计算机中，并便于计算机处理。知识表示的适当与否直接关系到一个知识系统的成败。而知识组织则是知识经济时代知识管理获取知识的手段和过程。信息资源管理注重信息获取的结果，而知识管理则不仅重视结果，更重视知识获取的手段与过程，并且知识组织就是其中的手段与过程的总和。任何知识组织方法都要建立在知识表示的基础上，知识表示是知识组织的基础与前提。

1. 知识表示的含义

从一般意义上讲，所谓知识表示就是为描述客观世界所作的一组约定，是知识的符号化、形式化或模型化。各种不同的知识表示方法，是各种不同的形式化的知识模型。从计算机科学的角度来看，知识表示是研究利用计算机来表示知识的可行性、有效性的一般方法，是将人类知识表示成机器能处理的数据结构和系统控制结构的策略。知识表示的研究既要考虑知识的存储，又要考虑知识的使用。从图书情报的角度来看，知识表示就是指把知识客体表示出来，以便人们识别和理解知识。知识单元由知识因子和知识关联构成，知识表示的本质就是确定知识因子及其关系。

知识管理的前提首先是知识表示，而知识表示的前提首先是确定知识单元。目前可以确定的知识单元主要有两类：一是文献知识单元，一是概念知识单元。其他知识单元都是在这些基础上的组合或延伸，除此以外，还没有找到更科学、合理、合适的知识单元。

2. 知识表示的选择

正如我们可以用不同的方式来描述同一事物，对于同一表示模式的知识，我们也可以采用不同的表示方法。但是在解决某一具体问题时，不同的表示方法可能产生完全不同的效果。因此，为了有效地解决问题，我们必须选择一种良好的表示方法，它通常需要满足以下基本要求：

① 具备足够的表示能力。即要求能够针对特定领域，正确地、有效地表示出问题求解所需的各种知识。

② 与推理方法相匹配。人工智能只能处理适合推理的知识表示，因此，所选用的知识表示必须适合推理才能完成问题的求解。

③ 不同层次的知识表示要一致，使用统一的表示方法可以简化其处理。

④ 模块结构要清晰自然。由于知识库一般都需要不断地扩充和完善，因此，具有模块性结构的表示模式将有利于新知识的获取和知识库的维护、扩充与完善。

⑤ 说明性表示与过程性表示。一般认为说明性的知识表示涉及的细节少、抽象程度高，因此，表达自然、可靠性好、修改方便，但是执行效率低。过程性知识表示的特点则恰恰相反。

选择知识表示方法的过程，就是在表达的清晰自然和使用的高效之间进行折中。知识表示的方式很多，从语言学和教育学领域来看，主要是词汇选择与概念表达、理解。从人工智能和知识工程领域来看，常用方法有逻辑表示法、生产式规则表示法、语义网络表示法、框架表示法等。从图书情报和信息管理领域来看，基于概念逻辑的分类法和主题法本身就是知识表示方法。在知识表达和揭示过程中，人们建立了以文献单元为基础和以数据单元为基础的知识组织体系。现在，以智能为基础的知识组织系统正在积极地开发研究中。不同的知识组织体现知识的表示方法是不同的。对文献知识的表示，目前还停留在分类标引法和主题标引法。这两种方法都属于揭示文献主题内容的方法，两者的基本原理相同：先编制标引用词典（或称标引语言），然后把文献知识特征（形式特征与内容特征）与词典中的标引词汇之间进行相符性比较，最后把相符的词汇用其代号（分类号或主题词）表示出来。这种对文献知识内容的表示不能反映文献中的具体知识单元。

3. 常见的知识表示方法

到现在为止，被广泛使用的知识表示方法主要有以下 6 种：

① 谓词逻辑表示法

谓词逻辑表示法是指各种基于形式逻辑的知识表示方法，利用逻辑公式描述对象、性质、状况及其关系。例如“宇宙飞船在轨道上”可以描述成：In（spaceship orbit）。该方法是人工智能领域中使用最早和最广泛的知识表示方法之一，其根本目的在于把数学中的逻辑论证符号化，能够采用数学演绎的方式，证明一个新语句是从哪些已知正确的语句中推导出来的，那么，也就能够断定这个新语句也是正确的。

在这一方法中，知识库可以看成一组逻辑公式的集合，其修改是增加或删除逻辑公式。使用这一方法来表示知识，需要将以自然语言描述的知识通过引入谓词、函数来加以形式描述，获得有关的逻辑公式，进而以机器内部代码来表示。在这种方法的表示下，可采用归纳法或其他方法进行准确推理。

② 产生式规则表示法

产生式规则表示法也是常用的知识表示方法之一。它是依据人类大脑记忆模式中的各种知识之间大量存在的因果关系，并以“IF. THEN”的形式，即产生式规则表示出来的。这种形式的规则捕获了人类求解问题的行为特征，并通过“认识——行动”的循环过程求解问题。一个产生式系统由规则库、综合数据库和控制机构3个基本部分组成。

③ 语义网络表示法

语义网络表示法，也称为联想网络，它利用结点和带标记的边构成的有向图来描述事件、概念、状况、动作以及客体之间的关系，是知识表示中最重要的方法之一，具有表达能力强、使用灵活等特点。带标记的有向图能十分自然地描述客体之间的关系，采用网络表示法比较合适的领域，多是根据非常复杂的分类方式进行推理的领域，以及需要表示事件状况、性质及动作之间关系的领域。

④ 框架表示法

框架表示法是明斯基在1975年提出的，其最突出的特点是善于表示结构性知识，能够把知识的内部结构关系以及知识之间的特殊关系表示出来，并把与某个实体或实体集的相关特性都集中在一起。

⑤ 面向对象的知识表示方法

面向对象的知识表示方法的基本出发点是：客观世界是由一些实体组成的。这些实体有自己的状态，可以执行一定的动作。相似的实体抽象为较高层的实体，实体之间能以某种方式发生联系。对这些实体的映像就被称作对象，对象中封装了数据成员。数据成员可以用来描述对象的各种属性，这些属性是对外隐蔽的。对象既是信息的存储单元又是信息处理的独立单位，它具有一定的内部结构和处理能力。各种类型的求解机制分布于各个对象之间，通过对象之间消息的传递来完成整个问题的求解过程。用对象表示的知识与客观情况更为接近，这种表示方案比较自然，易于理解。

⑥ 基于本体的知识表示方法

本体是对客观实体存在本质的抽象，它强调实体间的关联，并通过多种知识表示元素将这些关联表达和反映出来。通常把那些表示知识的元素称为元本体，元本体主要包括概念、属性、关系、函数、公理和实例等六种。

5.3.3 知识元链接理论

从广义知识单元角度看，引文链接以及元数据元素链接都属于知识单元链接，但这两种类型的链接都依赖于知识载体，人们希望将知识的控制单位从文献深化到文献中的数据、公式、事实、结论等最基本且独立的知识单元，即狭义的知识单元层面。很多学者习惯使用知识元来指代狭义的知识单元。知识元被定义为构成知识结构的最小独立单元，用来表示一个个针对特定问题的解决方案，可以是概念、方法、规则、公理等数据或事实，以及实例化的知识。温有奎[①]教授于 2003 年最早提出了知识元链接的理论，并持续在此领域进行了深入研究，为从知识载体以及知识载体属性特征的管理过渡到以知识内容本身的管理，探索狭义知识单元链接积累了宝贵的经验。由于知识元链接完全不同于之前的链接形式，因此需要探索新的研究方法。具体来说，知识元链接研究分为三个步骤：第一步，利用人工智能技术和软件工程方法建立获取单个文本中的知识元的规则；第二步，在检索系统中，利用对象理论建立知识元的对象关联关系，建立领域知识结构框架；第三步，以知识元对象的继承性、封装性、动态联编性、消息通信性等关系，建立知识元对象链接模型，解决知识元利用的自然性和有效性。虽然知识元链接的提出已经有十年，但目前的研究进展依然十分缓慢，知识元链接还没有达到可以实际应用的阶段，许多研究都还仅停留在理论层面。这里我们将对知识元链接相关理论研究进行介绍。

1. 知识元结构

在知识网络结构中，知识节点可以是知识存在形态和表现形式的各种状态，但只有知识元——组成知识结构的最小单元、构成知识网络的最小节点，才能更好地承担起知识获取、处理、再生和实施的功能。在众多知识关联关系里，只有语义关联才能更加准确地维系知识的内联关联和外联关联，并依靠知识元内部语义关联构成知识元实体。知识元及其语义关联就像人脑神经系统中的神经元及其传导神经一样，在知识逻

---

① 温有奎，徐国华．知识元链接理论［J］．情报学报，2003. 22（6）：6.

辑网络有机构建和服务功能中起着独特的主导作用，能还原知识的本来面目。一个独立的知识元实体是由知识元内容和语义关联两部分组成，而知识元实体本身能够有效揭示知识元内部以及知识元之间丰富而复杂的联系。知识元链接理论的核心内容在于知识元实体的结构描述。

知识元是从知识资源中提炼出来的，是以最小存储单位进行知识的存储、引用以及共享。知识元是从有用知识资源中提取出的最精华资源。对知识元结构的认识，不仅可以提高知识资源的直接利用效率，同时可以方便地进行知识元链接和配置，进行知识元的再组织，并促进知识的创新。

知识元作为最小的知识单元，具有可组合性、可导航性、可链接性等特点。

① 可组合性：文献单元可以分解为若干知识元进行存储，那么反过来，知识元之间通过特定逻辑关系进行链接之后可以组合成文献单元；

② 可导航性：知识元是从文献单元中提取出来的，作为文献单元知识内容的最底层表现形式，知识元还可以与知识表现的上一层——文献单元之间进行互逆导航；

③ 可链接性：知识元已经提炼到高纯度知识的层次，那么文献单元之间针对同一主题或者不同主题进行的论述，都有可能产生知识的共用，知识元实现了知识单元之间的间接链接。

在满足上述知识元性质的基础上知识元结构可以有很多的实现方法，其中对象模型方法最接近人们认识事物的习惯，可以在体现知识元性质的基础上增强知识元的可维护性。按照对象模型方法，知识元结构可以定义为一个四元组：

知识元（名称、内容、来源、关联）

名称：知识元对象的名称。名称是知识元自身独立性与单一性的体现，一般名称的编码是唯一的。但在没做好规范命名的情况下，会出现相同的知识元可能拥有不同的名称（同一个知识内容，在不同的知识领域范畴内，名称有可能不同），或者不同内容的知识元拥有相同名称的情况。这时需要通过同一关联等后控方式进行关联揭示。

内容：知识元的完整内容。知识元是抽取出来的最小的知识单元，知识元的内容有必要进行完整存储。但为了便于检索，一般需要从内容中提取内容属性信息。

来源：知识元的载体源头。知识元的来源属性是知识元可导航性的体现。知识元设置来源属性，可以方便在以知识元作为知识组织单位时，寻找该知识元的来源文献单元，对该知识元在实际应用中的范例进行具体研究，可以通过知识元的搜索查找直接相关的有价值的文献单元。

关联：知识元的关联属性是知识元可链接性质的体现。知识元之间可以因某些逻辑关联关系组合在一起成为文献单元。知识元关联属性为知识元链接体系的建立奠定了基础，同时，也使知识元成为知识发现与知识推理的最小单位。

由上面知识元对象的四点属性可得知，知识元对象模型的建立主要是两层信息的填充，即由对象内容属性以及名称属性所体现的特征信息层，及容纳对象的关联属性、来源属性的导航信息层。

2. 知识元关联体系

知识元结构是构建知识元关联体系的根基，知识元关联体系是进行知识元操作管理的框架。知识元一旦脱离此体系，就会成为毫无用处的知识孤岛，很难甚至不会被利用，成为知识垃圾。

知识元关联体系用于表征知识元之间的关联状态。知识元属性包含知识元的特征信息层以及导航信息层，因此知识元的关联在这两个信息层面展开：①在特征信息层，知识元的内容属性与名称属性可以构造同一知识元的不同作用领域之间的关联，查看某知识元在不同知识领域内的具体应用，可以成为多个知识类别的承接点；②在导航信息层，由知识元的来源属性可知，知识元之间可通过文献单元进行间接关联，同时，知识元间的关联属性作为知识元之间的枢纽，实质是根据知识元特征信息层的内容属性之间的逻辑关联或用户根据自己的需求自定义知识元之间的关联。知识元在不同知识领域及不同文献单元中的嵌套，是知识元间进行关联的基础，知识元关联体系是知识结构的纽带。

如果在知识元之间的关联分析中，只根据知识元内容属性作为逻辑关联关系的基础，其形式上虽然是以知识元作为知识网格的节点，但是与传统的知识网络构建方法相比没有太大的改进，都是采用知识类别的包含与被包含的纵向关联以及同一知识类别之间的横向关联为基本框架进行设计。因此，真正意义上的知识元关联体系应该既包括特征信息层的逻辑关联关系，也包括导航信息层的关联关系。将知识元间多角度的逻辑关联关系作为知识元与知识元、知识元与文献单元以及文献单元与文献单元间关联转承实现的基础。

图5—3是温有奎提出的知识元链接示意图，其实质是知识元关联示意图。图中突出了知识元的独立性、信息导航的链接性和知识结构的完善性。强调知识结构是一个比较完整的认知结构，知识结构的构成主要是由信息对独立的知识元的导航而形成。

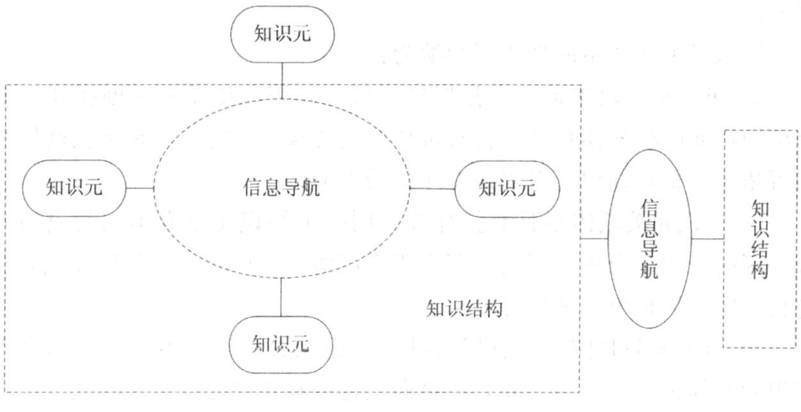

图5—3　知识元链接示意图

这种知识元关联体系强调向导信息与知识元本身的直接一体性和导航链接性的双重功能，表明了向导信息与知识元、知识结构之间存在着一种组合增值变换规律。可见，知识元关联体系突破了知识组织与检索技术上的难题，将实现知识自由独立的存储、应用、组合、创新和引导链接，从而改变人类以往的信息组织与检索的方式，为实现以独立的知识元为单位的知识组织、知识检索、知识集成提供了知识管理自动化的理论基础。

知识元关联体系在分析完成之后，可以成为知识元的组织框架，是对知识元进行操作管理的平台。构建知识元关联体系的条件包括：

① 知识元关联的基本单位是知识元，具有完整关联属性的知识元必然存在于知识元关联体系；

② 在对知识元间进行关联时，需要借助推理引擎或者自组织工具完成，如人工智能或 Web2.0 技术等；

③ 知识元挂念体系的内容是在不断增长的，对于日益膨胀的知识元数量，需要恰当的管理技术完成对知识元操作，如添加、维护知识元等，进行合理导航；

④ 对知识元关联体系的展示也需要选取恰当方式，如在对知识元进行搜索操作时，由于数据量庞大，用可视化技术直观显示相关的知识元。

知识元关联体系的性质可归纳为：

① 知识元关联体系具有拓展性。随着知识元体系的不断扩张，对容纳知识元的框架体系必然会有可拓展的要求。同时，知识元关联体系的可拓展性也是知识元自组织有序化的保障；

② 知识元关联体系具有拓扑性。同一个知识元会有不同的应用领域，同时，同一个知识元也会存在于不同的文献单元，这就使知识元在进行关联时展现出其拓扑性；

③ 知识元关联体系具有层次性。知识元关联体系不单是在横向上知识元与知识元之间的关联，在纵向上也存在知识元与文献单元之间的关联。因此间接形成了文献单元之间的联系。

知识元关联体系的构建是建立知识元链接的前提，知识元关联体系不仅支持知识元的存储、维护与共享管理，还可以辅助用户进行知识挖掘与知识发现。

3. 知识元链接的含义

许多学者关于知识元链接的提法都源自温有奎的知识元链接理论，而从相关的研究中我们可以得到：知识元链接理论的核心内容是关于知识元关联关系的分析与研究，而且侧重于对元数据的抽取及标引环节。

按照我们之前对链接含义的解释，链接是可以实现从一个资源跳转到另一种资源的。显然，现有关于知识元链接的研究并不是以实现类似网页链接功能为目的的。

为了明确本研究的研究对象，我们对知识元链接作出更加明确的解释。本研究中所指的知识元链接是建立在现有知识元链接研究的基础上。为了方便区分，我们将现有的知识元链接统一称为知识元关联，我们所要研究的知识元链接是指在对知识元关联关系进行分析并构建的基础上，借助知识元关联实现在知识元粒度下的知识链接跳转功能，即能够实现从一个知识元跳转至另一个知识元的过程。

5.3.4 知识元链接的构建模型

1. 知识元标引

知识元标引环节是知识元链接系统中，构建知识元与知识元之间链接关系的工作起点。知识元的提取、过滤等操作均在此环节完成。信息是知识的载体，知识本身是从信息中转换而来的。同样，文本文献是知识元的载体，知识元作为知识的最小度量单元同样需要从信息当中提取出来。在情报学领域中，信息与知识的转换过程，称作知识标引。与此类似，从文献单元中提取出知识元的过程，称作知识元标引。同时，知识元标引在提取知识元的过程中进行了识别知识单元知识点以及创新点的知识增值操作。

知识元标引的工作内容主要包括：①分析文献单元的知识结构，与知识网络系统的知识类别管理匹配；②抽取出文献单元中的知识元；③对提取出的知识元进行选择过滤；④完成标引的知识元进行管理维护。

在实际应用当中，所标引出的知识元通常与知识网络系统的应用领域相关，标引工作不仅仅需要从论文、专利、标准等文献单元中抽取出关键或者核心的知识元，而且可以将与专业领域不相干的知识元进行剔除。因此，知识元的标引工作通常需要由所应用的知识领域中的专业人士完成。

通常，知识元标引的流程为：知识网络系统的文献单元，如论文、专利、标准等文本单元，主动推送或被动添加至知识库；采用文本自动分析或专家系统，对文献单元进行分析，结合知识网络系统的目标知识领域的知识结构，对知识元进行抽取、过滤、分类链接以及存储维护等操作。

在建立两个知识元之间的关联关系时，关联属性的类型判断是最关键的。不同领域内知识元关联类别也存在差异。以汽车零部件知识领域为例，知识元之间的逻辑关系可以归结为以下八种[①]：①存在作用关系，如密封圈（存在）与其密封功能（作用）关系；②作用相对关系，如车内空调的制热功能与制冷功能的相对关系；③组合作用关系，如汽车制动总成的部件之间的层次链接；④进化区别关系，如液压助力转向系统与液电混合助力转向系统的进化关系；⑤性状既区别又不可分关系，如螺母与垫圈之间的作用不同却不需细分；⑥对称平衡关系，如悬挂系统的左减振器与右减振器作用的对称平衡关系；⑦转移转化关系，如为汽车提供驱动力的汽车发动机在液压转向助力系统中可以充当油泵的动力源；⑧本质形式关系，如制动系统中的可以由不同构造原理的驱动源提供制动力。

知识元关联类别的不确定性增大了知识元标引的难度，只能通过领域专家事先对特定领域中的知识元关联类别进行识别，再由领域专家或其他专业人士对知识元添加关联信息。由 5.3.3 中阐述的知识元链接理论，可以将知识元及其关联属性的运作流程总结如下：

① 由领域专家确定本领域内知识元关联类别；

② 将文献单元按照知识结构进行初步分类；

③ 知识元标引是对文献单元进行处理的起点。具有专业知识的用户首先根据知识分类结构查找感兴趣的文献单元，而后抽取出用户认为比较有价值的知识内容，过滤掉文献单元中的无用信息；

④ 根据知识内容对知识元的特征信息层的属性——名称属性、内容属性进行填充。同时，设置知识元的导航信息层属性内容——关联属

---

① 毕经元，基于 Web2.0 的知识元链接网络系统［D］：［硕士学位论文］．杭州：浙江大学机械与能源工程学院，2010.

性和来源属性。

2. 非文本知识元抽取

知识元存在多种表现形式，除了文本形式的知识元外，表格、图形也是常见的知识元。对科技文献中参数指标和图形表格等知识元的识别与抽取，进行图形表格语义特征及语义模型、语义属性的标注和标引，可以建立参数指标的概念化描述以及与其他知识元的关联关系，实现数据聚合。

表格图形知识元的抽取标引是建立在表格、图形的识别模型和匹配模型基础上的，基本过程包括：

① 利用上下文分析方法自动分析和判读存储在计算机中的表格、图形所处的环境信息，找出其语义特征；

② 利用参数指标语义模型，通过语义特征分析判断表格、图形所具备的参数指标属性，并将相关属性进行标注；

③ 利用数据清洗方法对表格、图形进行清洗，从而实现参数指标的识别与分离；

④ 利用知识组织中的概念体系，对抽取的参数指标和图形表格等知识元进行概念判断、识别、归类、描述和链接；

⑤ 利用自动切词技术，对这些知识元进行元数据描述和知识加工标引，建立知识元的概念化表达和关联；

⑥ 利用参数指标等知识元的元数据规范，进行自动标注从而获取相关属性，建设知识元数据库，实现知识元间的有效关联与揭示。

3. 主题图与知识元库建设

创建知识元库、构建主题图是实现知识链接的基础。作为一种知识组织体系，主题图/概念关系图是一个由众多的主题、主题间的关联关系组成的集合体。主题图由主题、关联形成知识的结构与关联。主题可以表示任何概念化的知识，可根据应用领域和用户需求建立相应的主题概念集。关联表示相关主题之间互相的关系。将主题关联起来就形成了主题间的语义联系。知识元不是孤立的，知识元之间也存在着一定的逻辑关联。知识元有其相对应的主题/概念，一个知识元可以对应一个或多个主题/概念；反之，一个主题/概念也可以由多个知识元来表达。

知识元借助主题图这种表现形式，能够反映知识元之间的各种隐含的有效关联（如等级种属关系、矛盾关系、并列同一关系、簇类关系等)。主题图是通过主题间的关系以及知识元与资源之间的关系来组织知识，并将其与相关信息资源进行关联。通过对知识元的抽取与标引，建立知识元与主题概念间的有机联系，形成知识元库。在知识元库中，可以通过知识元本身显现主题与资源实体之间的一种指向，实现知识元库中关联知识的知识链接，从而揭示单篇文献的个体“知识元”与某领域共性“知识结构”的链接关系。

分类法、主题词表是信息组织的有效工具。在数字环境下，分类主题一体化系统作为一种重要的主题图，可以在知识链接中发挥作用。其主要功能在于，能够从多角度表示知识概念间的相互联系：利用主题概念间的等同关系、等级关系和相关关系等丰富的联系，结合知识元库，定位某一知识概念所在的资源位置；将主题间的相互关联以及主题与信息资源的联系以特定的方式直观地展现出来；使抽象的知识内容组织成一个有坐标概念的知识地图，并形成结构化的语义网络；借助链接技术，将用户指引到相关的资源，获得所需要的知识。

将提炼出来的知识元存储起来，编制成知识元库。这是从文献集合建设独立的知识集合的过程。知识元库是知识链接的中枢，由具有独立意义的知识元构成。同时，按照一定的分类体系组织、编制规模适当、分级合理并可灵活配置的知识元库，能够有效提高知识信息的链接率并降低动态更新成本。

4. 创建链接

知识元库建设完成后，就具备了在知识元层面进行知识服务的条件。根据知识元链接理论，该知识元可以与文献单元、信息单元及关联知识元间形成链接，在用户浏览该知识元的来源文献单元，或相关信息单元，或与其相关联的知识元时，就有可能注意到该知识元；同时，若用户在对该知识元进行浏览时，若想深入了解，可以浏览与该知识元链接的知识元、信息单元与文献单元。

知识元链接创建链接的过程相比前面两种链接创建过程要复杂得多，主要在于知识元关联的多样性。在知识元链接构建模型的前三个阶段，主要解决的问题是知识元关联的确定及表达。创建链接阶段的主要任务就是将知识元关联通过链接的形式直接显现。知识元链接的形式主要包括：

① 知识元之间的链接。这种链接形式反应的是知识元之间的关联关系，其关联关系可以从知识元结构或者主题图得到。但由于知识元之间的关联类别多且不固定，所以难以通过一对一链接的方式进行关联的揭示。而且，若采用一对多链接方式，也需在引导页面将关联类别进行说明。比较有效的方法是在说明页面通过直观的图示化方式展示各种关联关系，并在关联知识元名称上填加链接锚点。

② 知识元与信息单元之间的链接。在 4.2.4 中提到过：从一个元素值链接到元素值在知识库中的解释条目的链接，如著者简介、主题词含义、关键词解释及相关知识等。所有这些具体的解释与简介都可以看作知识元。由于这种链接关系是一对一链接，因此，从此类知识元也能够确定一个元素值。依照这种关联关系可以建立从知识元到信息单元的知识元链接。

③ 知识元与文献单元的链接。知识元结构中的来源属性表明了知识元抽取的源，根据这种关联信息，可以方便地实现从知识元到文献单元的一对一链接。

以上三种知识元链接形式的主要区分在于链接目标类别的不同，可以看到以知识元作为链接源，其链接目标涵盖了各种知识粒度，这也从一定角度上体现了知识元链接的复杂性。知识元链接锚点的确定同样复杂，虽然可以直接采用知识元名称作为链接锚点，但在很多链接形式中并不会有知识元名称的出现。比如，在全文文献中填加知识元锚点，需要自行寻找合适的文字来设置链接锚。寻找那些待建立链接的链接锚点文本可以采用以下两种方法：①对全文文献进行切分词，去除停用词，把剩下的词都作为待建立链接的链接锚；②依次取出知识元数据库中的知识元名称，在全文文献中查找，找到的文字视为待建立链接的链接锚。这两种方法各有优缺点，可以根据具体情况酌情采用。同一个词在不同的专业领域其含义是不一样的，如果只是简单地字符串匹配，链接对象与链接锚之间可能出现大量的“失配”或“误配”现象，严重影响用户的使用积极性。

如何通过计算机自动智能的确定链接锚点，如何全方面链接展示一对多的关联关系，以何种方式显示链接目标的内容都是在创建链接时需要解决的问题。

5.4 知识链接的构建策略

知识链接的构建面临很多挑战，需要对知识链接的目标进行多层次规划，细化知识链接资源的组织粒度，并分步推进开放式知识链接服务机制。

5.4.1 多层次规划知识链接的目标

宏观层面，知识链接就是要实现全球范围多个平台系统之间知识的有效链接，从时间、空间和功能结构等方面对各个系统进行合作协调管理，能够构建出知识链接协同系统和开放共享的全球知识网络。通过知识链接能够打通已有的专业信息服务关系，实现各类型信息服务系统之间的协作与共享，实现以用户为中心的各类网络服务的多网融合与重构，并建立各个服务系统之间良好的依赖与协作关系，构建出和谐的信息服务生态系统。

中观层面，知识链接是针对专门学科领域的开放架构，通过系统内知识的序化、揭示和关联，实现外部资源服务系统的发现、融合与嵌入，创建出能够发现、管理、保存和共享各类型学术信息资源，实现交流手段与信息资源整体化的信息服务环境。

微观层面，知识链接系统将知识资源、用户资源、工具方法通过知识链接融为一体，通过各种协同管理手段，运用各种协同技术，为用户构建一个无缝、关联的知识服务空间，满足用户的多样化需求，实现以用户需求为中心的微观层面的资源集成与服务整合，能够基于用户体验提升开放式服务的可用性、互通性和可塑性，使用户享用一站式的、无缝链接的全程服务。

知识链接需要基于知识链接对每个独立自治的信息服务系统进行协

同组织，在协同对象、协同内容和协同服务三个层面进行动态交互关联，按照从微观到中观再到宏观多层次逐步推进。

5.4.2 跨系统组织知识链接资源

知识链接需要多种类型多个层级的知识组织系统合作联合共同实现，包括图书馆、档案馆、博物馆、信息服务机构、内容供应商、出版商、网络搜索引擎、e—learning、e—science 系统以及信息服务人员及其用户群子系统，系统间相互联系、相互作用协同完成整个知识信息服务过程。在知识链接体系中，各个服务子系统之间相互吸引、合作和互补。知识链接的资源要依次实现专业层面、地区层面、国家层面的整合和协作。资源的组织粒度要根据用户的实际需求和知识应用环境来组织，通过对知识内容和结构的描述、链接，实现数据、技术和语义等层次上的信息服务系统的融合，共同构建知识链接系统。

知识链接跨部门、跨系统的资源组织，包括以下内容：①打破各自为政导致的相互叠加与彼此独立的政策体系，制定出基于知识链接的跨系统访问与共享政策。②针对特定领域的知识服务系统，制定出有效的保证知识优先权的政策。③服务协同共享需要制定统一、集成的纲领，以保障各类型的服务系统都要按照此纲领进行本系统内知识组织和链接。④打破系统对用户的应用障碍，统一数据交换标准，实现不同用户对相同数据库的操作。⑤进行知识业务流程的重组，重点研究跨系统知识链接服务共享和访问。⑥建立跨系统知识链接的标准体系，实现系统间无缝链接。[①]

5.4.3 分步骤建立知识链接机制

首先，在技术方面应该紧跟语义网技术和信息组织技术新的发展趋向，关注最新研究成果。在现有知识链接实现方式和技术路线基础上，不断完善和优化开放网络环境下知识获取与知识表示的理论、模型、方

---

① 曾建勋．开放式知识链接服务体系研究［J］．情报理论与实践，2013（01）：48—52.

法和机制，知识可视化与创新方法，知识的有效组织、评估、提炼、衍生、关联和集成的方法与技术。一方面充分考虑知识组织的新应用需求，将新型的知识组织体系，如本体、主题图、概念图、词网应用于开放式知识链接服务的构建中，充分发挥知识组织体系的整体功能；另一方面要逐步实现理论研究、技术层面的原型开发向实际应用阶段的过渡。

其次，在组织方面应该研究协同方式和合作机制，不仅要考虑利用何种方式和手段来开展开放式协同服务，还需要具体组织实施适合用户需要的协同服务步骤。基于开放式的知识链接服务协同，主要考虑的内容包括人员因素、技术因素和政策法规因素等，在多个维度上有序建立相应的操作方法和参考指南。

此外，构建知识链接还会涉及多方利益相关群体，需要在网络环境下实现多方利益相关群体技术平台的协同作业，实现协同服务的实时、动态、集成、有序、开放、共享，对参与机构而言，所需投入的成本花费、通过投入能够实现的预期产出和可能遭遇的风险都尚不够明确，需要在实践中不断总结和探索，积累总结典型案例，逐步建立和完善知识链接服务，指导开放式服务实践。

6 基于知识链接的数字资源整合模式

近年来，伴随着知识链接和知识网络理论与实践的拓展，一系列新型的基于知识链接的数字资源整合模式悄然出现，它们代表着知识链接和知识服务的发展趋势。本章以目前拥有信息资源最为丰富的三大核心领域，出版商、图书馆和数据库商，阐述起源于这三方的三种基于知识链接数字资源整合模式。

6.1 起源于出版商的DOI＋CrossRef

6.1.1 DOI概述

DOI（Digital Object Identifier，数字对象标识符）的解释有广义与狭义之分。广义地说，DOI是指在数字环境下标识和交换知识产权对象的一种开放性系统，它遵从统一资源标识符URI规范，并为基于数字对象结构公认标准的知识内容管理和知识产权管理提供了一个可扩展的框架。狭义地说，DOI是指标识任何数字化对象的一种标识符号。

1. 产生背景

随着网络技术的飞速发展，网络的应用也越来越普及，出版商在发行纸质文献的同时，往往也会发行相应的电子版本，而且未来的趋势是将只发行电子版本；各个图书馆也在将自己的馆藏资源数字化，或者直接建设本馆的数字资源来丰富数字图书馆的馆藏；其他部门，如政府、企业等也纷纷在互联网上建立自己的数字家园。使用URL来标识数字资源，并不是对数字资源本身的标识。因为URL主要标识资源的物理位置，一旦资源的物理位置发生了改变，原先的URL将成为“死链”，这就是我们在上网时常常遇到“404 file not found”的错误。此外，由于一个数字对象（我们可以将网络信息资源看成一系列数字对象的结构化集合）可能存放在多个数字资源库中，可能有多个复本和物理位置，也可能被修改或重新组合若干次，从而存在有多个版本。因此，仅仅用URL来代表数字对象和链接已不能适应分布式动态环境的要求。

这就需要出现一种具备以下要求的标识符①：

① 代表和确认数字对象，且与它的物理位置、复本数量、应用协议、存储和处理要求无关；

② 确认数字对象的版本变化及版本之间的联系；

③ 提供逻辑的数字对象与数字对象的具体物理位置的连接；

④ 提供数字对象与其元数据的连接。

同时，随着电子期刊及其数据库的发展，科技期刊要求数据具有永久性，不能丢失，且数据量巨大，不能因储存位置发生改变而变得难以查找。出版商一方面必须保障提供稳定准确的数据，使大众能在浩瀚的网络资源中方便地找到所需要的具体文章；另一方面又要保护作者的知识产权，保证出版商的商业利益。出版商为获取出版活动的经济利益，也迫切需要一种具备完善功能的新的标识符出现，它要既能提供像图书的ISBN、期刊的ISSN、录音录像资料的ISRC等让人们很容易检索的标识码，也可以防止出版物被轻而易举地非法复制盗版，维护出版者的知识产权。

DOI就是在这种情况下产生的。美国出版商协会（Association of American Publishers，AAP）在1994年委托美国全国研究创新合作组织（Corporation for National Research Initiatives，CNRI）设计一种既能保护知识产权又能保障版权所有者商业利益的系统。最终，1997年DOI在法兰克福图书博览会上首次亮相，并成为数字资源命名的一项

① 张晓林．数字对象的唯一标识符技术［J］．现代图书情报技术，2001（3）：8－11.

标准，主要功能是对数字资源的内容能作唯一的命名与辨识。1998 年非营利性的国际 DOI 基金会（International DOI Foundation，IDF）组织在法兰克福成立，负责政策制定、技术支持、注册及缴纳会费、维护网上的使用指南等业务。

2. 特点

DOI 可为各种不同粒度水平的实体提供唯一标识，因而它可用来标识文件大小不一的数字对象，包括文本、音频、视频、图像和软件等等。DOI 系统提供的永久性唯一标识符，独立于数字对象的物理位置、应用系统和访问协议。

其主要功能特征包括：

① 唯一性

DOI 能唯一地标识网络环境下的任何数字对象，如文本、图片、声音、影像、软件等。

② 永久性

DOI 一经产生和分配就永久不变，不因机构名称、域名、URL、描述方式等可变属性的改变而发生变化。即使所标识的数字对象或实体不复存在，其 DOI 仍至少可表示一个有效但已不再发挥功能的标识。

③ 可驱动性

DOI 标识符类似于面向对象模型中的“事件”，能用来驱动某个动作。基于 DOI 驱动的最简单的动作就是对为它所标识的实体（即数字化对象）进行定位操作。

④ 兼容性

DOI 系统具有与过去、现在及未来系统的兼容性。具体包括：DOI 标识符的兼容性。DOI 标识符中可包含任何已有的标识符，如 ISBN、ISTC（国际标准文本代码）、PII（出版者款目标识符）等；DOI 处理系统的兼容性。DOI 处理系统具有高效性和可扩展性，能与任何现有或将有的因特网系统进行互操作；DOI 元数据的兼容性。DOI 元数据能够最大限度地实现不同系统间的数据互用性。

⑤ 扩展性

指系统具有增加新功能和提供新服务的能力。

⑥ 高效性

DOI 系统的高效性体现在通过对数据的单一管理，实现独立于系统平台的多种输出格式；同时，实现对系统多种应用和服务功能的类别管理。

⑦ 动态更新

DOI 系统可对其元数据、应用和服务功能进行快速和简便的动态更新。

对用户来说，这些特征提供了如下的功能：用户知道自己拥有哪些资源；用户能发现自己所需的资源；用户知道所需的资源位于何处；用户能够获得所需的资源；在资源的变动中用户仍然可以使用该资源。

6.1.2 DOI 系统组成

DOI 包括四个组成要素：标识符、元数据、解析系统和规则，能够提供数字对象与其元数据，以及数字对象与数字对象（逻辑上相关）之间具体物理位置的连接。

1. 标识符

DOI 标识是基于 Handle 标识系统的，是 Handle 系统在出版行业的应用。针对传统标识符（如 URL 等）只标识地址而不标识内容实体的缺点而提出。DOI 是一组由字母、数字和其他符号组成的字符串，其组成结构为：<DIR>.<RRG>/<DSS>。根据 DOI Handbook5 版本[①]，DOI 由两部分组成：前缀和后缀，用“/”分开。前缀也由两部分组成，中间用“.”分开，其中<DIR>为目录代码，作为 Handle 系统的命名机构，由 Handle 系统赋予固定值 10；<REG>为登记机构代码，即 DOI 系统的子命名机构。国际 DOI 基金会 IDF 指定给申请注册登记 DOI 名的组织机构代码，即出版商（社）、期刊编辑部和学会等，由四位阿拉伯数字组成。例如“10.1007”是分给施普林格（Springer）出版公司的 DOI 前缀。前缀进一步可下分为亚前缀，用下圆点隔开。例如“10.1000.10”。<DSS>为 DOI 后缀，由出版者给

---

① DOI Handbook [EB/OL] [2012—08—30]. http://www.doi.org/hb.html.

定。主要基于一些已存在的标准标识体系，如 Serial Item and Contribution Identifier（SICI），Publisher Item Identifier（PII），International Standard Book Number（ISBN）和 International Standard Serials Number（ISSN）等。也可以是任意形式，但在同一前缀下的后缀必须具有唯一性。以下给出一些例子：

例 1：标识“the Digital Object Identifier System home page on the Web”，其前缀是“10. 1000”，后缀是“1”。即 10. 1000/1。

例 2：标识“Developmental expression of a DNA repairgene in Arabidopsis”（由 Elsevier Science 出版），在这里，后缀是基于 PII 的，即 10. 1016/S0921877797000232。

例 3：标识一本电子图书，后缀是基于 ISBN 的，如：10. 1008/ISBN0764548891。

DOI 的命名结构使每个被标识的数字对象在全球具有唯一的标识，它不同于 URL，它是对资源本身的标识，和物理地址无关，这样标识的资源对用户来说具有唯一性和永久性。

2. 元数据

元数据是促进 DOI 服务多样化的必须要素，是有效管理数字权益的基础。DOI 只是一个唯一的标识符，一个元素和入口字段。一个完整的标识系统不仅要标识网络上的一个唯一入口位置，还要有该位置上对象的具体信息，如所描述资源的题目是什么、载体是什么（书、电子图书、MP3、戏剧等）、作者是谁等相关信息。而这个任务只有元数据能够完成。但 DOI 元数据的开发并非易事，不仅要赋予 DOI 的资源种类繁多、范围广阔，而且为确保系统间的互换性，还必须考虑多种元数据间的互用性。目前，IDF 以 Indecs（Interoperability of Data in E-Commerce System，电子商务数据互动系统）为基础，采取如下方式来提供 DOI 元数据的互操作性：

① 提供核心元数据，即最小限度的元数据元素，以能够满足正确检索匹配资源为度。DOI 核心元数据是应用于所有 DOI 的必须项，由数据值不变的 8 个要素构成，并同时提供扩展性。这些元数据库可以描述 80%以上的常用信息。IDF 正在考虑和设计如何采用通用的格式注

册、使用和访问这些核心元数据。

② 通过添加或限定 DOI 核心元数据的方式提供扩展元数据。所谓添加即指在 8 种要素之外，再加上主题、形态、模式、观众等要素。所谓限定，是指将元数据要素进一步加以具体化。例如，在可实现文献间参考链接的类型中，被称为“标识符”的顶级核心要素，可被限定为“著作物识别符”以及作为著作物的表现物的“论文识别符”、“期刊识别符”、“出版日”、“页数”等具有个体值的要素。

③ 在现有元数据集合的基础上建立应用程序大纲，这意味着在不同的核心元数据或应有程序间建立标准的数据字典。

Indecs 是一套用于在电子商务环境下实现数据互操作的元数据框架，它以唯一识别性（每个对象都应该在一个标识名称空间中唯一标识）和功能细分性（注册者选择的所有对象都能分配 DOI）为基本原则，是一种开放型模式，具有扩展性，可以兼容资源的所有类型。与表现记述性内容的固定数据相比，Indecs 更注重于管理所需动态数据的表现。

DOI 系统定义了格式良好的元数据，依据有两点：①标签，即对象的名称。根据特殊规则制作一般来说是不受控的。②从其他受控词表中抽取的元数据，经过仔细的定义和控制，一般用于固定的名称空间。

DOI 系统要求利用 DOI 标识的实体所对应的元数据进行公开的声明。对应所有注册的 DOI 号码都要求最低限度的核心元数据的声明并允许任何用户访问，扩展的元数据可以因商业因素、注册机构协议和应用程序大纲的要求而不公开。这种公开是单向的，即任何用户可以免费查询任何 DOI 所对应的元数据，但是如果需要从相关的元数据（如题名、作者）来反向查询对应的 DOI，目前还不能实现，这个功能并不包括在现有的 DOI 系统内，而是留给其他的商业服务器程序来处理。IDF 也不会将成员机构注册的元数据用于此类商业服务。

3. 解析系统

DOI 是一种可产生行为的标识符，这是它与 ISSN、ISBN、PII 等其他唯一标识符的根本区别，也是它的生命力所在。点击 DOI 可以触发一系列行为。DOI 不仅有一个永久性的名称即标识符，而且运用句柄系统（Handle System）技术提供一个解析器，来对标识符进行解析。解析是指把输入到数字网络服务系统的标识符进行转换，并输出与所标识的实体相关的信息或状态数据（如 URL）的过程。通过提供解析服务，使数字网络的标识符发挥作用。句柄系统包括一套开放的协议、一个名称域（namespace）以及这些协议的参考指南。这是由美国研究创新联合会（Corporation for National Research Initiative，CNRI）开发的技术平台，用于因特网信息的命名、解析和管理。

单一地址解析机制为用户提供了对数字资源的永久性访问。每个会员出版商为其出版的每一数字资源（可能是一本书、其中一个章节或是某一篇期刊文章，或是某一个图片文件），编制一个含有出版社本身 DOI 前缀的 DOI。这些 DOI 连同它所标识数字对象的 URL 和其他书目信息（DOI 元数据），以及与该数字对象有关的所有 URL 链接信息都被出版商送往 DOI 注册机构进行注册，并存储在那里的 DOI 中心服务器 Handle System 主机上。这些集中存储的数据最终形成一个 DOI 解析数据库。出版商负责对 DOI 数据的维护，当资源地址发生改变，如网络期刊文章从现刊目录转到存档目录时，出版商应通知 Handle System 主机作相应的改变，以确保链接的有效性。当用户点击资源的 DOI 索取信息时，用户的请求（http：// dx. doi. org/10. 1007/s00412005078）被传送到 Handle System 服务器上，Handle System 服务器将 DOI 解析为 URL 返还给用户终端，使用户实现对资源的访问。这一切都在后台进行，对用户来说，无须理会资源地址的任何更动，面对的始终只是同一个 DOI。DOI 单一解析的实现过程如图 6－1 所示。理论上，DOI 提供的资源链接具有永久有效性。DOI 单一解析功能通过 DOI 号码只能解析到唯一的 URL 地址，其控制权归属非常清晰，而且与 IDF 保护知识产权的战略出发点非常一致。

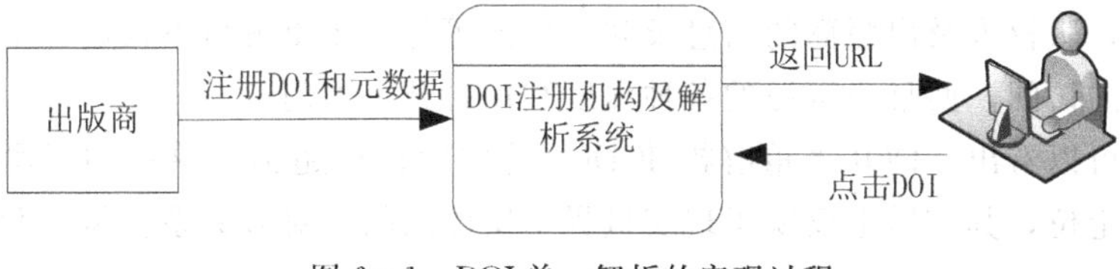

图 6－1　DOI 单一解析的实现过程

提供对资源的永久性链接只是 DOI 一个基本而初步的应用。事实上，Handle System 技术本身还包含了多重解析的功能，即从一个 DOI 不仅能指向一个 URL，还可以指向多个 URL，以及 URL 以外的其他各种类型的元数据。如名称、地域、出版者目录页面、作家传记、源头作品等等。这些信息源的类型是不受限制的，而且层次可以无限嵌套。图 6－2 显示了一个 DOI 可以被解析为多种类型的数据：

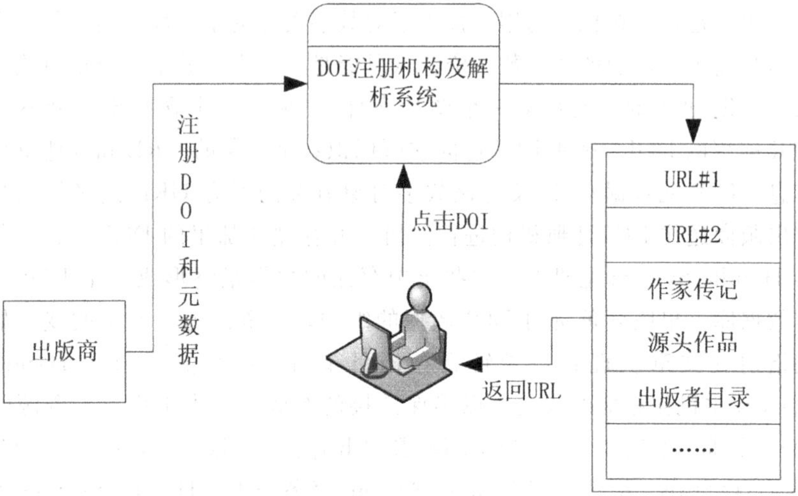

图 6－2 DOI 多重解析的实现过程

DOI 的多重解析为用户提供了更多的选择和便利。在解析出多个 URL 时，他们可以选择离自己最近的一个镜像站点下载数据；同时，还可以链接到该资源的许多相关信息，如获取元数据、相关主题作品、相关评论文献、同一作者的其他作品，相关音乐、图片、动画等多媒体信息，版权人及出版商的信息及联系方式等等。多重解析不仅确保了对资源的访问，而且为资源的各种深度利用打开了大门。

可以看出，DOI 多重解析使 DOI 的作用远远超出了单一的资源标识与定位，其实质上反映了现实世界中实体间的一对多关系。虽然 DOI

多重解析还不成熟，并未走向大规模应用，但它使得文后参考文献著录格式的研究更具价值。

4. 规则

IDF 对 DOI 的运行管理制定了一系列规则，从而保证了 DOI 系统成为具有一致性、预见性、受控制和可持续发展的社会基础设施。DOI 必须注册后才能使用。DOI 注册机构受 DOI 国际基金会（IDF）的委托，受理 DOI 的注册事务，并提供已注册 DOI 信息的存储、解析和检索服务。出版商负责 DOI 的注册，并负责更新和维护该注册信息的可靠性。DOI 连同它所标识的数字化对象的 URL 和其他书目信息（DOI 元数据），以及与该数字化对象有关的所有 URL 链接信息被出版商送往 DOI 注册机构进行注册，并存储在那里的 DOI 中心服务器。这些集中存储的数据最终形成一个 DOI 解析数据库，利用特殊的软件，这一数据库可以链接或解析某一个 DOI，使其与同它有关的所有数字化对象的 URL 联系起来。

6.1.3 DOI 系统的应用

6.1.3.1 DOI 系统在国外的发展状况

经过十多年的迅速发展，目前国外 DOI 系统已经得到了广泛认可。拥有 9 个注册代理机构和几千个使用单位[①]，跨越了美国、欧洲、亚洲和澳大利亚，应用领域也扩展到政府部门和非英语国家，法文、德文、西班牙文、意大利文及韩语等都有所发展。西方超过 70%的出版商加入了 DOI 系统，如著名的 Elsevier、Blackwell、John Wiley、Springer、Thomson Reuters 等。

IDF 作为 DOI 系统的管理机构，不仅积极扩大 DOI 的全球应用范围，并不断推进 DOI 的标准化工作。2000 年 DOI 的编码规则被美国国家标准协会（ANSI）确认为美国国家标准（ANSI/NISOZ39. 84－

---

① DOI Registration Agencies [EB/OL] [2012－08－21]. http://www.doi.org/registration_agencies.html.

2005)。2005 年 IDF 向 ISO/TC46/SC9（国际标准化组织——信息与文献技术委员会——识别与描述分委员会）提交新工作提案，拟将 DOIs 申请为国际标准。2008 年 4 月 ISO 推出了 ISO/CD 26324《Information and Documentation——Digital Object Identifier System》（ISO/CD, ISO Committee Draft，ISO 技术委员会草案），并面向各国广泛征求意见。

在欧洲，MEDRA（Multilingual European DOI Registration Agency，欧洲多语种 DOI 登记机构）作为 IDF 的注册代理之一，主要面向欧洲各国提供持久的引用系统、关系跟踪系统和知识产权仓储服务。

日本的 CIDF（Content ID Forum，内容标识符论坛）于 1999 年成立，在日本独立开展了类似 DOI 系统的研发和服务。CIDF 通过嵌入式内容标识符与数字水印技术来保护知识产权和数字内容权益。目前已是 CIDF 规范 2.0 版，2007 年 4 月后由 BA 接替 CIDF 管理相关数字内容流通业务。

6.1.3.2 DOI 在中国的发展状况

在国内只有少量拥有较高质量英文刊的出版社，例如高等教育出版社、中国科学出版集团等加入了 DOI 系统，还有部分出版社的英文刊通过出售英文版的销售权，由国外出版商代理注册 DOI。我国科技图书文献中心（NSTL）也于 2007 年加入 CrossRef 联盟。2007 年 3 月，北京万方数据股份有限公司联合中国科学技术信息研究所向 IDF 申请成立了唯一的中文 DOI 注册中心，共同开展中文 DOI 的注册登记工作。目前，中文 DOI 注册中心已经为科技部“精品科技期刊全文数据库”项目中的 300 种精品科技期刊、中华医学会的 115 种医学期刊、《浙江大学学报》、《测绘科学》等多个领域的学术期刊开展了 DOI 注册与链接服务，已注册 DOI 数量为 93 万余条。相对于国外的情况，DOI 在中文数字资源的应用才刚刚起步。对比国外 DOI 发展蒸蒸日上的局面，我国应尽快加强具有自主知识产权的数字对象唯一标识符系统的开发、推广和利用。

1. 实施方案的选择

目前国内中文全文数据库还普遍处在自定义数字对象唯一标识符阶段，这在一定程度上阻碍了各个中文全文数据库之间的互操作，给图书馆管理自己的数字馆藏带来了不便。很多图书馆可能同时购买多个中文数据库，这样会出现基本的查重问题、引文和全文链接、文摘和全文链接等问题。

对于国内数字对象唯一标识符的发展战略，目前有两种不同的实施方案。一种方案是让更多的出版商、图书馆通过万方公司中文 DOI 注册中心加入 DOI 系统，对中文文献进行 DOI 和元数据注册与维护。该方案的优点是省时省力，中文文献之间、中英文文献之间可快速链接成知识网络；缺点是中国必须付出高额的费用并且是永远付费，同时我国并不能控制 DOI 系统的核心技术，受制于人，有潜在的信息安全问题。另一种方案是科技部科技基础条件平台专项资金项目“我国数字图书馆标准规范建设”的子项目“数字资源唯一标识符应用规范”课题组提出的，遵循开放的 Handle System 协议和规范开发唯一标识符系统软件，建立中国本土的唯一标识符解析框架。[①] 从长远角度来看，该方案有利于我国唯一标识符系统的统一管理和独立运行。但是截至目前尚未看到公开推出完整的唯一标识符系统，更未看到它的推广和应用。

2. DOI 系统单一解析在国内发展的局限性

虽然国内自主研发数字对象唯一标识符系统的脚步相对较慢，但是 DOI 系统在国内被越来越多的出版社所接受。然而由于中国网络出版行业与国外的不同，DOI 系统在国内未来的发展也有其局限性。

国外一些大型学术文献数据库商同时兼有印刷出版商与网络出版商的双重身份，其数字产品的知识产权明晰，网络出版权控制在一家公司手中；而且，国外的主要出版商规模较大，一家公司拥有几十种乃至数千种期刊，便于统一管理。国内印刷型出版商，特别是印刷型期刊出版商的规模小、较分散，一般一家出版社只拥有一种或几种期刊，并且大

① 任瑞娟，等．中文 DOI 路在何方——从参考文献著录与 DOI 的关系探讨中文数字对象唯一标识符的发展方向［J］．中国图书馆学报，2010（02）：115－121.

多不独立进行网络出版。近些年，国内网络出版商虽然发展势头正劲，但也存在些许问题：一是印刷型出版商将期刊的网络出版权同时授予几个网络出版商，使不同数据库中的文献来源交叉严重；二是部分文献的知识产权存在争议，出版商并未获得作者的授权就进行网络出版。国外出版商虽然垄断了期刊的网络出版权，但是知识产权归属清晰，利用DOI系统的单一解析功能就能方便地进行版权管理，还能通过在参考文献中著录DOI实现原文链接功能，在知识发现中发挥更大的作用。而国内网络出版的复杂情况，使得单一解析功能犹如鸡肋，食之无味，弃之可惜。因为国内大部分期刊的文章被维普、CNKI、万方等同时收录，同一内容的文献出现在不同数据库中的几率很大，DOI系统单一解析时应该指向哪一家数据库的页面必然存在不小的争议。

3. DOI系统多重解析的更大困惑

相对于单一解析来说，多重解析提供了更多的服务内容，多重解析似乎为DOI在国内的应用提供了诱人的前景，但目前DOI系统的多重解析功能仍处在试验阶段，并未见到规模化应用。其主要面临两大问题：一是DOI系统多重解析功能的技术实现草案和规模化应用方案的不成熟；二是在DOI系统解析过程中涉及多种机构和团体，如何给不同利益体分配适当的权利与义务，使整个DOI系统链条在最小的成本下发挥最大的效益。

①不同的多重解析功能的技术实现草案，需要维护元数据的工作难度和工作量不同，但都涉及服务的定义及提供、服务的使用两个环节。总体的原则是使各个环节中的维护工作量、维护的技术难度降至最低，并采用适合自动化的方法和技术，使之适合大批量DOI名称多重解析的定义和维护。

②维护元数据的权限即谁有权对多重解析的元数据进行注册和维护，这对DOI系统链条中的各机构既是一种权利也是一种义务。DOI体现对知识产权实体源头管理的原则，也体现了对出版商利益最大限度的保护；但由于多重解析功能使网络文献之间互相连接成知识网络，其DOI元数据的维护问题涉及信息运营过程链条中各机构的利益问题。如印刷出版商、网络出版商等利益体谁有维护权限，具有维护权限的一

方利益体能否保护其他利益体的合法权益等等。

假如多重解析技术草案成熟并解决好维护权限、利益分配等问题以后，由于参考文献的深度挖掘依赖于注册 DOI 时的多种元数据，多重解析可实现的解析项目的数量直接取决于注册 DOI 时多种元数据的项目数量，准确程度直接由 DOI 系统及多种元数据维护及时程度决定。多重解析到多个 URL 链接的实现也同样由此决定。注册后的维护任务量会对元数据注册有较大的影响，注册量过大会制约普及，权利与义务分配不当会导致出版商在源头保护过度或网络出版与印刷出版商利益分配不合理。总之，多重解析中元数据维护的权限问题实质上是多重解析的控制权归属问题，维护权限的分配实质是利益链条上的机构利益再分配，这些都可能成为多重解析的大规模商业运行可能带来负面影响的因素。中文学术信息资源面对 DOI 系统单一解析功能不足而多重解析尚未规模化实现的现状，前行的道路究竟该如何选择呢？这是值得业界思考的问题。

6.1.3.3 我国 DOI 系统发展的对策与建议

综合以上论述，从长远角度考虑，自主研发的方案才是我们应该努力的方向。在此提出以下建议：

1. 建立中国本土的唯一标识符解析框架

加强标准制定和解析软件的开发，遵循开放的 Handle System 协议和规范开发唯一标识符系统软件，建立中国本土的唯一标识符（ChDOI）解析框架。ChDOI 可以永久唯一地标识数字对象内容，并结合电子水印技术实现对著作权的保护，使得著作权转让与二次出版等付费方便可行；同时可以较好地记录数字内容的传播过程、交易过程等信息；还可以高效地实现数字资源的异构检索，并对数字资源的长期保存工作起到条形码作用。此项内容的具体实施方案、机构设置、技术管理规范等需要专门立项研究，建议参照日本 CIDF 的案例。

2. 修订文后参考文献规范

修订文后参考文献规范，将中文数字对象唯一标识符作为一个专门项目在文后参考文献中著录。将 URL 替换成该文献的 ChDOI，可以保证即使所链接的资源的 URL 或版权所有者发生变化，用户仍能找到文献原文。而且由于在参考文献中著录 ChDOI，用户可通过原始文献点击链接到参考文献的全文，有助于揭示知识的起源和学术的关联，有利于科研人员对相关知识的挖掘和利用。

3. 将文后参考文献规范做成相应规范模板

在中文数据库中推广使用加大文后参考文献标引力度，并结合目前国内中文数据库已有的方法，推广中文文献的文后参考文献的纠错工作，实现对参考文献进行基于元素的分割、标引；将文后参考文献按学科做成相应的参考文献规范模板，首先在“中国科技论文在线”网络出版平台测试使用，成熟后在其他中文网络资源内容管理平台中推广使用，能加快中文文献标引力度和速度。上述方案的实施就可以实现中文参考文献引文库甚至二级引文库的功能，实现中文与外文数据库定位的功能，并且由于中文信息参考文献的标引加工颗粒更细，检索与聚类可细化到基于引文库甚至二级引文库全部字段。ChDOI 系统通过各种数字资源的互相链接，可建立动态的、开放的、互动的知识链接体系，实现网络知识资源的整合，提高网络文献的利用率，扩大对网络资源的访问。

6.1.4 DOI 系统在图书馆中的应用

1. 国外图书馆对于 DOI 的应用

国外图书馆对于 DOI 的应用主要是通过加入 CrossRef 来实现。CrossRef 以 DOI 为核心技术，是一种基于 DOI 技术的开放式参考文献链接系统，用来建立在不同出版商的网络平台上出版的 STM（科学、技术和医学）期刊内容之间的链接，即“跨平台链接”。CrossRef 由出版者国际链接联合会有限公司（Publisher International Linking Association Inc，PILA）于 2000 年 6 月创建，同年 9 月成为国际数字对象唯一标识基金会（IDF）授权的第一个 DOI 注册代理机构。作为开放式知识链接系统，CrossRef 在学术出版领域得到了广泛的应用，许多国外的大型出版集团和国家图书馆都对其数字信息资源进行了 DOI 标识。

① 德国国家科技图书馆

德国国家科技图书馆从2005年开始成为正式DOI注册机构。它是IDF的成员，业已被确定为科学原始数据的DOI注册机构。该馆从地球科学领域着手，开展DOI的注册工作。有关地球科学、气候和环境研究的原始数据都本地化存储在负责数据评估和维护的机构中。除提供本地数据外，德国国家科技图书馆还保存了可获取这些数据的网址，包括所有书目的元数据。在数据注册后，德国国家科技图书馆将为数据提供一个DOI，作为数字环境中内容对象的一个唯一标识。[①] 2006年，德国国家科技图书馆把注册的范围延伸至其他学科领域，比如包括医学、化学以及其他像晶体结构和灰色文献等类型的内容。

② 美国国会图书馆

美国国会图书馆在“美国记忆”的数字图书馆项目中，采用Handle来标识数字对象。国会图书馆在全球Handle注册中心独立申请了国会图书馆的一级命名授权“loc”，二级命名授权采用收藏部门的代码，其中pnp和gmd是国会图书馆的二级命名授权，pnp表示国会图书馆的印本和照片资料部，gmd表示国会图书馆的地理和地图资料部。

2. 国内图书馆对于DOI的应用

DOI技术应用在国内起步较晚。图书馆方面直到2007年中文DOI系统的建立，才开始尝试DOI技术的应用。2002年10月，科技部启动了“我国数字图书馆标准与规范的建设”项目，“数字资源唯一标识符应用规范”课题小组作为其子项目。经过两年的努力，2004年初步完成了国内外数字对象唯一标识符的趋势报告和我国数字对象唯一标识符发展战略的研究，建立了我国的数字资源唯一标识符的软件解析平台，并分别在项目建设单位搭建了实验和演示系统。

① 国家科技图书文献中心

国家科技图书文献中心（简称NSTL）是我国第一个加入Cross-Ref的图书馆联合体，由中国科学院图书馆、国家工程技术图书馆（中

---

① Brase. 德国国家科技图书馆科学内容DOI注册中心研究进展 [J]. 中国科技资源导刊，2008，40 (001)：37－39.

国科学技术信息研究所）、机械工业信息研究院、冶金工业信息标准研究院、中国化工信息中心、中国农业科学院图书馆和中国医学科学院图书馆等图书情报单位组成。NSTL 中心是目前中国最大的一个基于网络环境的科技外文文献信息服务机构，其主要职责是以“统一采购、分布加工、联合上网、资源共享”为原则，组织推进上述各单位文献信息资源的共建共享工作。

NSTL 中心于 2007 年加入 CrossRef 联盟，因此 NSTL 中心可以将本中心所有成员单位订购的外文文献通过 CrossRef 联盟查找 DOI 标识和元数据，并将 DOI 标识和元数据贮存到本地服务系统，利用 DOI 的索引机制将一次文献、二次文献以及其他事实型文献整合在一起，实现学术期刊、会议论文、技术报告等各种来源的学术信息互链，直接指向其收藏的全文地址，或者链接到国外相应的出版社、数据集成商和图书馆。

NSTL 中心可以通过购买外文文摘数据库的形式，通过 DOI 编码的匹配与查询，实现文摘信息与全文的链接，或者实现引文到全文的链接。并且 NSTL 中心可以与国内外各相关原文资源拥有单位签订统一链接协议，由 NSTL 中心统一注册与付费，成为各原文资源拥有单位授权用户。这样，NSTL 中心用户就可以直接获取全文，而不必分别单独注册去获取多家全文机构的授权。NSTL 中心也就不必把所有的文献资源全部购买放置到本地，可以实现最大的科技外文文献资源覆盖范围，从而加强 NSTL 中心作为科技外文文献检索门户网站的地位。

② 国家图书馆

中国国家图书馆的 DOI 技术应用和 NSTL 中心的 DOI 技术应用略有不同。国家图书馆 DOI 技术应用是以建设中的中文 DOI 系统为服务平台，以国家数字图书馆二期建设工程的全面启动为契机，以制定中国图书馆界共同遵守的数字资源唯一标识符规范为目标的统领性实践探索工作。为此，2008 年初，国家图书馆数字资源唯一标识符标准规范研制项目作为国家数字图书馆工程的第一个项目，委托中国科学院国家科学图书馆正式开始研制。项目的主要任务是建立国家图书馆唯一标识符标准规范，提出国家图书馆唯一标识符应用的实施路线。项目的研制过程实际上也是国家图书馆唯一标识符应用的技术路线、管理政策、服务体系和实施路线的设计和选择的过程。在唯一标识符标准规范中，需要制定唯一标识符的体系框架、语法规则、命名规则、解析规则和管理规则。虽然在国家图书馆和中国科学院国家科学图书馆的共同努力下，制定了《国家图书馆数字资源唯一标识符规范》、《国家图书馆唯一标识符应用指南》等标准规范，但是由于唯一标识符规范是实现数字图书馆资源集成揭示和服务、实现各图书馆之间互操作和整合服务的基础，所以唯一标识符规范体系和应用体系的建设，需要图书馆界的联合合作，需要与其他相关行业，如出版社、档案馆、博物馆等的联合共建。

3. DOI 在数字资源整合中的应用

DOI 技术在图书馆的数字资源整合中的应用主要体现在以下四个方面：

① 数字资源存储和管理

在数字图书馆建设过程中，数字资源永久存储和高效管理一直是数字图书馆建设中的研究课题。DOI 技术的应用，由于 DOI 标识的唯一性、永久性以及它所具有的解析功能，使得数字资源的永久存储在技术层面获得了重大突破。同时，DOI 标识是按照一定的语法规则对信息进行标识，是对一堆杂乱无章的信息提取其共性的特征，然后给定一个字符串，来实现标识符与数字对象的唯一对应。因此，通过对这些标识符的管理，可以大大提高图书馆部门数字资源管理的效率。

② 数字资源共建共享

图书馆在数字资源建设过程中，数字资源主要来源途径有两个：一个是本地文献资源的数字化；另一个是网络数字资源的采购。网络数字资源大部分是在不同时期，由不同的公司利用不同的开发工具，在不同的开发平台上研发出来的，并且运行在不同的操作系统和不同的数据库平台上，使得信息资源共享中数据库之间相互访问的实现遭遇技术障碍。数字资源在共享过程中面临异构数据存储、异域数据存储、数据结构转换等问题。而本地数字化的文献资源的共享更是无从谈起。DOI 技术的产生及其在数字图书馆资源建设中的应用，不仅解决了数字资源的永久标识问题，更由于 DOI 的解析功能，使得不同的数据出版商之间的异构数据库，不同的文献资源类型、不同语种的文献资源之间实现了无缝链接，使得信息资源共享这一难题在很大程度上得以解决。中文DOI系统建立后，便开始着手在维普、万方、CNKI几大数据供应商之间推广应用DOI技术，建立中文三大数据商数字资源的无缝链接，实现中文数字资源真正的共建共享。DOI与OpenURL技术的结合，可以实现与图书馆馆藏目录系统的无缝链接，方便读者找到该文献所在的馆藏记录，极大扩展了图书馆的服务范围，可以更方便地实现多种信息资源和多种服务形式的整合，可以为广大用户提供真正意义上的一站式链接服务。

③ 信息服务

信息服务在图书馆服务工作中占有极其重要的位置，是衡量图书馆服务水平高低的重要指标。信息服务的发展方向是知识服务，开放式的知识链接系统是实现知识服务的技术保障。DOI作为一种动态唯一标识符，其特点是具有特定的构成规则，有专门的管理机构，但更重要的是DOI标识符具有适应Internet的分布式解析与管理机制，是可解析、可链接的标识符。以DOI为技术核心的知识链接系统具有两个特点：一是一站式无缝链接，二是全开放系统。因此，开放式的DOI知识链接系统，可以有效地建立各种类型信息资源之间的链接，可以实现不同供应商的或不同内容的数据库间的相互链接，可以实现中西文献之间的相互链接，可以检索不同网址上的多个数据库或信息资源，避免了因网址改变而导致的“死链”问题。同时，DOI应用还可以产生其他增值的知识服务。总之，DOI是实现开放式知识链接服务的基础，是为广大用户提供一站式知识服务的保障。

④ 数字资源知识产权保护

图书馆是文献资源收藏单位，保存了大量的文献信息资源，由于我国知识产权制度的不完善，存在数字资源被剽窃利用的现象。在开放式的DOI知识链接系统中，由于DOI标识符与其所标识的数字资源的唯一性，同时具有解析和链接功能，因此DOI系统可以有效地保护其所标识的数字资源知识产权。为了实现这一目标，图书馆首先应该向中文DOI系统申请注册（现阶段，中文DOI系统为图书馆用户提供免费注册），只有申请注册、成为正式会员后，才能对其数字资源进行知识产权保护。DOI 主要应用于信息资源创建与保护以及信息资源发布这两个过程，因此图书馆在信息资源创建与保护的时候，把信息资源的 DOI、元数据及其 URL 向 RA（数字证书注册审批机构）登记注册，存储这些信息，并由 RA 对其进行管理维护。发布信息资源时，信息资源的 DOI 信息与其一起发布，用户要获取数字资源或有关这一资源的相关信息时，DOI 查询请求就会被传送到 DOI 注册中心，由 DOI 解析系统解析该 DOI 的 URL 地址，将其 URL 送回给用户浏览器并将结果显示给用户。通过 DOI 和 DRM（数字版权加密保护技术）的结合，图书馆可以对数字资源的内容设置权限，达到版权保护的目的。[①]

DOI 在图书馆服务中的作用也将日益显现出来。DOI 作为开放式知识链接的基础技术，将不断推动图书馆学术资源的全面整合与共享，全面提升整个行业的价值。DOI 技术在数字图书馆建设中的应用将迎来一个更广泛的前景。

6. 1. 5 CrossRef 概述

CrossRef 是由出版商发起的一个基于 DOI 实现文献引文跨出版商服务平台链接的引用链接技术。从学术论文的参考文献出发，在网络学术传播中掀起了一股新的链接风暴。

1. CrossRef 的产生背景

20 世纪 90 年代末以来，随着数据库技术与网络出版技术的发展，电子期刊的种类和数量急剧增加。统计表明，通过网络可利用的外文电子期刊达万种以上，并出现了许多大的电子期刊出版商和信息提供商，主要有 Kluwer，Springer，Elsevier Science，JohnWiley&Sons，Inc，Academic Press 等。这些出版商提供的数据库中往往包含了成百上千种电子期刊。如 Elsevier Science 全文期刊数据库中汇集了 1500 多种高品质的期刊，Springer 出版集团也汇集了 400 多种期刊，其中多数期刊被

---

① 蔡焰辉．DOI 系统在数字图书馆建设中的应用［J］．情报探索，2010（04）：89—91.

ISI 的引文数据库收录。早期由于版权和使用权的问题，电子期刊出版商彼此不愿合作。随着网络的普及以及共同发展的需要，这些出版商之间的交流与合作进一步加强，特别是在专属数据库之间建立引文与正文之间链接的愿望更加迫切。

另外，电子期刊以其庞大的信息量、强大的检索能力、不受时空限制的阅览条件，特别是在信息资源的深层次揭示和整合方面的优势受到了图书馆界的重视和欢迎。以电子期刊数据库为代表的电子信息资源在图书馆信息资源建设中所占的比重越来越大，用于购买和保证电子期刊数据库正常使用的经费支出占图书馆总经费支出的比例也越来越大，并成为图书馆虚拟馆藏建设的发展方向。① 另一方面，从图书馆自身角度来说，随着馆藏电子期刊种类和数量的增多，极希望能在不同的电子期刊数据库之间、电子期刊数据库与文摘数据库或自建数据库之间实现无缝链接，从而实现图书馆电子信息资源的深层次整合。

随着图书馆电子资源和服务的转型，对读者来说，获取信息资源不是一件相当困难的事情。然而，由于图书馆购买的电子期刊数据库种类多、形态复杂、分布广泛、平台各异，给读者利用信息资源带来了新的不便，用户极希望图书馆能实现统一的检索界面、一站式的检索服务，特别是能实现不同数据库之间参考引文或文摘与正文链接的一站式服务。正因为如此，许多出版商为了不失去图书馆这个巨大的市场，开始改变策略，加强合作和协作，迎合图书馆与终端用户的需求，从而促成了 CrossRef 的产生。

CrossRef 是由 12 个世界顶尖的 STM（科学、科技和医学）学术出版商为了促进电子期刊领域中跨出版商的索引链接合作于 2000 年 1 月成立的。主要的成员有 AAAS，AIP，ACM，APA，Blackwell Publishers，Elsevier Science，IEEE，Kluwer，Nature，Springer，Wiley 等国际著名的出版商。同时还成立了非营利组织 PILA（Publishers International Linking Association，Inc）来组织和管理

---

① 邱燕燕．基于 Cross Ref 的电子期刊引文与正文链接研究［J］．情报杂志，2005（04）：84—85.

CrossRef，主要负责 CrossRef 服务器的正常运行及系统的增强、巩固和更新，并从 2002 年 6 月开始提供服务。

CrossRef 不是一种可销售的产品、一个论文数据库、一种直接面向最终用户的服务或一个全文内容服务商，而是一个基于出版商合作网及 DOI 运用的参考链接服务系统，以为学术界提供对在线研究资源更容易的访问。具体而言，它的任务是成为所有电子学术信息的参考链接的中枢与基础。就像一个数字化的交换机，虽然 CrossRef 并不掌握全文信息，但它实现基于 DOI 的链接，以形成一个高效的、可扩展的链接系统，通过这个系统，研究者们可以实现资源发现与利用。

CrossRef 是唯一的一个拥有跨出版商链接网的 DOI 注册机构，在其数据库中注册出版物将会使包括出版商、文摘索引商、图书馆等在内的上千家参与组织能自动链接到该内容，使电子出版物增值。只需与 CrossRef 达成协议，便可达到与所有参与的出版商之间签署协议的效果，从而可避免若干出版商之间的多个双边协议的麻烦。

目前 CrossRef 在全球范围内有 734 个正式成员，包括 Springer，Elsevier，Blackwell，Emerald，Nature Publishing Group，Cambridge University Press 等出版商和学术机构。作为唯一基于 DOI 运作的机构，CrossRef 必须维护服务器的正常运行和系统的更新。

经过多年的发展，CrossRef 已经发展成学术出版商、图书馆、中介机构和科研人员于一体的会员制组织，文献资源类型也从单一的学术论文扩展到专题论文、图书章节、学术报告和工作文档等。

2. CrossRef 的运作流程

CrossRef 不是一个商业信息数据库，也不是一个全文内容服务商，而是一个基于出版商合作及 DOI 运用的引用链接静态服务技术，为网络学术传播提供更方便的访问。虽然它不掌握全文信息，但它实现了与该文 DOI 的有效链接，而且确保了每一个链接的永久性和有效性。除了向会员提供 DOI 注册服务外，CrossRef 还维护着 DOI 的查询系统，保证参与其中的出版商、图书馆、中介机构和科研人员能实现内容的自动链接。

具体步骤如下：

① CrossRef 分配给每个成员出版商一个 DOI 前缀，出版商成员必须按照 CrossRef 指定的 DOI 名称信息指南，为每篇论文制订独一无二的 DOI 号。

② 按照基于 XML 的元数据格式向 CrossRef 的元数据库（MDDB）提交该条记录，每条记录都是一个包括元数据、URL 及 DOI 的三元组。如果内容是在线出版，DOI 号和元数据会在一个工作日内储存到 CrossRef 系统中。

③ 一旦出版商向 CrossRef 提交了信息单元的元数据，它就应提供与此相应的活动应答网页接收以这些信息单元为对象的链入链接。此外，出版商还应持续地维护 DOI 解析系统中的 DOI 与 URL 数据的准确性、CrossRef 元数据库中元数据的准确性等。

④ CrossRef 会将每一信息单元的 DOI 与 URL 注册于 IDF 的中央 DOI 目录库中。这样，其他的出版商、图书馆及 CrossRef 会员都可通过 CrossRef 检索某信息单元的 DOI，从而创建指向该出版商所有出版物信息的永久性链接（链入）。[①]

⑤ 出版商可以直接从 CrossRef 系统检索到 DOI 号，为其他会员创建持久的导出链接。出版商、图书馆会员及其他会员组织可按照规定格式向 CrossRef 系统中元数据库（MDDB）的前端构件参考解析器提交其信息单元中所含的引文信息，并通过参考解析器进行该引文信息的 DOI 查寻，这样出版商便可在电子出版的过程中加入该信息单元中的引文信息的全文链接（链出）。

⑥ CrossRef 的成员与会员都可选择在本地主机保存 CrossRef 数据，从系统中拉取部分或全部数据（XML 格式），这样建立了本地数据的组织就可以在本地系统中直接进行 DOI 查询，而不用通过网络访问 CrossRef。此外，还可将自己所有的 DOI 数据提供他人查询，但不能将其他成员的 DOI 数据提供他人查询，也不能转卖从 CrossRef 获得的数据。

---

① 黄敏．学术资源参考链接系统 CrossRef 及其发展［J］．现代图书情报技术，2005（11）：39—44.

CrossRef不是直接面向最终用户服务的搜索系统。在参考链接服务的实现过程中CrossRef在后台起支撑作用，文摘与全文数据都存在于出版商的网站中，对这些信息的访问受到出版商的访问控制系统的控制。所以，当用户点击一个CrossRef链接后会被自动链接到相应出版商网站的某一页面，其中显示的是该链接对象的完整书目信息及文摘。对于订户而言，会同时允许其访问全文信息；而对非订户则提供其他的访问选择，如订阅、文献传递、一次性付费阅读等。

CrossRef系统的运作流程如图6—3所示。

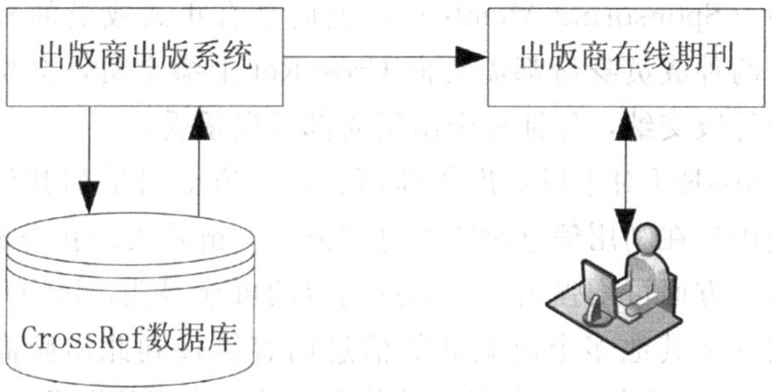

图6—3 CrossRef系统运作流程

3. CrossRef的参与者及参与类别

CrossRef的参与者包括：出版商、图书馆、中介机构和科研人员，其中只有出版商是CrossRef的成员，承担着CrossRef的管理工作，而其他参与者只能以会员身份加入。

① 出版商

CrossRef是正式的学术及专业出版物（包括期刊、书籍、会议论文集、博士论文、报告、标准、数据库等）的DOI注册机构，主要为出版商提供技术支撑以方便DOI和出版商元数据实现有效链接。为了扩大业内影响力，CrossRef力图尽可能吸引所有符合成员条件的学术出版商。无论是否是盈利性的、无论其规模大小、无论其内容覆盖范围，只要是以数字形式出版学术研究信息资源的任何出版商都可以成为它的成员（Member）。凡是加入 CrossRef 的出版商，交纳会费后自动生成一个 DOI 前缀，无需再向 IDF 付费。可为其出版的任何信息资源分配唯一的 DOI，并向 CrossRef 注册，为成为参考链接对象作准备。成员出版商需要对每一信息资源创建一个 XML 文档，涵盖和该 DOI 对应的所有元数据，包括期刊名、作者、文章标题、卷期页等，还需标注出该论文引用的参考文献，论文中图形和表格等。作为唯一的 CrossRef 成员，学术出版商是学术信息元数据的重要提供者。需要指出的是，独立会员制并没有排斥其他的团体，CrossRef 提出了一种新的成员类型，即以赞助出版商（Sponsored Publisher）的身份加入并成为赞助成员（Sponsoring Member），他们享有正式成员的权利并履行相关义务。两种成员身份都需要向 CrossRef 上缴会费，会费根据出版商年收入分等级交纳，保证每个出版商都可以承受。

加入 CrossRef 对于成员出版商而言，一方面可增加其信息内容的可用性，使用户在利用信息时能通过“链出”链接实现获得被引用资源的需要；另一方面可增强出版商信息内容的可获得性，用户可通过“链入”链接实现从其他多个出版商的信息内容链接到此出版商的信息内容。对于 CrossRef 来说，出版商是其系统功能实现的资源基础与核心，所以“成员制（Membership）”是 CrossRef 系统及其服务的组织基础。不过，这种成员制模式并不意味着 CrossRef 是一个封闭的、排他的系统，因为加入 CrossRef 对出版商的要求并不高，而且系统还广泛吸收图书馆及其他各种中介机构。

② 图书馆

图书馆用户希望能从引文或数据库记录直接进入期刊原文，但图书馆的记录数据不包括文章一级的内容或链接。尽管 CrossRef 不能独立解决“适当版本”的问题，成为 CrossRef 的图书馆会员（Library Affiliate）可以把 CrossRef 作为它们的本地化链接方案的一部分，通过提供指向馆藏全文信息的永久性链接来增加已获得资源的可用性，丰富其在线书目及数据库资源。图书馆会员可为学术研究、教育、个人的、非商业化的目的使用 DOI 及相应元数据；图书馆会员可批量或分次进行 DOI 及元数据查询，并以此为基础建立指向在线全文信息资源的永久性链接，同时为提高链接解析功能可以建立 DOI 数据缓存。图书馆可以个别图书馆会员的身份加入 CrossRef，也可以图书馆联盟的方式加入。

图书馆加入 CrossRef 需要做的工作有：根据请求 CrossRef 会向图书馆发送一份申请加入会员的协议；考虑是否需要访问 CrossRef 系统以便优化软件供应商产品；图书馆需要详细了解 DOI 指南、基于 DOI 检索的技术细节和图书馆如何运作 CrossRef 等。加入 CrossRef 的出版商必须通过 CrossRef 将 DOI 添加到出版论文和数据库中去，图书馆会员就可以批量或分次进行 DOI 及元数据查询并建立全文信息资源的永久性链接，提高链接解析功能以便建立 DOI 数据和元数据缓存。除学术、科研、教育和非商业用途之外，图书馆会员不能任意使用 CrossRef 元数据。图书馆加入 CrossRef 的优势有：真正的持久性链接；提高馆藏的利用率；扩展馆外的访问；增强本地化链接；免费享受 CrossRef 提供的 DOI 和元数据检索。

③ 各种中介体

数据库出版商、订购代理商、期刊链接平台及软件供应商等组织以会员身份加入 CrossRef 成为中介机构，与成员出版商一样，他们无需分别与不同出版商签订双边协议即可创建指向所有 CrossRef 成员出版商的链接，可进行 DOI 查寻及提取，通过基于 DOI 的参考链接来增强它们的产品与内容。CrossRef 为二级出版商和其他中介机构提供了一个统一的平台，使得最小的出版机构也能轻易地链接到顶尖的出版商。如果没有 CrossRef，数以千计的数据识别和提取过程不但耗资巨大，而且实施困难。中介机构加入 CrossRef 有许多优势：链接直接指向全文增强了索引的可用性；将 CrossRef 功能变成系统服务的一部分；扩展出版物的覆盖范围无需增加成本；将二次信息、文摘信息和集成信息与原始文献实现无缝整合；通过集中链接协议提高效率。此外，那些为出版商提供在线期刊服务的组织则可加入成为 CrossRef 的 Agent，属于一类特殊的会员，它们同样可以建立基于 DOI 的参考链接从而提供链接服务。

④ 科研人员

科研人员是CrossRef面向的终端用户，他们也是网络学术传播的最大受益者。CrossRef允许科研人员通过引用链接从一篇论文链接到其他被引用论文。引文全文的获取方式未必是一站可得，有可能通过订购、文献传递、按浏览次数付费或预印本付费等方式获取。如果用户所在机构已订购并被授权使用该网络期刊数据库，就可通过合法的IP地址直接登录快速获得该引文的全文。CrossRef系统运营成本主要由出版商承担，科研人员可以免费享受CrossRef服务。

6.1.6 CrossRef的功能与影响

1. CrossRef功能

① 链接功能

提供电子期刊引文与原文的链接是CrossRef的基本功能。CrossRef系统本身并不提供论文的全文或文摘，它只是为成员出版商之间提供一个由参考引文与其全文或文摘所在的电子资源网址的链接平台，进而通过该链接获取论文的文摘或全文，方便地实现跨数据库之间的交叉检索，且检索界面易用而又友好。

② 固定功能

网络信息资源有定位稳定和不稳定之分，定位的不稳定往往会使相互间的网络链接中断，如把代表电子期刊论文链接的URL进行组织管理后，由于该论文的URL变动而导致链接失败，用户难以找到准确的信息。针对这种情况，CrossRef是如此处理的：成员出版商只在CrossRef的元数据库MDDB中的DOI目录中更改该论文的URL即可，一旦出版商改变了论文的URL后，只要在中心的DOI目录中进行更新，每一个与之相关的DOI就会自动更新。而成员出版商和会员单位可随时得到最新版本的MDDB副本，以实现更新链接，从而保证了数据在网上的固定性。

③ 一站式服务

一般来说，人们检索文摘索引等二次文献时，自然希望能直接从文摘索引链接到相应论文全文，而当阅读论文时则希望能直接从参考文献链接到相应的全文文章。近年来，由于CrossRef系统的服务对象已从始创时的学术出版商，发展到由出版商、数据库供应商、二次文献数据库商、文摘索引供应商以及学会、图书馆等组成的超大型非营利性组织，特别是一些大型的数据库商如CAB International、ASC（美国化学学会）、IEE（英国电气技术者协会）、EI工程公司的加入，彻底解决了用户通过二次文献获取全文文献的难题。这样，CrossRef的索引机制就将一次文献、二次文献以及其他事实型文献整合在一起，将学术期刊、会议录、技术报告、百科全书、教材等各种来源的学术信息，根据内容相关性整合在一起，从而真正为研究人员提供了从“检索”到“获取”的一站式服务。

④ 著作权保护功能

由于CrossRef的元数据库MDDB并不储存文件的原文，只提供一个获取论文原文的链接，这样，就可以避免随意下载的现象，从而保护了论文著者的版权。另外，CrossRef还提供“加强分辨”功能，它包括复合分辨（multiple resolution）和返回元数据查找（reverse metadata look-up）。复合分辨使得符合因素和DOI链接，引文查找的结果就包括了所有可能和DOI链接事项的元数据。这些事项可能是附加的分散在各镜像网站的URI，或一个E-mail地址，或一个指向某个元数据记录的链接；而返回元数据查找是指查找结果返回输入时给定有关论文完整元数据的DOI。这样允许图书馆和其他信息服务机构为读者创建预定的链接，从而为读者提供适当的资源，并有效地解决合理的版权问题。通过本地链接，能够确保既定用户不能直接通过对外付费获得所在机构已经收藏的论文，而只能通过向机构预约电子版或者印刷版来获得。

2. 影响CrossRef系统的质量因素

CrossRef系统的创建是多数据库出版商协作的产物，它以Handle System和DOI元数据框架作为技术基础，为用户实现引文到原文的链接提供了便利。但是DOI的质量控制和DOI Resolver的解析过程控制是影响CrossRef系统运行质量的关键。

① DOI质量控制问题

CrossRef是基于元数据的查找，系统能否正常运行取决于出版商提供元数据的准确性和及时性。出版商是按下述流程来使用 CrossRef 的：每出版一篇新的文章时，出版商需要指定出这篇文章的 DOI 和 URL，按照 CrossRef XML Schema 来编写元数据，并将他们按单个或成批提交到 CrossRef 的 DOI 和 MDDB 中；CrossRef 对存放的内容进行批处理，并返回每篇文章的成功或失败信息；再提交直至被存储出版商每出版一篇新的文章，对引文都要进行基于元数据的查找（检索提问采用批处理方式，CrossRef 系统查询它的 MDDB，并将在 MDDB 中匹配到的文章的 DOI 值返回给出版商）；出版商将 DOI 值增加到链接服务器中，对查询已经成功的文章构建 DOI 链接；定时再提交查询未成功文章，以便了解这些文章的 DOI 是否已存放。以上环节的每一个步骤都将会影响 DOI 的质量。DOI 系统对各种出版商的数字对象进行永久性的标识提供了一个可靠的途径。但是如果太多非正规的出版机构也被允许加入 DOI 系统中，系统有可能因为积累大量不存在的对象标识符而导致崩溃。

② DOI Resolver 的解析过程控制问题

同一数字对象可能分别存放在不同的地点，尽管 DOI Resolver 具备多解析的功能，但是在解析的过程可能需要多次逻辑判断。因此 DOI Resolver 的解析过程控制也是影响 CrossRef 系统运行质量的关键问题之一。

3. CrossRef 带来的影响与冲击

作为一种开放式的参考链接系统，CrossRef 为电子期刊的引文与原文、引文与文摘、文摘与原文之间的链接提供了便利。随着越来越多的出版商、图书馆、二次文献供应商的加入，CrossRef 取得了巨大的成功[①]，CrossRef 系统由只提供学术电子期刊之间的链接，扩展到现在的电子期刊、会议论文、技术报告、百科全书、教材等其他事实型文献的链接。CrossRef 带来的影响与冲击主要表现在以下几方面：

① 对用户而言

---

① 邱燕燕．基于 CrossRef 的电子期刊引文与正文链接研究［J］．情报杂志，2005(04)：84－85.

用户以往主要是通过检索文摘索引数据库并借助各种办法找到相关的全文资料，而全文数据库的出现为使用者迅速找到相关的资料提供了极大的便利性，但“单纯”的文摘和全文并不能使研究者的研究信息资源完整化。而 CrossRef 通过利用 DOI 技术所提供的引文到全文链接功能使用户只要通过一两个选项的点击就能完成逻辑上相关文献之间的链接和获取，同时使科研人员进行文献检索的途径更简单、直接和省时；文献浏览的效率更高，能检索到的学术性强的原始文献更多，便于科研人员对文献资源的挖掘和使用。另外，CrossRef 对资源的整合构成了一个动态的学术信息门户，可以全方位地为科学研究提供文献信息保障，使科研人员可以迅速了解与其研究领域相关的各种类型文献，以及其过去、现在的研究情况和将来的发展趋势等，从而实现科学研究中探寻知识起源和学术关联的目的。

② 对于出版商而言

CrossRef 本身就是由众多的商业性和非商业性出版商发起提供的一项服务，对于未加入 CrossRef 的出版商来说，加入 CrossRef 应是其首要选择。而对于已加入 CrossRef 的众多出版商而言，为了使其电子出版产品能够更容易地被使用，必须改变出版产品的技术与方法，让所属的电子出版产品用 DOI 标识，加入 CrossRef 的服务，从而扩大其使用范围，达到资源的充分共享，并提高出版商在整个出版界和信息服务界的知名度。对于以前出版的期刊文献，为了扩大正文到引文原文的链接范围，也应该采用上述方法加以电子化。另外，出版商在提供自己的电子期刊时要注意文献参考时的便利性，对于已经改变了 URL 的期刊文献，要及时在 DOI 元数据库中加以更正，以便向用户提供准确的信息。

③ 对于图书馆而言

随着数字信息资源的急剧增长，用户对数字信息资源的利用提出了新的要求，整合检索、一站式检索成为主流趋势。CrossRef 使图书馆对所购买的众多电子期刊数据库等数字信息资源的整合成为可能。当然，对于图书馆来说，应注意的问题主要有：

所购买的电子资源是否采用了 DOI 技术。面临电子资源的迅速变化，用户对全文电子文献需求的扩大和要求的提高，图书馆必须谨慎地选择电子资源，应考虑购买的电子资源是否采用了DOI技术，能否实现与本地馆藏文献或其他电子文摘数据库的链接，从而为用户提供方便快捷的信息服务。

出版商是否为CrossRef成员机构。参加了CrossRef的出版商提供的电子文献能够实现从引文到原文的链接，方便用户开发和利用本地电子资源。

由于CrossRef是一个非营利组织，图书馆只需支付极少的费用，就可以作为会员单位加入CrossRef，从而享受到CrossRef对图书馆提供的优越服务，实现引文与已购各个数据库间全文的链接、文摘数据库到全文的链接，实现电子资源数据库间内容的整合和服务的自动化。这样不仅能节省人力、财力，而且能极大地完善图书馆虚拟馆藏体系的构建。

④ 对二次文献数据库商而言

随着全文型电子期刊数据库种类的增多，用户对原文的获取更加便捷，对以往依赖较多的二次文献数据库的利用变得越来越少，对于许多用户来说，二次文献数据库变得可有可无。CrossRef系统的独特运作理念，将使其更符合用户对文献使用功能的需求，尤其深受二次文献生产商，文摘、索引数据库供应商，文献重印销售商及订购代理商的欢迎。二次文献数据库商通过加入CrossRef，能够和其他成员出版商一样，可以通过基于DOI的参考链接来增强它们的产品与内容，从而使二次文献数据库和全文数据库间实现全面的链接，使图书馆实现以较少的投入获得较大的回报，也使图书馆用户深受其益。

4. CrossRef的发展前景

根据目前网络信息传播的发展现状，有理由相信在未来的一段时间内科研人员通过互联网进行学术传播的热情仍将持续。这既是CrossRef在近几年得以快速发展的一个重要原因，又为CrossRef的未来发展带来了源源动力。

一方面，CrossRef提高了学术信息的可获得性。从20世纪90年代末以来，随着网络出版技术和数据库技术的迅猛发展，网络学术传播从学术期刊数据库发展成博客、wiki、流媒体和信息检索服务，其中，网络出版期刊论文已经成为学术交流最有效、最值得信任的传播方式。特别是开放存取期刊模式的出现，大大加快了学术信息的传播速度，推动了学术研究的进程。开放存取出版物还可以被多个数据库收录并被多个网站链接，使得期刊论文能免费或低成本传播成为可能。面对海量的学术信息，出版商不得不考虑增强信息内容的可用性，不仅仅是把论文发表在网络上，而且要考虑用户利用信息时通过参考文献链接实现获得被引用资源的需要。CrossRef 可以从技术上帮助出版商解决引用链接有效性的难题。此外，对于学术信息中转站的图书馆而言，整合海量数字信息资源迫在眉睫。图书馆要考虑所购买的数字信息资源是否采用了DOI 技术，能否实现与本地馆藏文献或其他网络资源数据库的链接。对于加入 CrossRef 出版商所出版的数字文献，图书馆可以省去从引文到原文链接的环节，便于开发和利用本地数字信息资源，甚至图书馆可以以会员身份加入 CrossRef，享受相关的服务进而完善图书馆虚拟馆藏体系。

另一方面，CrossRef 顺应了用户阅读的新习惯。根据美国伊利诺伊大学图书情报学院信息调查中心研究表明，科学家们已经开始战略阅读，他们同时看很多文献，检索、过滤、比较、整理、连接、注释和分析内容的片段。他们大量使用数字索引、检索和导航资源库（比如PubMed，WebofScience，CiteSeer 和 GoogleScholar）获得相关信息，而无需一篇篇通读全文。[①] 如果这预示着科研人员阅读习惯的改变，那么面向终端用户的 CrossRef 无疑是顺应新潮流的。CrossRef 可以帮助用户完成相关文献之间的链接和存取。与文献检索方式相比，CrossRef 链接功能更简单、更直接、更省时，文献浏览的效率更高，能检索到的学术原始文献更多，便于科研人员对文献资源进行挖掘和利用。同时，科研人员通过对该研究领域相关文献检索，可以全方位地了解该领域研究的过去、现在和未来。

---

① Renear, Palmer. Strategic reading, ontologies, and the future of scientific publishing [J]. Science, 2009, 325 (5942): 828-832.

6.2 起源于数据库商 CNKI 十知网节

本节中我们讨论的数据库商的知识链接服务限定为：数据库商在自己所拥有的多种数据库范围内提供跨库的知识链接服务，而不包括不同数据库商之间的知识链接服务。这种出版商内部数据库之间的跨库的知识链接服务将多个数据库中的知识通过链接的形式，形成了多种类型的知识网络，极大方便了用户的知识获取。虽然与前述 DOI/CrossRef 类型的知识链接相比较，这种跨库的知识链接形式属于封闭式而非开放式，所能链接的知识限制在自己拥有的信息资源范畴内，在整体规划的先进性和可持续发展方面不如前述知识链接形式，但是只要数据库商拥有的知识数量足够丰富，这种知识链接服务形式还是非常受用户的青睐。① 我们以清华同方的“中国知网”（CNKI）为例分析在统一平台上跨数据库的知识体之间的知识链接形式。

6.2.1 CNKI 及知网节技术

1. CNKI 简介

CNKI（China National Knowledge Infrastructure），即“中国知识基础设施工程”。CNKI 网站全称为“CNKI 数字图书馆”，1999 年 6 月由清华大学、清华同方发起建立。近些年由于受到国家各部委和教育、学术等社会各界的大力支持，CNKI 自主开发并采用国际领先进水平的数字图书馆技术，建成了全球全文信息量最大的数字图书馆。

CNKI 数字图书馆即“中国知识资源总库”的网络出版平台是 CNKI 的核心项目。CNKI 现有的信息资源类型包括期刊、硕博学位论文、会议论文、报纸、工具书、年鉴，目前正在不断尝试增加新的文献类型，例如图书、多媒体等。目前，CNKI 数字图书馆已收录了近 8000 种期刊、1000 多种报纸、19 万本硕博学位论文、17 万册会议论文、40

---

① 周晓英．知识链接的发展阶段、发展动因和类型特征分析［J］．图书情报工作，2010（12）：36－40.

万册图书以及国内外 1100 多个专业数据库。数字图书馆的馆藏资源包括综合馆、医学馆、企业馆、中小学馆四个分馆，其中综合馆馆藏资源包含《中国期刊全文数据库》、《中国优秀博硕士论文全文数据库》、《中国重要会议论文全文数据库》、《中国重要报纸全文数据库》、《中国科学文献计量评价系列数据库》、《中国图书全文数据库》等六个全文数据库。目前，《中国期刊全文数据库》已经成为世界上最大的动态更新的期刊全文数据库，收录了 7000 多种期刊，收录的期刊种数、文献的全文收率最高。CNKI 数字图书馆中的信息内容是经过深度加工、编辑、整合的并用数据库形式进行有序管理，其内容有明确的来源、出处，内容可信可靠，因此，CNKI 有极高的文献收藏价值和使用价值，可以为广大学者、科研人员作为学术研究、科学决策的依据。

2. CNKI 知网节技术

随着电子文献资源的不断发展，帮助用户从海量的电子文献资源中有效快速地找到所需文献是数字资源提供商急于思考的问题。随着个性化推荐服务在电子商务领域的不断应用，关联推荐已经作为知识服务的一个新领域，国内最大学术资源数据库 CNKI 也紧跟时代步伐，推出了自己的文献关联推荐服务，即“知网节”技术。

“知网节”是“知识网络中知识信息交汇节点”的简称，是 CNKI 网格资源共享平台为知识整合，构建一种方便用户发现、获取、高效利用文献资源的知识网络而命名的，它是 CNKI 的一大创新。知网节是 CNKI 基于《中国期刊全文数据库》、《中国优秀博硕士学位论文全文数据库》、《中国重要会议论文全文数据库》和《中国年鉴全文数据库》等 29 种大型数据库和国内外 1200 多个相关数据库近 7000 万条文献数据的基础上，根据知识的体系结构和文献的内容关联独立自主研制开发的知识网络节点技术。

在 CNKI 检索系统中，提供单篇文献详细信息和扩展信息的浏览页面被称为“知网节”。它对文献信息资源进行了深度挖掘和加工，并通过概念相关、事实相关、参考引证等多种方法揭示知识之间的各种关联，将整个 CNKI 检索平台上的文献资源编织成纵横交错的文献网络和知识网络。用户在检索的过程中，利用“知网节”界面可以更加方便地追溯知识的源头，掌握知识发展的脉络。

CNKI检索系统的“知网节”界面主要包括：参考文献、引证文献、共引文献、同被引文献、二级参考文献、二级引证文献、读者推荐文献、相似文献、相关研究机构、相关文献作者和文献分类导航等链接点。这些链接点随着CNKI资源的不断更新而发生变化，用户通过它们可以深入了解所查主题的各种相关信息。

“知网节”界面所涉及的全部链接点可分为4类：文献、机构、人名（作者、导师）、内容关键词。在CNKI中心网站中，点击这些链接点，可获得相应链接点在数据库中的相关文献信息及全文等内容。

“知网节”揭示文献的方式大体分为4种：一是通过引证关系揭示。如“知网节”中的参考文献、二级参考文献、引证文献、二级引证文献、共引文献等。二是通过系统日志信息和读者反馈信息揭示。如读者推荐文献等。三是利用关键词和主题内容的同现率来揭示。如相似文献、相关研究机构和相关文献作者等。四是通过等级关系揭示。如文献分类导航。

通过以上揭示方式，CNKI检索系统中的每一篇文献都拥有自己的“知网节”，每一个“知网节”都与其他数据库中的相关文献形成关联。任何一篇文献都能组成一个主题网络，从多个角度揭示文献之间的关系，从而为用户营造主题数字化的学习环境，帮助用户更全面、更广泛地发现和获得相同、相似、相关的文献信息。

用户在检索结果页面上任意点击一篇文献题名，即可进入该文献的知网节。知网节是以命中文献作为节点文献，提供该文献的详细信息和扩展信息的浏览页面。知网节是各种扩展信息的汇集点，通过内容相关、引用关系等关联规则涵盖了该文献的各种详细信息。

6.2.2 知网节知识链接

在知网节中，可以作为这种知识交汇节点的事物很多，可以是一本书、一篇文章、一个作者、一个机构、一个概念等，最为常见的知网节是一篇文章的信息，包括该文章所表达的主体的详细信息和扩展信息。知网节上设定了很多的链接点，点击它们便可以获得相应的内容，并将知识与知识链接起来，实现了知识体之间的链接，其中具体设置的知识链接点主要有以下几种：

作者姓名：链接到知网多个数据库中该作者的论文或著作。

作者机构名称：链接到知网多个数据库中该机构出版的论文和著作。

关键词：链接到知网多个数据库中以该词为关键词的论文和著作。

期刊名称：链接到该刊的基本信息、知网数据库所收录的该期刊的不同年代、每期所刊登的内容目次、刊物的一些统计数据。

期刊编辑部：链接到该刊的电子邮件生成页面。

刊期：链接到节点文献所在的本期所刊登的文献目次。

此外，该节点处还提供了该文链接所形成的引文文献网络，包括共引文献、引证文献、二级引证文献、参考文献、二级参考文献、同被引文献，并且能够分别显示每一个年度中文献的参考和引文数据；此外还有系统提供的相似文献、同行关注文献、文献分类导航、相关作者文献等。

CNKI 系统提供了大量节点文献相关的文献链接，每个链接信息均为动态实时的，随着 CNKI 实际平台上的资源变化而增减。知网节的主体文献详细信息链接有：题名、作者、作者单位、文献出处、时间、摘要、关键词等。知网节中的扩展信息链接也被称为“文献关联推荐”，一般分为引证关系文献和相关文献两大类。“引证关系文献”，即与主体文献存在引用关系的文献集合，包括：参考文献、引证文献、共引文献、同被引文献、二级参考文献、二级引证文献；“相关文献”，即与主体文献各种特征有关联的文献集合，包括：读者推荐文献、相似文献、相关研究机构、相关文献作者、相关期刊、文献分类导航、相同导师文献。知网节与文献关联推荐的关系如图 6－4 所示。

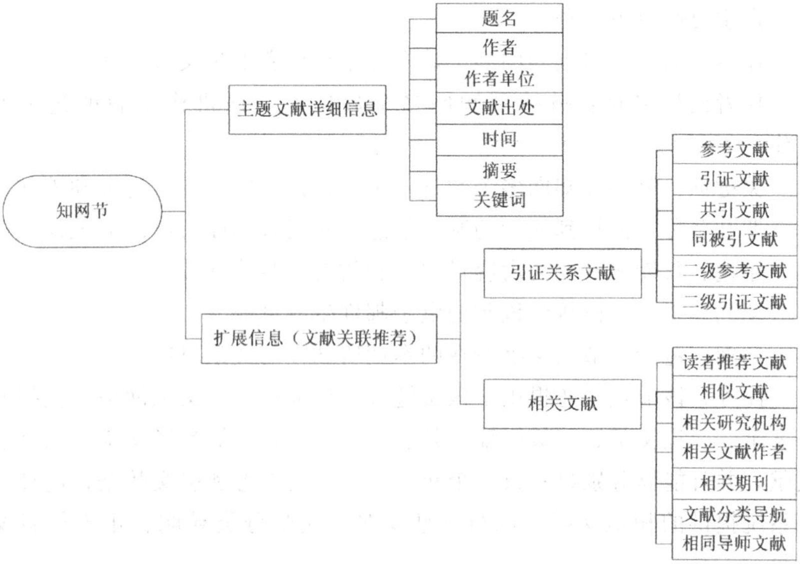

图 6—4　知网节与文献关联推荐

由图可以看出，文献关联推荐是文献的扩展信息，也是知网节内容的一部分。不同种类文献关联推荐的含义及作用如下：

参考文献：主体文献引用或参考的、并在文章后列出的文献。用户通过参考文献链接可以发现主题的研究背景和依据。

引证文献：引用或参考主体文献的文献，也称为“来源文献”，即写作时引用或参考了主体文献，并将其以参考文献的形式列于文后的文献。引证文献可以使用户发现主题研究工作的继续、发展、渗透、融合。

共引文献：与主体文献有共同参考文献的文献。共引文献能够动态地提供一组与主体文献内容相同、相似、相关的文献。

同被引文献：与主体文献共同被其他文献引用的文献。同被引文献动态地提供一组与主体文献同时被引用的文献，可共同作为另一主题进一步研究的基础。

二级参考文献：主体文献的参考文献的参考文献。即主体文献正文后所列每一篇参考文献的参考文献。通过二级参考文献链接可以追踪本研究主题的研究起源。

二级引证文献：主体文献的引证文献的引证文献。可以使用户发现本研究主题的研究状况和发展趋势。

读者推荐文献：根据日志分析和读者反馈信息获得的、与主体文献内容最相关的文献。读者推荐文献利用网络交互的特性，由用户的检索行为给其他用户或同行提供关注的热点和研究动向。

相似文献：相似文献是根据动态聚类算法获得的，内容上与主体文献内容相似的文献。相似文献全面反映相同、相近的研究成果，也较全面地反映本课题研究方向的动态信息。

相关研究机构：根据文献主题内容相似程度而聚集的一组研究机构。为用户提供同类机构的信息，可以全面了解这些机构的研究动态和历史。

相关文献作者：利用关联规则聚集一些文献主题内容相似度高的文献作者，便于用户了解该领域的研究群体。

文献分类导航：提供主体文献在中文图书分类系统中的类目和上级类目的分层链接，用户可以获取主体文献在当前数据库中的相应类目、上级类目下的全部文献信息、全文与本文属于同一专业学科领域的文献。用户逐级浏览，可以从导航的最底层看到与本文研究领域相同的文献，也可以从上层导航查找到更多相关领域的文献；同时，用户还可以综合了解本专业、学科、领域中相关研究方向的成果，揭示学科交叉渗透内容，从新的研究方向获得启示。

相同导师文献：当主体文献是硕博士论文时，同导师文献链接将会显示主体文献作者的导师所指导的其他研究生所写的硕士、博士学位论文。通过链接获取同一导师所带硕士、博士的学位论文。由于一个导师所带学生的论文一般具有相关研究主题，因此用户可以从中找到主体文献主题相关的文献资源。

6.2.3 知网节的功能

检索系统的查询效果主要取决于信息组织的完备性，CNKI检索系统通过“知网节”技术来组织文献资源，有效提高了系统的检索效果。

1. 跨库检索

在CNKI检索系统中，点击检索结果页面上的任意一个可以激活的题名，均可进入该篇文献的“知网节”。每篇文献的“知网节”除了提供中心文献的详细信息，如篇名、作者、作者单位、刊名、关键词、摘要、所属基金外，还提供了有关该文献的扩展信息。这些信息并不局限于用户所检索的某一特定数据库内，而是通过“知网节”与CNKI检索系统中的其他数据库，如《中国优秀博硕士学位论文全文数据库》、《中国重要报纸全文数据库》、《中国重要会议论文全文数据库》等相关数据库的内容进行知识元、参考文献、引证文献、相似文献等多种关联，从而实现多个数据库的一站式资源快速定位服务。

在CNKI检索平台上，每一个数据库都自成体系。所有的数据库又都相互关联：每一篇文献都拥有自己的“知网节”，每一个“知网节”又都与其他数据库中的各类文献形成关联；每一个知识元都拥有自己的记录，而它们又与其他知识元乃至文献、数据库发生关联，从而形成了以“知网节”为表现形式，以“知网节”上动态显示的特征为节点，以CNKI数据库列表为中介的知识网络，打破了信息孤岛的现象，提高了整个系统的检索效率。

2. 文献资源整合

随着现代信息环境的形成，传统的信息资源不均衡和信息获取困难等现象得到了极大改变，信息的检索与传递走向非中介化、非专业化和非智力化，在用户活动中的影响也逐渐边缘化。这时用户关心的已不再是简单的如何获取文献，而是如何从繁杂的信息环境中析取能够解决问题的信息内容，而“知网节”正好为用户提供了较好的解决问题的思路。

如果说传统的数据库检索方式是“种瓜得瓜，种豆得豆”，“只见树木，不见森林”，那么“知网节”则是通过“一棵树木”而将“整片森林”尽收眼底。在使用CNKI检索系统的过程中，用户不但可以查找、获取需要的信息，还可以通过“知网节”充分调动和集成各种资源，获得经过加工处理的与所查找信息相关的文献，以探析学科领域的热点和焦点问题，深化和拓宽自己的专业知识，发现潜在的有用的信息，从而大幅度提高文献的增值利用价值，增强文献的传播能力。

3. 体现知识发展脉络

文献是记录知识的载体，也是传播知识的载体。人类不断地将隐性知识显性化载于文献，目的就是为了传播知识、共享知识、创新知识。而如何记载、传播知识使之得以有效、高效共享从而促进人类社会的知识创新，是知识网络所要解决的关键问题。

CNKI检索系统所设计的知识网络，充分揭示了知识起源、形成和发展进程中的各种交互关系，为用户的知识获取和知识利用提供了便利。通过“知网节”中相关文献和读者推荐文献的链接，用户可以清楚地了解到一个课题的历史渊源，以及同一主题在不同学科分类下的进展情况，从而全面地了解某一学术观点的产生、发展及目前的研究现状，并及时把握当前的研究热点。

4. 主动服务平台

检索是最有效的信息查找手段，但是如果没有统一的检索入口，人们面对的将是一个个各自独立的知识商店．而不是一个统一的知识超市。CNKI检索系统的网格资源共享平台将所有加盟数据库关联起来，在同一界面内为用户提供了一站式服务，解决了人们为查找同一内容而反复登陆不同数据库的问题。因此，CNKI检索系统既是一个寻求知识的门户，也是一个学习研究的平台。它将检索系统的服务从被动的输出检索结果升级为主动的为检索课题构建知识网络体系。

同时，CNKI检索平台独有的数字化学习研究工具也为用户营造了一个事半功倍的学习环境。如利用全文阅读工具。它可以完全现实地模拟个人面对纸质文献的学习研究习惯；可以实时笔记、注释、圈点、划线、涂色等；并自动建立学习档案，记录学习过程，使学习研究变得可改进、可重复。随着CNKI检索系统的不断完善及平台数字化学习功能的不断改进，必定会给用户带来更多的学习和研究乐趣。

5. 文献评价

文献之间的联系多种多样，其中最典型的就是文献之间的相互引证关系。传统文献相互引证的形式较为复杂，比较常见的是文中直接标注。现代文献的相互引证在表现形式上已趋于规范化，一般采用尾注或脚注等形式与正文对应列出其“参考文献”或“引用书目”，用以标示所引事项的来源或出处。文献的相互引证，原因是多方面的，其中最重要原因是归属与起源、提供证据和说明、提供背景性阅读材料、评价或更正其前的相关文献。无论出自什么原因，被引文献和引证文献之间具有内在关联是显而易见的，在更深的意义上，它体现着文化信息的继承和利用。“知网节”界面体现了中心文献的被认可度、利用度和学术价值，在评估和鉴别某一研究工作在学术界产生的影响力方面有着重要的参考价值。[①] 另外，通过考证引文之间的关系还可追溯相关研究的理论基础、科学依据和发展趋势，对于科学化选题和立项都有着一定的指导意义。

6.2.4 存在的问题

如前所述，“知网节”技术通过信息整合和知识挖掘等手段，大大提高了系统的检索功能，也为广大用户的检索学习提供了极大便利，但与此同时，“知网节”在研究和应用中也存在着一些问题，尚需进一步改进和完善。

1. 链接资源的完备性问题

从实际的检索情况来看，CNKI 检索系统中“知网节”处列举的文献均是 CNKI 系列数据库所收录的文献，未收录的文献限于文献类型及载体形式等种种原因并未列举。

2. 链接资源的质量问题

文献被引用次数多，不一定能反映其重要性。如有些具有错误思想和结论的文献，人们为了批评指正，被引次数可能就很高。不常被引用

① 宋乐平. 浅谈 CNKI 检索系统中“知网节”的功能 [J]. 情报探索，2011 (7)：64—66.

的文献也不能一概认为不重要，因为它受许多因素的影响，如发表时间、语种、学科专业等。另外，人们在写文章列举参考文献时也存与所撰写的文章关系不大的问题（比如有的文章内容剽窃了他人文章，不敢在参考文献的地方将密切参考的文献列举出来）。正是由于这些现象的存在，那些引证文献、二次引证文献、参考文献和二次参考文献等信息在多次引证和参考后可能会变得面目全非。同样的道理。在用户日志分析和用户反馈的信息中也可能存在一些虚假的联系。所以，相似资源聚类得到的各种相似文献的质量和可信度也是需要进一步考证的。

鉴于此，CNKI 检索系统在以后的发展中需要针对这些问题寻求不断完善的方案。在系统收录资源的完备性方面，要仰仗 CNKI 检索系统本身的努力和发展。如对以往资源的回溯录入并标引，对目前发行期刊的版权购买等等；在链接资源的质量上，要依赖学术界对学术论文写作的规范控制进一步加强。

综上所述，CNKI 知网节技术根据用户的检索行为进行有效的关联推荐，从而扩大了检索范围，为用户提供多种多样的链接渠道，为用户的信息链式获取提供极大的方便。知网节通过内容加工、知识挖掘等技术将 CNKI 中所有文献整合为知识网络。用户在信息检索中使用知网节能够方便获得研究主题的现状，了解该主题文献的研究来源，还可以参阅其他人的相关研究，吸纳不同文献资源的精华，从而获得更多学术上的帮助和启示。知网节不仅便于用户深入开展研究，有助于新知识的学习和发现，也使文献的增值利用价值大幅度提高，文献的传播能力也大幅度增强。

可见，《中国期刊全文数据库》通过提供单篇文献的详细信息和扩展信息的浏览页面作为“知网节”，与旗下拥有的《中国知识资源总库》中的其他系列数据库，如《中国重要报纸数据库》、《中国重要会议论文全文数据库》等中的知识内容进行了多种链接。因此，通过知识链接可以进一步形成作者网络、机构网络、引文网络、项目网络、关键词网络、分类网络以及主体文献网络、引用文献网络和相关文献网络等多种类型的知识网络。CNKI 知识平台揭示了知识体的多种特征，在将这些特征进行多维分析的基础上，利用相似性比较、自动聚类、引文分析、关联分析等理论、技术和方法，自动聚集并动态实现各种知识之间的相互关联，生成基于知识特征的知识关联网络。

CNKI 知识平台揭示了知识载体的多种特征，在将这些特征进行多维分析的基础上，利用相似性比较、自动聚类、引文分析、关联分析等理论、技术和方法，自动聚集并动态实现各种知识之间的相互关联，生成基于知识特征的知识关联网络。其知识链接的特点表现为：

① 所有链接的信息都是动态的，会随着数据库信息内容的增加而变化。

② 基本实现了利用多种先进技术对海量资源进行深度开发和广度整合的目标，提升了资源的综合和增值利用价值。

③ 形成了多种多样的知识网络，方便文献资源发现、获取和高效利用。

④ 跨越了不同数据库和不同类型文献之间的界限，保证了所有数据库根据需要形成多类型的知识网络。

⑤ 在方便用户使用 CNKI 旗下所有数据库中的资源的同时，也提升了数据库资源的利用率。

“知网节”技术具有强大的生命力，它使得 CNKI 检索系统通过知识网络彰显了每种期刊、每篇文献的个性内容特征与整体知识价值，并使 CNKI 检索系统兼具了文献传播平台与知识学习工具的作用，有效地促进了各类知识的沟通融合。随着网络技术的飞速进步，“知网节”技术也会不断完善，在信息资源的组织和检索中发挥更大的效用。

6.3 起源于图书馆的 OpenURL＋SFX

图书馆拥有越来越多的二次文献数据库和全文数据库，它们来源不同、语言不同、结构不同、类型不同、收录范围不同，一直以来图书馆都试图通过信息资源的整合技术使图书馆的信息资源形成一个整体，开放链接服务的出现为图书馆资源实现真正意义的有效链接和整合提供了可能。[①] 开放链接服务是一种致力于为一个链接源提供尽可能多的与链接源上下文相关的扩展服务链接，其一般服务模式是：用户在某个信息资源系统上点击某个链接，该链接链接到一个开放链接服务器，开放链接服务器将会返回与该链接源上下文相关的各种有效扩展服务链接。例如，点击文献列表中的某一项，那么可以返回与该文献相关的摘要服务、全文服务、作者相关信息服务等。OpenURL 框架是实现开放链接服务的重要手段，它是一个基于上下文的开放链接框架，是一种开放的信息资源与查询服务之间的通信协议标准，它提升了在开放链接环境下提供定位服务的服务组件和信息资源之间的互用性。OpenURL 作为一种开放式链接框架结构，不仅适用于信息源本身的整合，而且可将多种信息源和多种服务整合在一起，提供上下文相关的服务。

6.3.1 OpenURL 框架概述

OpenURL 可称之为开放的统一资源定位器（Open Uniform Resource Locators)，目的是把不同来源和不同通信协议的信息源及相关服务融合在一起，实现不同类型、不同格式和异地分布信息资源的无缝链接。OpenURL 克服传统链接框架的局限，可为用户提供上下文相关（context sensitive）链接传递服务。

6.3.1.1 产生背景

传统链接存在的封闭式问题以及缺乏上下文关联的问题是开放链接框架概念提出的主要原因。

1. 传统链接是封闭式的

早期的参考链接技术基本上都采用封闭式链接框架（closed linking framework)，它最大的弊端正在于封闭式。[②] 这种封闭性主要体现在：

---

① 周晓英．情报学进展系列论文之五 知识网络、知识链接和知识服务研究［J］．情报资料工作，2010 (02)：5—10.

② Van de Sompel. Beit - Arie. Open linking in the scholarly information environment using the OpenURL framework［J］. New Review of Information Networking，2001，7 (1)：59—76.

传统链接绕过了本地环境，直接将链接传送给最终用户，本地环境无法对这些链接作相应处理。例如无法做一些无用链接的过滤，无法做一些必要的重定向（例如在数字图书馆领域，如果本地有全文链接资源，就无须链接到远程全文服务）。传统链接的链接范围也是受限于链接服务提供者的，链接方案直接由其提供者预先设定，局限于链接提供者的资源范围内，不能考虑最终使用链接的用户所处的不同信息环境这一因素，因而不能支持第三方（如用户所在的图书馆）的参与以综合其本地资源提供本地化的链接方案。相应地，这种参考链接实现的是一种静态链接机制，即信息对象间的链接已预先计算好并存放在链接数据库中。

链接技术最终是服务于使用链接的各种终端用户的。从用户的角度而言，使这种服务能融入其所处的信息环境中，为其提供最方便、最丰富和最经济的信息服务才是最符合其需求的链接方案。理想中的链接应该受限于链接被使用的本地环境而不是链接服务的提供者。例如可以本地配置链接到哪些目标，这样有利于在本地实现各类信息资源的整合。许多情况下使用链接的用户都处于一种包括 OPAC 系统、文摘索引数据库、电子期刊及 Web 信息资源服务等多种类型信息资源在内的复合图书馆环境之中。如果创造性地利用这些资源，就可以为用户提供超出链接提供者能力的内容广泛的信息服务。① 但由于不能预期不同用户所处信息环境的信息资源的多样性，基于封闭式链接框架的参考链接技术无法实现这样的服务。为了提供基于多样性信息环境的参考链接服务，链接的目标就不能单由链接提供者来预先设定，而应该综合考虑和反映链接提供者、用户及其所处机构的信息环境及意图。

同时，传统链接的链接目标也是单一的，我们希望链接的目标尽可能多样化，这样有利于信息的充分挖掘和全面展示。

2. 传统链接是非上下文相关的

传统链接没有将链接和上下文信息相关，即传统的链接中不包括上下文信息；传统链接只关注链接目标，没有关注链接源；而实际上，链

① Van de Sompel. Hochstenbach. Reference linking in a hybrid library environment [J]. D-lib Magazine, 1999, 5 (4): 1082-9873.

接源可以提供大量的与链接源相关的上下文元数据，链接服务器可以通过处理这些链接源上下文数据提供更多、更丰富的扩展服务。

为了解决上述问题以提供开放链接服务，就需要：

① 提供一种开放的链接语法，这种语法能够描述链接源上下文环境以及一些其他必要的元数据信息。

② 改造现有链接源，使得现有链接源可以方便使用开放链接服务。

③ 链接服务器能够进行开放链接语法分析，开放链接评估，即根据评估规则过滤无用链接。

④ 链接服务器能够根据开放的链接语法，基于开放链接评估，最终产生到链接目标的具体链接语法。

⑤ 能够在解决以上问题的基础上提供统一的开放链接服务。

为了实现上述目标，解决封闭式静态参考链接技术存在的问题，以 Herbert Van de Sompel 为首的比利时根特大学（University of Ghent）图书馆自动化小组自 1998－2000 年进行了一项被命名为 SFX（for Special Effects）的科学研究活动，致力于开放式参考链接框架的研究与实现。该项研究最终成功地证明了开放式链接框架的可行性，并推出了其具体运用，SFX 框架（SFX Framework）以及第一种参考链接服务器软件（SFX Link Server）成为参考链接技术发展过程中的重要里程碑。

6.3.1.2 OpenURL 的传输机理与组成

OpenURL 的目标是使链接带领用户到合适的资源，其基本原理是将链接服务的提供从信息资源中分离出来，从而允许第三方服务器在用户的控制下，确定合适的链接服务。在 OpenURL 方式中，对其他资源参考方式并不直接指向参考目标的链接，而是通过一个挂接点产生一个 http 请求，该请求就是 OpenURL。来源并不直接指向参考目标，而是通过产生 OpenURL 提交请求，以 HTTP 协议的 GET/POST 方法将上下文对象提交到一个第三方的链接服务器，再由服务器根据上下文对象动态选择链接目标。链接服务器接收到 OpenURL 请求后，根据上下文对象动态计算出链接的目标。为实现这种上下文链接服务，必须解决以下两个问题：

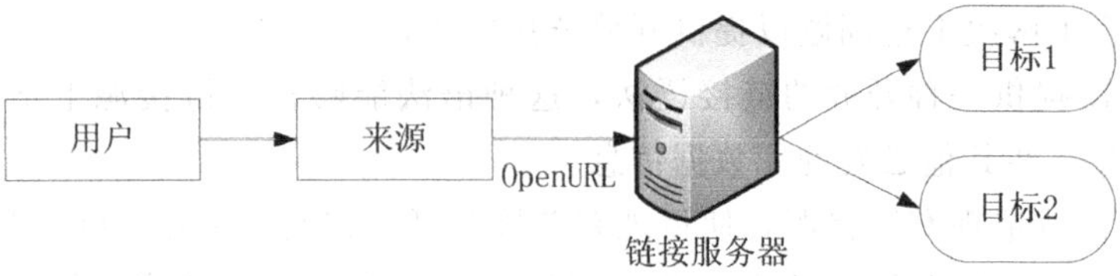

图 6—5　基于 OpenURL 的参考链接系统原理简图

① 判别出当前使用者是否有这个服务的使用权。为了避免在一个没有资源使用权的上下文环境中显示出一个无效的链接点，必须首先得到用户当前上下文环境的描述，然后根据上下文环境判断是否有使用权。对于有使用权的显示一个连接点，否则不显示。为达到这一目的，可通过利用 Cookie 存储使用信息（Cookie Pusher 机制）、在数字证书中包含使用信息（例如由 DLF digital certificates prototype project 提议的证书）、识别用户的 IP 地址、通过 Shibboleth 口令框架获得用户属性等多种方法实现。

② 对有权限的用户用设置好的知识库（包含有 OpenURL 链接规则和每个数据库商提供使用的期刊名、全文年限以及必要的链接语法）中的信息对有权限用户提供合适的目标链接。

基于 OpenURL 所实现的整合系统结构主要由信源、链接服务器和链接目标组成。①

① 信源（Source）是指各种可以创建 OpenURL 的信息资源，包括各种文摘和引文数据库、图书馆在线书目系统、电子期刊、电子档案、电子学位论文以及本地数据库等。任何支持 OpenURL 的资源都可以成为信源，也就是说，任何资源要通过 OpenURL 进行整合，首先要使这些资源遵循 OpenURL 规范。链接所需的元数据即来自于这些信源。在

① 黄文，董秋生．OpenURL 技术在数字图书馆中的应用［J］．现代情报，2009（11）：72—75.

信源处插入可通过 OpenURL 定位于某链接服务器的 OpenURL 按钮（或 hooks）。为降低系统反馈延迟，在用户点击请求链接服务之前，系统并未计算得出具体链接，一旦用户点击其中某个按钮时，系统才会通过定位于其本地链接服务器的 OpenURL 与其交互实现链接源相关元数据的传递。

② 链接服务器（LinkServer）接收信源传送来的 OpenURL，解析其内容，进而决定选择何种类型的资源成为服务目标。例如，链接到全文、链接到文摘、链接到期刊目次等。链接服务器提供允许链接到目标的鉴定和参数，这些目标应是图书馆购买或得到许可访问的资源，如在链接到一些全文时需经过 DOI 的验证，并列出适当的链接入口的对象，如期刊的 ISSN 或收录年份。链接服务器可以是远程的服务器，也可以是图书馆本地服务器，主要用来接受 OpenURL 的输入，通过 OpenURL 收集传输过来的元数据，对提供何种的服务进行分析和评估，确定链接到合适的目标，实现智能链接。

③目标（Target）是读者要去查询的目标，可以是各种形式的电子资源，包括电子期刊、图书馆在线书目系统、馆际互借系统、文摘和引文数据库、目录、专利数据库、百科全书等。任何支持 Linkto 语法或支持 Search 语法的资源都可以成为目标信息源。

6.3.1.3 OpenuRL 框架的版本演变

OpenURL 框架最初的目的是为了克服现有链接框架协议（OAI、SOAP、URL 等）的局限性，实现开放环境中上下文相关的扩展服务链接传递服务。2000 年初，Herbert van de Sompel，Hochstenbach 和 Beit-Arie 出版了 OpenURL 互用性规范的草本。作为实验内容的一部分，一个链接服务器原型被设计出来，并在 Hochstenbach 和 Van de Sompel 的协作下得到发展，这为 SFX 的出现奠定了基础。2000 年，美国 ExLibris 公司推出 SFX 技术框架，用于实现在不同来源、不同类型数据库之间及这些数据库与图书馆 OPAC 之间建立有机的联系，使图书馆信息资源形成一个整体。随着 OpenURL 在信息资源整合和内容服务中的成功运用，美国国家信息标准组织（National Information

Standard Organization，NISO）于 2001 年成立了专门的委员会，即 AX 标准委员会，其任务就是研究制定关于 OpenURL 的美国国家标准。2001 年通过了 OpenURL0.1 为美国国家准标准（ANSI）Z39.88－200X，与此同时，van de Sompel 和 Beit-Arie 已经将原来为学术领域的资源链接而设计的 OpenURL 概念抽象出来，形成更为通用的 BisonFute 模型。2005 年，NISO 发布了应用范围更广的 OpenURL1.0 版本为新的美国国家标准 NISOZ39.88－2004。OpenURL 前后两个版本都实现了开放链接，但 OpenURL0.1 在语法上是静态的，不易扩充，为了克服 OpenURL0.1 通过 HTTP GET 和 HTTP POST 传递元数据种种的局限性，NISO 委员会制定了 OpenURL1.0 标准，在保留 OpenURL0.1 简洁的基础上提高扩展性能与可用性，比如增加新的类型和新的元素等，可以通过 SOAP 等协议传递元数据。

1. OpenURL0.1

OpenURL0.1 设计的初衷将元数据从信息服务系统传递到服务组件，服务组件为传递而来的元数据生成相应的服务。① 通过点击一篇作品的 OpenURL（被称为 hook 的按钮或链接等）按钮，用户请求服务组件传递关于该篇作品的扩展服务，服务组件接收 OpenURL 作为输入，收集元数据以及其他该作品的标示符，一旦收集了元数据和标示符，服务组件就会进行评估，提供扩展服务的链接给用户，服务组件经过适当的剪裁，提供给用户的是基于情景过滤后的链接。

传统链接系统的单一链接层面在 OpenURL 链接框架中被拆分为两个层面：扩展服务层面和元数据层面。在 OpenURL 链接框架件中，引入了一个重要的独立于链接资源的扩展服务层面，在这个层面中分布着多个链接服务器系统。链接服务器的引入将信息、服务的提供者和链接服务的提供者分离开来，信息服务的提供者不再构建和维护资源之间的参考链接，而是在每个资源参考点提供与被引用资源相关的元数据信息，当需要链接到相关资源时，元数据信息将通过 OpenURL 传递给置

---

① OpenURL0.1 文档．[EB/OL]．[2012－09－13] http：//alcme.oclc.org/openurl/docs/pdf/openurl－01.pdf

于上层的链接服务器系统，链接服务器根据资源的元数据信息来判断出合适的参考链接，将使用者带到合适的资源处。另外，由于在扩展服务层面存在多个链接服务器，用户可以选择适合自己的链接服务器，如自己有资源访问权限的图书馆的链接服务器系统，这样当需要访问参考资源时，用户可以在自己熟悉的应用环境下获得合适的信息支持。

与传统的链接方式相比，OpenURL 链接框架主要解决了以下问题：

① 提供一套体系结构使得第三方能够提供附加的、适当的链接，生成一系列合适的扩展服务。

② 开放链接——将信息服务的提供者和链接服务的提供者分离；信息服务的提供者并不指定链接的目标资源或服务究竟是什么，而是提供与被引用资源相关的元数据及上下文信息，参考链接的生成将交给链接服务器去完成。

③ 与静态链接系统相比，可以更加动态、容易地实现和维护链接。

④ 通过 OpenURL 规范来提供一套传送元数据的机制。

实质上 OpenURL 就是一个信息资源与服务组件之间互操作的定义：在信息资源方面，允许开放链接并通过提供可控的 OpenURL 作为 hook，将描述资源的元数据和用户建立关联；在服务组件方面，通过 OpenURL 机制提供基于元数据和资源提示符的扩展服务，提供的扩展服务和类型取决于用户点击 OpenURL 携带的元数据描述和服务组件本身。但 OpenURL0.1 通过 URL 传递信息具有很多不足，具体表现在：

① OpenURL 必须要遵循 URI 定义，URI 语法规则限制某些字符，必须对一些字符进行转码；

② OpenURL 使用 HTTP GET 请求 URI 的长度不能大于 255 个字符，这样传输的数据有限制；

③ OpenURL 语法是静态的，在实际的运用中不够灵活；

④ 支持的类型个数有限制，仅能支持学术领域中的 book、article 和 onference 等七种类型，不能跨行业应用；

⑤ 描述被链接资源的数据元素个数固定为 25 个；

⑥ 传输协议固定，只能限于 HTTP/HTTPS。

2. OpenURL1.0

由于 OpenURL 发展来源于情报信息服务研究背景，当初它的简洁满足了为读者提供基于情景的服务，随着 OpenURL0.1 的成功运用，其他非信息服务行业对其重视起来，这种形势下以上这些问题不仅限制了自身在学术信息界的扩展，同时阻止了其他行业采用 OpenURL 满足相似的需求。比如不能覆盖其他资源的类型，不能够扩展现有类型的数据元素等。

基于以上原因，NISO 在保留 OpenURL0.1 间接性的特点之上制定了 OpenURL1.0 的标准，其主要针对前期版本的局限性，发展成为可扩展性的标准，链接能力扩展到更多的内容。同时，使用更多的格式和方法描述和编码数据，开发者拥有了更大的开发空间，进一步推动 OpenURL 在更加广泛信息领域的应用。OpenUR1.0 较 OpenURL0.1 具有更大的灵活性，能够包含的元数据信息除了学术论文外，还有专利、数学和化学公式，甚至非学术的项目等。其中将 OpenURL0.1 中的描述信息打包生成上下文对象（Context Object）是 OpenURL1.0 的重要概念。

上下文对象是一种信息结构，用于对链接资源的上下文环境进行描述，该信息结构包含了 6 种信息实体的描述：

① 被链接资源（Referent）：在一个特定的网络上下文环境中被链接的对象资源，它是上下文对象的核心元素，如果没有所指资源，上下文对象就没有产生的必要。

② 参考者（Referring Entity）：在一个特定的网络上下文环境中对其他资源进行参考的实体。

③ 请求者（Requester）：对被参考者发出的服务请求的实体。

④ 服务类型（Service Quester）：对服务类型进行定义的实体，如全文还是摘要等。

⑤ 链接服务器（Resolver）：服务请求所发向的目标，链接服务器以 OpenURL 为输入，接收到 OpenURL 后对其进行分析，分析和评估传来的元数据，并动态计算出合适的目标链接。

⑥ 上下文对象产生者（Referrer）：产生上下文对象的实体。

经过解析，原来在OpenURL0.1中通过URL传递的元数据进行分析，抽象成上下文对象。并且，OpenURL的应用不仅仅局限在学术作品范围之内，学术领域各单位在保留对OpenURL0.1版本的兼容性的同时，能够提供更多的描述情景对象的手段与提供更多样化的服务；OpenURL1.0提供了基本的框架，其他领域在框架之上灵活的定义实体，实现各个具体单位的实际应用，为广泛实施基于情景的服务提供有力的保障。

6.3.1.4 OpenURL框架的优势

采用OpenURL框架的主要优点是解除了检验链接的必要性。而与全文数据库以及网上期刊链接的静态链接必须进行定期的检验，以确保需要的内容没有被移动、删除，或者由于订阅期限已过阻止访问。而采用OpenURL框架后则不会产生这样的问题，这是因为图书馆可以使订阅的期刊在OpenURL服务器中进行更新，事实上，链接的更新任务被集中在图书馆。

另外，OpenURL框架可以为用户提供所有可以访问的选择，当某一站点暂时不能访问时，可以选择其他的链接。OpenURL服务器甚至可以显示本地可以利用的印刷物。对于某一篇论文，所有可以利用的选择都出现在网页中，但是这样做增加了创建链接和维持链接的工作量。OpenURL将这些工作集于一身。

OpenURL服务器甚至可以减轻检索繁重的目录的负担，不用知道本地图书馆是否藏有那种期刊。因为OpenURL服务器可以将用户需要的论文呈现在面前，寻找论文变得更加容易。

6.3.2 OpenURL应用现状

本节首先介绍利用OpenURL在信息资源整合和上下文链接服务中的应用，然后讨论OpenURL的创新应用，最后分析利用OpenURL技术拓展延伸的应用功能。

1. 信息资源整合服务

在内容上相关联的资料往往可能存在于不同类型的资源库中，而不同类型资源库的存贮方法以及供应商通常是不一样的。图书馆中查询到的纸本图书，在数字图书馆中可能有相关的电子全文图书，在非书资料库中则可能有对应的随书光盘等非书资料。倘若所有资源的内容提供商均支持 OpenURL 框架，一旦经过合理配置，并由链接服务器实时动态计算其不同类型的目标链接，那么用户只需在同一检索界面中一次输入检索词，就可以获取各种不同类型的资源。因而，链接解析器可用作信息资源整合的重要工具，以 OpenURL 为基础，将多种资源库整合到 OpenURL 框架中。

基于 OpenURL，通过链接解析进行资源整合的服务在国内也得到了广泛的应用。同方知网提供的 TPI 学位论文系统推出了基于 OpenURL 的资源整合版本，将符合 CALIS 学位论文元数据标准的高校本地学位数据库整合到 OpenURL 框架中的功能。中国科学院联合目录集成服务系统通过 OpenURL 与 CSA，Web of Knowledge，OVID 等大型数据库实现了链接，并为用户提供利用谷歌学术搜索和百度获取联合目录数据库的服务。

2. 上下文链接服务

OpenURL 作为一种协议，规定了上下文对象元数据及其在网络中传输所采用的格式，形成了一种开放的、上下文相关的链接框架结构。其不仅适用于信息源本身的整合，而且可以克服传统链接框架的局限，为用户提供上下文相关的情景敏感链接传递服务。

通常同一个数据库对不同用户所开放的使用权限是不同的；此外，期刊数据库收录的范围常有重叠，对于同一篇文章在不同的数据库中的权限也不尽相同。OpenURL 能直接将用户的要求传送到链接解析器，链接解析器根据用户的上下文环境动态计算目标链接，可返回与该链接源上下文相关的各种有效扩展服务链接。为准确定位全文链接信息，DOI 也被嵌入到 OpenURL 中。在基于 OpenURL 和 DOI 机制的上下文链接系统中，用户点击 OpenURL 后，请求被送到链接解析器中，而链接解析器收到请求后就会从 OpenURL 中提取 DOI 信息，并在数据库中找到与指定的 DOI 相匹配的链接。

例如，中国科学院联合目录集成服务系统可根据用户登录的 IP 范围，自动地判断用户浏览电子资源的权限，利用 OpenURL 技术，当用户点击电子资源的链接请求服务时，系统通过知识库设置的链接解析规则为有权限的用户提供电子资源列表，并显示电子资源基本信息以及从知识库中读取的电子资源开通年卷期，从而实现了上下文的电子资源链接服务。

3. 国内外链接服务软件系统

链接解析器是一个帮助用户链接到机构中电子资源的工具。OpenURL 的应用推广离不开链接解析器的技术支持。目前，国外已有一些较为成熟的链接服务软件系统，这些软件在硬件方面大多需要基于 UNIX 的服务器。虽然这类软件的运用日渐成熟，但是在国内还主要靠购买引进国外系统，只有少数机构自主研发，尚缺少形成规模应用的链接服务系统。中国科学院联合目录集成服务系统采用基于 HTTP 协议的 OpenURL 标准，将分散的各个数据库的全文虚拟地结合在一起，并根据各成员馆订购情况动态提示符合各馆权限的全文下载服务，进而实现了情景敏感的电子资源揭示功能。

4. OpenURL 的资源整合应用

① OPAC 系统整合

各大信息机构及图书馆的联机公共检索目录系 OPAC（Online Public Access Catalog）的检索格式各不相同，使用起来很不方便。若各 OPAC 系统均支持 OpenURL，则不需建立庞大的联合目录，只要在链接服务器上作相应的设置，就可实现对不同 OPAC 系统的统一检索，对促进馆际合作和资源共享有重要意义。

② 电子期刊的整合

网上的电子期刊大多数都要购买使用权，同一个数据库对不同的用户所开放的使用权是不同的，有些用户可查看全文，而有些用户则只能查看摘要。同时，期刊数据库收录的范围常有重叠，对于同一篇文章，在不同的数据库中权限也不同。采用 OpenURL 方式，根据用户的上下文环境动态计算目标链接，使用户从一个统一的检索入口就能查到不同资源商提供的资源，而不必时时记住拥有哪些数据库的使用权限。

③ 不同类型资源的整合

内容上相关联的资料可能存在于不同类型的信息资源中，不同类型资源的存贮方法和供应商往往不一样。在图书馆的OPAC中可查询到的纸本图书，在电子图书馆中可能有电子版的全文图书，在非书资料库中则可能有对应的非书资料。若这些资源提供者均支持OpenURL框架，经过相应的配置后，由链接服务器在每次查询时动态计算出其不同类型的目标链接，用户可在同一检索界面中输入同一检索词，就可以获得其不同类型的资源。

5. OpenURL的创新应用

OpenURL可以支持丰富的资源类别，不仅包括期刊、文章和图书，还包括会议录、预印本、报告、文献、专利等。这种扩展使许多开发者和图书馆员开始以独特创新的方式应用OpenURL，其中比较典型的代表有COinS和OpenURL Referrer。[①]

① COinS（Context Objects in Spans）是一种简单的HTML发布协定，由图书馆员和软件开发人员组成的信息组织GCS－PCS开发，描述如何在Web页面中标记出OpenURL链接，是OpenURL的一个扩展应用。它允许Web开发者以默认的方式把类似OpenURL的链接放入网页中，对用户而言，链接是无形的，无法察觉。最初在免费网页中嵌入隐藏的OpenURL，例如Blog、Wiki、OA期刊、搜索引擎以及其他没有署名的资源，用户只要拥有适当的插件或者其他激活代理机制，就能从免费资源链接到具有许可权限的最适合的拷贝地址。此功能通过COinS触发器实现，利用嵌入的链接解析器，为查询提供书籍目录元数据，并产生一个COinS（即一段能放置在网页上而且Web工具能够处理的HTML片断），链接解析器和激活的代理（例如在浏览器中嵌入或加了书签），就会注意到无形的OpenURL，并且利用它们提供上下文敏感基于内容的链接服务，用户是否能够使用COinS还要依赖于机构本地的链接解析器。

COinS完成于2005年，目前没有修订版本。它的应用在稳步上升。

---

① 黄文，董秋生．OpenURL技术在数字图书馆中的应用［J］．现代情报，2009（11）：72－75.

目前，COinS已应用于Wikipedia和World Cat等网页中。

② OpenURL Referrer是Firefox浏览器的一个插件，可以让使用者在使用Google Scholar查询资料时，将查询结果链接到学校图书馆的资源库，以便提供更便捷的资源服务。OpenURL1.0支持开放源码浏览器插入OpenURL Referrer，即Google Scholar到Web页面的OpenURL链接组件。软件需求主要来自于学校的信息专业人员，OpenURL Referrer可以为使用者提供最恰当的链接拷贝，即已签名或购买的资源，而不是数据库资源发行者的主页。插件和Firefox浏览器协同工作，主要解决了Google Scholar链接到访问受限制数据库（包括需要签名和购买的数据库）全文的问题。OpenURL Referrer通过在Google Scholar搜索到的Web页面中加入OpenURL链接，与图书馆链接解析服务系统协同工作，如SFX等，最终实现由图书馆为Google Scholar提供访问全文的许可及权限。经定量测定，带有OpenURL链接的Google Scholar迅速被信息专业人员大量使用，实现了图书馆大容量、可利用及有许可权限的馆藏资源更容易被读者检索利用。实践证明，用户、图书馆和Google Scholar均从中受益。可见，随着OpenURL1.0的可扩展性不断提升，创新应用已经拓展到免费获取的搜索引擎及许多其他基于Web的工具软件，例如流行的LibX和Zotero等。①

6. 拓展应用

基于OpenURL技术还可以进一步拓展，利用OpenURL结合元搜索技术，可以引领OPAC向下一代的资源发现和获取（discovery and delivery）服务的推进。例如Ex Libris公司推出的Primo集成了元搜索（MetaLib）和OpenURL链接（SFX），能够帮助图书馆为读者提供统一资源的发现与获取服务；可以“一站式”涵盖图书馆自身的物理和数字馆藏，以及图书馆订购的各类远程数据库、电子资源。图书馆本地资源通过Primo的发布平台进行统一的规范化、去重、FRBR处理、建立

① 高旻，金玉玲，刘伟玲．OpenURL技术发展及创新应用研究［J］．现代图书情报技术，2008（02）：87—90.

全文索引等处理后收割进入 Primo 系统中；而远程资源可通过 Primo Central 提供的元数据集中检索、MetaLib 提供的联邦检索、外部搜索引擎的 API 接口三种方式来进行检索发现。Primo 为本地物理馆藏提供实时状态查询，允许登录读者直接预约、续借图书；对本地数字资源，依据不同的来源提供不同的在线查看链接；对远程电子资源，提供 SFX 菜单，引导读者进入全文下载或其他服务页面。此外，当用户点击 OpenURL 的时候，不仅可以获取扩展链接，而且系统可以记录下用户的请求，这样就积累了跨资源请求的 log。用户倾向于点击通往自己偏好网站的 OpenURL，那么积累下的日志就可以反映出用户的喜好，可成为建立推荐服务的基础。

6.3.3 OpenURL 应用中的问题及相关进展

随着 OpenURL 应用的不断推进，出现了一些共同问题：OpenURL 的错误解析使其经常不能正常工作；对解析器进行更新后再设定的复杂程度；OpenURL 供应链中数据缺乏统一的格式，使内容提供商和知识库开发商之间及时交流困难。另外，还有一些内容提供商尚未引入 OpenURL 技术等这些问题阻碍了 OpenURL 的有效发展和应用。本节主要从三个方面讨论 OpenURL 应用中的问题，并阐述现阶段的一些研究进展。

1. OpenURL 错误解析

引发 OpenURL 错误解析的因素可能有：知识库源数据质量问题、OpenURL 构建的不完全或不充分、错误的链接句法、知识库链接解析器的错误以及内容出版商之间的死链接等。国外已有一些机构开始研究分析 OpenURL 错误解析的原因，并试图制订出合理的解决方案。UKSG 在 2007 年发布了“链接解析器和连续性出版物供应链”报告①，从信息供应链的角度探讨了 OpenURL 框架中出现的相关问题，强调了缺少数据标准和数据质量控制。NISO 于 2009 年成立了 IOTA

① 邱玉婷，张建勇．OpenURL 技术的应用现状及趋势浅析［J］．图书馆杂志，2012(09)：83－88.

(Improving OpenURL Through Analytic) 研究项目，旨在通过收集数据和分析，挖掘出正常工作和非正常工作的 OpenURL，借由内容提供商测量 OpenURL 的质量，试图寻找并发现 OpenURL 错误解析的原因。其结果建立在拥有更多的信息就能产生更好的 OpenURL 这一假设基础上，赋予 OpenURL 元素权值。在最初的两年研究后，项目组已开发出定性报告来帮助 OpenURL 提供商与他们同行对比 OpenURL 质量，期望最终能够提高整个 OpenURL 行业的质量。截至 2012 年 4 月 20 日，IOTA OpenURL 报表系统已有 23216076 条 OpenURL 数据。报表展现了 OpenURL 元素（如文章标题、ISSN、DOI、作者姓名），元素模式，源数据库或供应商中 OpenURL 特定元素出现的频率。另一方面，康奈尔大学为了更好地理解 OpenURL 错误解析问题出现的原因并鼓励网络级的解决方案，开始从事 OpenURL 元数据质量的研究。他们认为对 OpenURL 元数据质量的进一步研究能够探测问题的本质和程度，也能找出一条实现更一致元数据的可能途径，从而实现更有预见性和更具满意度的用户体验。他们使用 OpenURL 的日志文件进行案例研究，主要关注死链接（其他类型的错误很难被跟踪）。目标是创建一个系统化的方法来评估和验证元数据质量，使图书馆员和内容提供商能够在元数据问题的解决方案中合作。

OpenURL 质量问题的解决方案应是可实证的、能在网络环境中运行、被一些公认机构正式认可并可以为图书馆员和内容提供商提供价值的。开放语言典藏组织（The Open Language Archives Community）提出了一种对元数据内容的语义和句法定量评价的模型，兼得语境和参考依据，为存在的、正确的并由研究人员锁定的元数据记录中的核心元素设立权重，集中于测量元数据质量。

2. 解析器的更改与配置

通过使用 OpenURL 链接需要配置每个机构与之对应的服务供应商两两之间的链接。每个机构必须为他们订阅的每个服务设置安排好链接，而一旦某个解析器发生改变，整个过程就必须再重复一遍。此外，若没有一种现存的机制能够识别用户或他们所属的机构，服务就无法正确判别链接的解析器。服务提供者就需执行如 IP 地址检查的系统来支持 OpenURL，造成系统开销负荷，难以在实际中运用。

针对这些问题，由 JISC 发起并由 EDINA 联合 UKON 执行的 OpenURL Router 项目通过提供一个关于机构 OpenURL 解析器的中央登记系统，帮助机构从更广泛范围的服务中确定 OpenURL 链接。一旦解析器在 openurl. ac. uk 中登记后，任何服务提供者都能够从该机构提供给用户链接到其解析器的 OpenURL。这一过程并不需要机构在每个分散的服务中配置他们的解析器，服务提供者也不需要维护用户到解析器之间的表映射。

3. 传输过程中的数据格式

知识库是 OpenURL 链接处理的关键，知识库的质量在很大程度上依赖于内容提供商传送给知识库开发者的数据；若这些数据中有错误就会传播到知识库中。另外，内容提供商提供的数据有各种不同的格式和各种不同的信息元素，而这些数据没有一个统一标准的格式。这样，知识库供应商就需要对他们接收到的信息进行手工调整，使其成为统一的标准格式，只有这样 OpenURL 才能成功地引导用户指向期望的全文内容。

但是，这种手工劳动工作是相当困难的，将产生额外的错误并使错误检验更困难。为此，NISO 和 UKSG 联合在 2007 年 12 月成立了 KBART（Knowledge Bases And Related Tools，知识库和相关工具）工作组，利用 OpenURL 格式和教育各方的重要数据，集中于数据转换的创建指导，旨在为在线资源完善信息供应链。2010 年初工作组已完成了第一阶段的工作，出版了推荐规范报告，为格式和分布式的题名列表提供了一些最好的推荐规范。推荐规范利用从数据到链接解析器以及知识库供应链的改善，提高了 OpenURL 链接的效率和有效性。这样，内容提供商对他们题名的列表格式进行小调整后，就能增加其产品的可访问性。这些推荐规范被设计成直观、简单的形式，方便内容提供商的实现，也方便知识库开发人员的处理。在第二阶段，工作组的工作要扩展到电子书和开放获取的资源，以及对特定联盟和机构的元数据转换。

4. 发展趋势

有学者提出，在未来图书馆界将开发实现一种 URM（unified

resource management）的概念；传统的ILS（Integrated Library System）将会让位给URM，而URM将会成为第三代图书馆管理系统的支配模型。随着需求的变化，数字图书馆的发展和图书馆员所应关注的热点值得探究。结合OpenURL的应用现状及进展，未来OpenURL的应用和研究趋势有：

① OpenURL技术在数字图书馆领域的应用普及。虽然在国内OpenURL的应用局面与美国相比有一定的差距，但不容置疑的是，在未来OpenURL技术将被越来越多的机构和单位采纳。此外，OCLC推出了WCLM服务，通过World Share License Manager以及将OpenURL解析功能集成到WorldCat Local的方式来提供服务，更迅速、简便地实现情景敏感链接，有利于OpenURL的推广和应用。[①]

② 知识库数据链接质量控制将备受关注。知识库的数据质量直接关系到OpenURL能否正常工作，为了更好地创建OpenURL链接，方便内容提供商与知识库供应商之间的交流，有必要建立格式统一的元数据标准。另外，为了更好地发挥OpenURL的应用效果，OpenURL的链接质量也越发受到研究人员的注目，在未来有必要建立一套完善的OpenURL链接质量控制机制。

6.3.4 OpenURL框架的代表性技术SFX

1. SFX简介

SFX是ExLibris公司推出的一个基于OpenURL框架的上下文相关的开放链接服务系统，也称为上下文敏感参考文献链接解决方案。其主要功能是为图书馆用户提供从文献数目信息到全文资源和相关服务的链接服务。SFX（Special Effects）是比利时根特大学（University of Ghent）H. 萨姆堡尔（Herbert Van de Sompel）为首的研究小组提出的。他们选SFX这个词，目的是希望在电子信息环境中创建一个具有电影特技效果的上下文相关（Context-Sensitive）的参考链接系统。

① 张建勇．OpenURL技术的应用现状及趋势浅析［J］．图书馆杂志，2012（09）：83－88.

2001 年由 ExLibris 公司推出，作为 ExLibris 系统的重要功能之一。SFX 系统有着广泛的用户，目前一批世界著名的信息提供商如 ISI、UMI、OCLC 等已开始使用 SFX 技术。2011 年全球用户已达 2000 多家，在中国大陆地区的用户已有 30 多家。

SFX 框架应用的最终目标是在混合图书馆（Hybrid Library）环境中以所有可供利用的信息资源为基础为用户提供扩展服务（extended services），即一种开放式、上下文相关的参考链接服务。“上下文相关”指参考链接的目标不仅仅局限于数据源所提供的资源，链接目标可使用户通过机构的数据访问到数字图书馆的所有资源，包括全文数据库、电子期刊、OPAC 系统。各链接服务器在提供图书馆所拥有的各种信息资源外，还能为请求者提供各种扩展服务。“扩展服务”是指当用户输入某一链接时，搜索到的不仅是文摘索引，还包括该记录的全文信息，相关的引用记录，以及更详细的引文信息。这些都是基 SFX 技术提供的扩展服务。

2. SFX 的工作原理

SFX 是基于 OpenURL 的开放链接服务系统，其主要功能是实现不同数据库之间的链接，为图书馆的用户提供从文献书目信息到全文资源或相关服务的一站式链接服务，包括电子期刊全文、电子图书、联机书目、文献传递、馆际互借、搜索引擎等链接内容。SFX 框架的核心思想是将链接服务的提供与提供链接源的信息资源分离开来，解除二者之间的必然联系，使得由最终用户所在机构图书馆所控制的第三方组件（third-party component）可加入到链接过程中成为目标解析及服务提供的主体，这种第三方组件即为 SFX 链接服务器（SFX Link Server）。作为开放式参考链接框架的一种具体运用，SFX 框架的实现是以 OpenURL 及 SFX Link Server 技术为基础的。

SFX 链接服务系统主要构件包括能够支持 OpenURL 链接源文献资源（在 SFX 系统中称作 Source）、SFX Link Server、链接目标资源（在 SFX 中称作 Target）。链接源文献资源（Source）可以是文献索引数据库、全文数据库、OPAC、搜索引擎等；SFX Link Server 是一个上下文相关的链接服务器，它支持 OpenURL，以来自于 SFX Source

的 OpenURL 作为输入，并提供上下文相关的扩展链接服务；链接目标资源（Target）可以是全文数据库、文摘数据库、OPAC、搜索引擎等，也可以是馆际互借参考咨询等各种服务，能够成为目标资源及服务的条件是存在支持可以链接到（Link To）的链接语法。

首先，SFX 系统需要一个可以创建 openURL 的信息源。这项工作可以通过在普通的信息源的每个书目的引文记录上创建一个 SFX 按钮（hook 或 button）来实现，点击这个按钮激活 OpenURL。一个 OpenURL 由一个 HTTP 请求和元数据传递组成。这里元数据是描述指引到第三方目标信息源的参考目录的。这个 OpenURL 可以把 SFX 数据（作者、期刊标题、卷册等）以 SFX 服务器可以解析的方式进行编码。当然 OpenURL 也可以包含一些传输引文附加信息的指令。

其次，SFX 系统接受与解析元数据。SFX 系统位于初始信息源和目标信息源之间，联接服务器可以通过 EX Libris 公司的主机来实现。SFX 服务器接收来自 OpenURL 的元数据，并进行解析。然后，创造一个到目标信息源的链接。这样就查询到了它所指引的相关目标信息源。对特定专题来讲该目标信息源应该是可以访问到的。如果某机构订阅了某全文电子期刊（目标源）的引文，那么这个链接就会产生。换句话讲，只要一篇文章的电子版存在，并且图书馆订阅了其所属的期刊，那么链接就会产生。根据目标源的可获取情况，链接可以创建到文章、刊号或期刊目录等不同的级别。因此，为了查询这些信息源，需要创建一个 OpcnURL，同时日标信息源也需要能够接受这个 OpenURL。

3. SFX 的工作流程

为了使 SFX 正常运行，必须清楚图书馆订阅了哪些资源、需要些什么类型的 SFX 服务，图书馆需要如何呈现这些服务、用户界面以及如何根据上下文环境来决定向用户呈现哪些服务。所有这些信息都存储在一个底层仓库中，这个仓库被称为 SFX 知识库。

SFX 知识库包含以下三方面的内容：

① 本地馆藏信息：SFX 知识库包含合法用户可访问的各种不同资源的信息，如能传递 OpenURL 的 SFX 链接源数据库、SFX 链接对象电子期刊、聚合数据库、馆藏目录、Web sites 等，可生成指向这些信

息的链接。ExLibris 为 SFX 提供的知识库预设了大部分商业数据库之间实现链接的配置工作，图书馆员必须激活 SFX 知识库中与本地馆藏匹配的条目来进行本地化，如图书馆订购了 ScienceDirec 的某些期刊，那么图书馆员就需要在 SFX 知识库中仅仅激活订阅的这些 Science Direct 期刊，而不是全部 ScienceDirect 期刊。

② 定义可能的服务：由图书馆根据本馆实际情况和需要来决定提供哪些服务并对 SFX 解析服务器进行相应的配置。可能的服务包括电子期刊全文、馆藏的链接；文献传递服务；通过网络搜索引擎进行进一步搜索等。SFX 根据链接源所提供的元数据与知识库中的馆藏信息、服务规则等信息来决定相关的服务。

③ 决定相关服务的规则：为了确保 SFX 菜单所返回的服务是最合适的，在数据库中存放了提供适合的服务的规则，如某一段时间内某电子期刊的全文服务，如果能提供电子期刊全文服务，则不显示文献传递服务选项等。这些规则可用来决定当可获得全文时是直接为用户提全文链接还是一个菜单选项，或者如果同一篇文章有多个全文链接项，这些规则可以用来决定图书馆最想呈现给用户的全文链接。总之，这些规则可以决定提供哪些类型的服务，并保证这些服务的有效性。

图书馆除了可以使用已经配置好的知识库外，也可以根据本馆的实际情况配置符合本馆需要的知识库。此外，除了全文、文献传递等服务外，还可以提供诸如“查找同主题的其他图书”、“在互联网电影库查找这部电影”、“在期刊引文报告中查找该期刊”等服务。

ExLibris 公司会定期更新每个解析服务器的知识库，更新内容包括聚合数据库中内容的增删、期刊从一个出版商转移到另一出版商等。ExLibris 为图书馆的管理人员提供了基于 Web 的工具来管理知识库。本地馆藏可以逐一装载到知识库中。本地的订阅信息（尤其是电子期刊）如果可以从别处（如 Excel 电子表格、其他数据库或信息提供商）获得，就可以将这些数据批量的装载到知识库中去。

SFX 的工作流程包括以下几个步骤：

① 用户访问某一资源，并显示 SFX 链接按钮（SFX Button），这个按钮包括链接源服务器、链接源数据库和具体链接源记录的标识以及

相应的本地 SFX 解析服务器的地址。

② 当用户点击这个 SFX 按钮时，这个按钮被激活，并将按钮中的数据以 OpenURL 的标准格式传送到本地解析服务器。

③ SFX 在接收到这些数据后，提取元数据并与知识库中的元数据相比较。有必要的话，则可能需要检索或抓取附加的元数据，如元数据中仅包含一个 DOI 或 PubMed ID，则必须从 CrossRef 数据库或 PubMed 数据库中抓取描述性元数据，是否抓取由知识库决定。

④ 在接收的元数据和本地知识库内容的基础上，SFX 评估适当的服务并以 SFX 菜单的形式显示给用户。

⑤ 当用户点击 SFX 菜单中某一项时，SFX 动态计算链接对象的 URL，这同样也是由知识库来决定创建所选链接对象实际 URL 的规则。而且，SFX 可以替换 OpenURL 中的元数据，使之与链接对象的元数据格式一致，如可以将印刷版本的 ISSN 替换成知识库中提取的 eISSN，以链接到电子期刊全文。由于目前 OpenURL 只对链接源的语法格式进行了规范，对于到链接对象则还没有标准可依，因此对提供的每一项服务，其特定语法都必须保存在知识库中。

4. SFX 在资源整合中的优势

超链接技术使信息之间形成一个单链纽带关系，但是超链接技术无法实现一个施链个体指向多个被链个体。有些人工智能数据库不仅要维护到四面八方的链接，而且每个链接地址都要根据每种链接对象所采用的特定协议和具体情况来确定。一个完整数字资源的提供、开发和利用都包涵三方面：信息提供商、图书馆和用户。对于信息提供商来说，SFX 的出现使信息提供者能够充分整合其所有的信息资源到用户服务中去，改变了静态的链接服务器。对于图书馆和用户来说，尽管非常了解资源灵活链接的需求，但是却没有实施这种链接的途径，链接的建立通常是资源提供商之间的事情。SFX 技术的出现改变了这种死链接的问题，图书馆员的介入起到了帮助用户获得更合适链接的作用。

①“上下文相关”

SFX 技术实现的是一种开放式、上下文相关的参考链接框架。所谓“上下文相关”，就是指参考链接目标不局限于链接源提供者的资源范围，链接目标的确定取决于请求链接的用户所属的机构的全部信息资源情况。各链接服务器在综合考虑所在机构图书馆所拥有的各种可利用信息资源及其访问实现方式后为链接请求者提供各种扩展服务，这种服务是满足“appropriate copy”要求的服务。不过，如果能在考虑用户所处机构图书馆的信息环境及意图的同时，也能考虑到用户自身的意图与信息利用的喜好，则能更彻底地实现结合用户及其所属机构图书馆的环境、意图来提供参考链接服务这一要求。因而如何获取、传递用户自身的相关信息，是基于 SFX 框架的参考链接应进一步解决的问题。

② 动态链接与即时链接

SFX 技术将链接目标的提供从链接源中分离出来，在链接服务最终实现之前，系统并不预先计算并存储实际的链接信息，这是一种动态链接机制。而且，SFX 框架是通过即时链接的方法来实现动态链接机制的。其“即时性”体现在不同的环节。首先，当信息单元提供给用户时，潜在的链接源中插入的只是 SFX buttons，并不是实际计算好的 URL 链接，只有用户点击某个 button 请求链接服务时，才生成与该链接源所对应的 OpenURL，并传递给相应的链接服务器；其次，在链接服务器将与链接请求相关的扩展服务项提供给用户时，并未进行链接解析，只有当用户选择其中某个服务并点击时，系统才会启动相应程序解析该服务的 URL，并将用户导向该地址。

这样的动态链接是实现上下文相关服务的必然要求，它不仅为用户提供“适合”的服务，也有效解决了因用户对资源无访问权限而导致的“死链”问题。同时，它也在尽可能保证链接的准确性与有效性的同时，有效地降低了系统处理的延迟，既保障了链接系统的服务质量，又保障了其服务效率。不过，SFX 并不能完全有效地解决因资源变迁而造成的“死链”问题，所以 SFX 技术与 DOI 技术的结合运用是非常有意义的，这不仅能使 SFX 系统提供的参考链接真正成为永久性链接，而且对于链接源信息的捕获也能起到重要的作用。

③ 引入第三方管理机制

通过解析器实现对 OpenURL 所包含元数据的分析，依据第三方配置的链接对象参数，动态生成实用合理的链接地址。链接解析器从接收

OpenURL 到展示给用户扩展服务菜单的一系列流程之中，知识库是核心，是整个过程的中枢，它为构造扩展服务链接提供规则，判断链接源是否享有某些扩展服务的权限，只有健全、合理的知识库才能提供给用户尽可能多的合适的服务，使资源和服务有效地整合。

④ 分布式参考链接

SFX 框架实现的是一种分布式参考链接，这主要体现在它将链接源的提供与链接服务的提供相分离，并由此进一步体现在由多种异构的信息资源系统与多个异地的 SFX 链接服务器所构成的分布式参考链接体系中（实际上这个体系中还可以容纳不同的支持 OpenURL 的链接服务器技术）。此外，linkserver 中的两个关键组件——redirection mechanism 与 service component——也可以各自独立地存在，并脱离对方与其他的同类组件合作来实现参考链接服务，使这种分布式参考链接体系更为灵活，适应性更强。

⑤ 非标准式参考链接

SFX 参考链接系统为用户提供的扩展信息服务实际上已不是纯粹的参考链接服务，许多扩展链接项不是一般的参考链接，而是将用户指引向对某种资源（如某全文数据库、文摘索引数据库，甚至是搜索引擎）的查询结果。因此，除了传统参考链接服务外，SFX 系统更是用户利用图书馆各种异构电子资源的查询助手。可以说，SFX 参考链接系统实际上是一种开放式信息资源整合系统，为实现信息机构对日益增长的异构电子资源的有效管理和用户对多种资源的有效利用起到了重要的导航作用。此外，SFX 系统对所提供的服务项进行的并不是彻底的相关性检验，不能完全保证用户一定能获得相关信息。[①] 这一方面是为了避免系统延迟，另一方面也是与信息查询、检索的特点相适应的（信息检索就存在无查询结果或结果过多等不同情况）。当然，SFX 系统仍应不断努力加强对扩展服务项的相关性判断，特别是通过对用户信息的获取与利用，提高其扩展服务的准确度和用户相关性。

① 黄敏．基于 SFX 框架的开放参考链接：原理与特点［J］．图书馆理论与实践，2007（03）：90－93.

5. SFX 使用中的问题及对策

① SFX 的管理与使用要与本馆资源及信息服务紧密结合

SFX 系统的有效利用不仅依靠系统管理员对 SFX 系统本身的熟悉，还要依靠系统管理员对各类文献资源的熟悉。SFX 系统的管理员要想利用 SFX 把本馆的资源与服务有效地整合提供服务，必须清楚地了解这些文献资源及服务。系统管理人员要熟悉各个数据库资源涵盖内容和技术支撑情况才能广泛挖掘支持 SFX 服务的链接文献源和链接目标资源，更好地通过 SFX 系统将本馆资源推送给读者。特别是对于一些可作为链接文献源的数据库，不但要在 SFX 进行配置和激活，还需要在数据库端进行申请或必要的配置才能获取 SFX 链接功能，系统管理员只有熟悉数据库资源才能完成这些配置工作。

② 探索 SFX 潜在的扩展空间进行系统改进

SFX 有着很大的扩展空间，系统管理员应主动尝试改进 SFX 系统，特别是进行一些不需要大量投入但效果显著的改进。这部分工作很大程度上取决于 SFX 系统管理员的服务意识和主观能动性，因而系统管理员要树立主动的服务意识，探索 SFX 潜在的改善空间。

③ 做好系统维护工作

SFX 系统作用的有效发挥离不开系统的稳定及底层数据的管理，数据的维护对于服务效果有很大的影响。在 SFX 系统管理中，链接知识库的管理是系统管理员的重要工作，SFX 链接解析器从接收 OpenURL 到展示给用户服务菜单的一系列流程之中，链接知识库是核心，是整个过程的中枢，它为构造扩展服务链接提供规则。只有在系统管理员对链接知识库配置合理与对资源链接（包括链接对象、链接规则、服务范围、年限跨度、订购的权限等）进行有效管理的基础上，才可能利用 SFX 为读者提供优质的服务。

④ 加大 SFX 服务的宣传与介绍

对 SFX 的有效利用离不开对其服务的宣传与介绍。在很多 SFX 系统图书馆用户中，SFX 的实施大都是由图书馆的技术部或系统部来完成的，而图书馆资源及服务的宣传介绍工作通常都由参考咨询部门或读者服务部门来完成，所以要求两种工作部门作好沟通和协调，通力合作，完成对 SFX 服务的宣传，让更多的读者利用并感受 SFX 服务为文献资源获取带来的便捷，为更多的读者架起文献获取的桥梁。

开放式链接服务 SFX 具有本地化可定制性，并和其他文献服务系统有很强的兼容性，在知识链接发展过程中是一个重要的里程碑。随着数字资源的不断发展，SFX 链接服务在数字资源服务体系中所起的桥梁和纽带的作用越来越重要。SFX 潜在着很大的利用空间和价值，SFX 的用户可运用更多开发思路扩展其应用，充分发挥其在电子资源服务中的作用，利用 SFX 系统为读者搭建好文献资源的获取平台，提升数字化的信息服务水平。

结　语

以文献为逻辑起点的知识链接不是严格意义上的知识链接，它以文献标引为基础，需要借助人的主动查找行为来实现，并且该链接只是建立了同类文献之间的联系，并没有建立同类知识之间的联系，不能生成新知识；以信息为逻辑起点的知识链接实现了机器的自动连接，以主题词标引为基础，其不足在于主题词库的主题词不是真正意义上的知识，也不是构成知识的基本单元，因而也不能生成新知识；以知识元为逻辑起点的知识链接，是以知识元的自由标引和集成为本质和关键，知识元向导信息进入知识元库和向导信息库后，可与知识元库中的其他知识进行链接，生成新知识，这是知识元标引与文献标引和信息标引最根本的区别。以知识元为逻辑起点的知识链接是数字资源知识整合的发展方向与必然趋势。基于知识元的知识链接是从知识组织的角度，引导知识的利用，探讨知识服务的内容与方法，试图为用户提供一个知识学习与应用的协同式环境。但是，理想化的知识链接既要能实现知识元已有的对象性质及逻辑关系等属性的知识链接，也要动态地构建起分散于全部学科有关知识网络体系，这是一个极其复杂的工程，需要解决和研究的问题还有很多。

数字资源整合是为使用户在知识经济环境下实现知识创新，在这样的需求条件下，基于知识链接的数字资源整合就是应此而生的产物，这也正是本研究的价值体现。数字资源知识整合既是数字图书馆谋求自身发展、迎接未来知识经济挑战、避免面临泛在知识环境危机的必然需求，也是对动态知识进行系统有机构建，从此实现泛在化知识服务的战略选择。知识链接作为人类知识生产活动的本质体现，能够客观真实地反映出知识结构的关联关系，所以基于知识链接的数字资源整合最能体现出人类知识结构体系的本来面目。这不但具有世界普遍性、小世界现象、相关性原理、科学发展的统一性和继承性的理论基础作为支撑，也符合知识科学的发展规律。

本研究梳理了数据整合、信息整合和知识整合的关系；对知识元和知识关联的认识作了归结分析；通过对不同类型知识链接形式特点的分析，详细阐述了基于文献单元、信息单元和知识单元知识链接的构建方法；又通过对知识不同表现形式的关联关系分析，找到各自所适宜的知识链接方式，从而提出基于知识链接的数字资源整合模式。很多学者仍然在进行知识标引和知识链接的相关规则的研究，相信随着研究的不断深入，将知识服务理念引入资源整合将会得到很好的利用，会真正实现从信息服务向知识服务的转变，最终必将推动知识整合构建向实践应用迈进。

参考文献

[1] 马文峰．数字资源整合研究［J］．中国图书馆学报，2002.

[2] 许萍华．国内数字资源整合理论研究和工作开展的现状分析［J］．图书情报工作，2005.

[3] 马文峰，杜小勇．数字资源整合：理论，方法与应用［M］．北京图书馆出版社，2007.

[4] 曾建勋．知识链接的研究现状与发展趋势［J］．情报理论与实践，2011（3）.

[5] 温有奎，焦玉英．知识元语义链接模型研究［J］．图书情报工作，2010（12）.

[6] 张晓林．开放元数据机制：理念与原则［J］．中国图书馆学报，2003，29（3）.

[7] 严怡民主编．情报学概论［M］．武汉：武汉大学出版社，1994.

[8] 王子舟．图书馆学基础教程［M］．武汉：武汉大学出版社，2003.

[9] 刘植惠．知识基因探索（一）［J］．武汉：情报理论与实践，1998（01）.

[10] 刘晓英．知识关联及其应用研究［D］．长沙：湘潭大学，2010.

[11] 赵蓉英．知识网络及其应用［M］．北京：北京图书馆出版社，2007.

[12] 邱均平主编．信息计量学［M］．武汉：武汉大学出版社，2006.

[13] 刘则渊，陈悦，侯海燕，等著．科学知识图谱方法与应用［M］．北京：人民出版社，2008.

[14] 贺德方．知识链接发展的历史、未来和行动［J］．现代图书情报技术，2005（03）.

[15] 曾建勋．知识链接的构建方式研究［J］．图书情报工作，2010（12）.

[16] 陈定权．论知识链接的建立规则［J］．图书情报工作，2010（12）.

[17] 周晓英．情报学进展系列论文之五 知识网络、知识链接和知识服务研究［J］．情报资料工作，2010（02）：5－10.

[18] 姜永常．知识网络链接的理论基础与基本原则［J］．图书馆，2012.

［19］邱均平主编．知识管理学［M］．北京：科学技术文献出版社，2006.

［20］叶继元．引文的本质及其学术评价功能辨析［J］．中国图书馆学报，2010（01）．

［21］Atkins，H.，et al. Reference linking with DOIs［J］．D－lib Magazine，2000，6（2）．

［22］曾建勋．开放式知识链接服务体系研究［J］．情报理论与实践，2013（01）．

［23］黄敏．学术资源参考链接系统 CrossRef 及其发展［J］．现代图书情报技术，2005（11）．

［24］邱玉婷，张建勇．OpenURL 技术的应用现状及趋势浅析［J］．图书馆杂志，2012（09）．

［25］黄敏．基于 SFX 框架的开放参考链接：原理与特点［J］．图书馆理论与实践，2007（03）．

［26］Devaraj，S.，L. Krajewski，J. C. Wei. Impact of eBusiness technologies on operational performance：the role of production information integration in the supply chain［J］．Journal of Operations Management，2007，25（6）．

［27］Langston，M.，J. Tyler. Linking to journal articles in an online teaching environment：The persistent link，DOI，and OpenURL［J］．The Internet and Higher Education，2004，7（1）．

［28］Koehler，W. Web page change and persistence—A four - year longitudinal study［J］．Journal of the American Society for Information Science and Technology，2002，53（2）．

［29］Renear，A. H.，C. L. Palmer. Strategic reading，ontologies，and the future of scientific publishing［J］．Science，2009，325（5942）．